Nachhaltiges Human Resources Management

Ulrike Emma Meißner

Nachhaltiges Human Resources Management

Personalprozesse ökonomisch, sozial und ökologisch gestalten

PETER LANG

Bibliografische Information der Deutschen Nationalbibliothek
Die Deutsche Nationalbibliothek verzeichnet diese Publikation in der Deutschen Nationalbibliografie; detaillierte bibliografische Daten sind im Internet über http://dnb.d-nb.de abrufbar.

Umschlagabbildung:
©istock.com/iconeer

ISBN 978-3-631-86728-0 (Print)
E-ISBN 978-3-631-86777-8 (E-PDF)
E-ISBN 978-3-631-86778-5 (EPUB)
DOI 10.3726/b19073

Peter Lang – Berlin · Bern · Bruxelles · New York · Oxford · Warszawa · Wien

Diese Publikation wurde begutachtet.

www.peterlang.com

Für Margaret Holmes († 23.04.2021)
„Irgendwie, irgendwo, irgendwann!“

Vorwort

Der Begriff *Nachhaltigkeit* ist aus dem alltäglichen Sprachgebrauch nicht mehr wegzudenken. Weltweite und nationale Naturkatastrophen zeigen uns nachdrücklich auf, wie unser Planet Erde „leidet" und dass der Mensch maßgeblich dieses Leid verursacht. Schnell werden Forderungen laut, dass die Regierungen dieser Welt endlich handeln müssten, um die ökologischen Desaster einzudämmen. Ja, das ist richtig. Gleichzeitig kann aber jeder Mensch und jedes Unternehmen einen individuellen Beitrag leisten, damit unser Lebensraum langfristig erhalten bleibt und die Umwelt geschützt wird! Wie man das umsetzen kann, zeigt uns das Nachhaltigkeitskonzept, das die ökonomischen, sozialen und ökologischen Faktoren als gleichwertig ansieht. Diese drei Größen sollten beispielsweise im betrieblichen Handeln gleichermaßen berücksichtigt werden. Dabei ist die Eigenverantwortlichkeit von Menschen der Schlüssel zum nachhaltigen Verhalten – unabhängig davon, ob man innerhalb oder außerhalb des Unternehmens agiert.

Diese Studie soll vor diesem Hintergrund aufzeigen, wie Personalmanager:innen Personalprozesse nachhaltig gestalten können. Dabei werden die einzelnen Prozesse in Bezug auf ökonomische, soziale und ökologische Faktoren untersucht und Messkriterien und Handlungsempfehlungen zur Umsetzung in das operative Personalmanagement entwickelt. Die Implementierung eines personalwirtschaftlichen Nachhaltigkeitskonzepts könnte optimaler gestaltet werden, wenn es durch eine entsprechende Unternehmens- oder Personalstrategie gestützt würde. Leider sind diese Voraussetzungen in Unternehmen nicht immer gegeben. Diese Studie berücksichtigt diesen Umstand und soll Mut machen, eine fehlende Strategie nicht als Entschuldigung zu nutzen, nicht nachhaltig agieren zu ***können***. Denn jeder ist in der Lage, nachhaltig zu handeln – man muss es nur ***wollen***!

Dass dieses Forschungsprojekt umgesetzt wurden konnte, ist vielen Menschen zu verdanken. Zunächst möchte ich Herrn Prof. Dr. habil. Peter J. Weber, Dekan und Akademischer Geschäftsführer des Fachbereichs onlineplus der Hochschule Fresenius, herzlich danken, weil er die Studie unterstützt und die Kapazitäten für die Umsetzung zur Verfügung gestellt hat. Zudem gilt mein Dank Herrn Mirko Partschefeld und Herrn Dr. Marcus Wetzchewald, die freundlicherweise das Lektorat übernommen haben, und Frau Lisa Marie Heidenreich für die grafische Gestaltung. Darüber hinaus möchte ich mich sehr herzlich bei meinen Hochschulkolleg:innen Frau Prof. Dr. Christina Rothhaar und Herrn Prof. Dr. Ulrich Hößler für das fachliche Feedback bedanken.

Ich wünsche Ihnen, dass diese Studie Ihnen viele Impulse und Anregungen zum nachhaltigen Handeln in Ihrem personalwirtschaftlichen Alltag gibt und Sie ermutigt, Veränderungen anzustoßen.

Prof. Dr. Ulrike Emma Meißner
Hochschule Fresenius, Fachbereich onlineplus
Studiengangsleitung Personalmanagement
Professorin für nachhaltiges Personalmanagement und agile Führung

Köln, September 2021

Inhaltsverzeichnis

Abkürzungsverzeichnis

A

ABI	*Arbeitsbewältigungsindex*
ArbSchG	*Arbeitsschutzgesetz*
ASiG	*Arbeitssicherheitsgesetz*

B

BGM	*Betriebliches Gesundheitsmanagement*
BMFSFJ	*Bundesministerium für Familie, Senioren, Frauen und Jugend*
BMWi	*Bundesministerium für Wirtschaft und Energie*

C

CO_2	*Kohlenstoffdioxid*

F

FF	*Forschungsfrage*
FIOH	*Finnish Institute of Occupational Health*

G

Green HRM	*Green Human Resources Management*

I

INQA	*Initiative Neue Qualität der Arbeit*
IW Medien	*Institut der deutschen Wirtschaft Köln Medien GmbH*

K

KIM	*Kooperationsinitiative Maschinenbau*

N

nHRM	*nachhaltiges Human Resources Management*

S

SEW *Schadenserwartungswert*
SOK *Selektive Optimierung mit Kompensation*

W

WAI *Work-Ability-Index*

1 Einführung in das nachhaltige Personalmanagement

Die internationale gesellschaftspolitische Diskussion zum nachhaltigen Handeln manifestierte sich 1987 im Brundtland-Bericht der Weltkommission für Umwelt und Entwicklung mit dem Ziel, Perspektiven zu einer langfristigen umweltverträglichen globalen Entwicklung aufzuzeigen. Die Bundesregierung Deutschland hat darauf aufbauend Leitprinzipien der Politik erarbeitet, welche *„wirtschaftliche Leistungsfähigkeit, ökologische Verantwortung und soziale Gerechtigkeit so miteinander verschränken, dass die Realisierung des einen nur unter der Berücksichtigung der jeweils beiden anderen erfolgt"* (BMWi, 2017, S. 2). In diesem Zusammenhang wird auch vom *„Zieldreieck der Nachhaltigkeit"* gesprochen (BMWi, 2017, S. 2). Vor diesem Hintergrund verändert sich die ökonomische Ausrichtung von Unternehmen, indem bisher verfolgte Ziele der Gewinnmaximierung durch Ziele der langfristigen Unternehmenssicherung ausgetauscht werden (vgl. Englert, 2019, S. 8). Die maximale Ausbeutung von Ressourcen, inklusive der Humanressourcen, ist mit dem nachhaltigen Handeln daher nicht mehr vereinbar. In Bezug auf die Menschen in Unternehmen verbietet die moralisch-ethische Vorgabe der sozialen Gerechtigkeit nachhaltigen Handelns eine körperliche und geistige Ausbeutung von Arbeitnehmenden frei nach dem Motto: Wenn Menschen verschlissen sind, werden sie einfach ausgetauscht. Drei unterschiedliche Perspektiven (vgl. Meißner, 2021, S. 138 ff.) sollen aufzeigen, warum es für Unternehmen sinnvoll ist, den Menschen als zentrale und wichtigste Ressource zu akzeptieren und das betriebliche Handeln auf diese Ressource auszurichten.

Perspektive 1: Zwingende Notwendigkeit zur Akzeptanz des Menschen als zentrale Ressource

Die Globalisierung und Digitalisierung bestimmen den Unternehmensalltag und verlangen ein Umdenken beim Management und bei den Mitarbeitenden. Die zunehmende Unvorhersehbarkeit von Geschäftsentwicklungen sowie die schnellen Veränderungen am Markt erfordern von Arbeitnehmenden eine hohe Flexibilität und Selbstlernkompetenz. Führungskräfte sollten das Führungsverhalten an diese Gegebenheiten anpassen und ***müssen*** darauf vertrauen, dass die Teammitglieder ihre Aufgaben eigenverantwortlich erfüllen und Hilfe bei Bedarf aktiv einfordern. Die Basis für diese neue Zusammenarbeit ist gegenseitiges Vertrauen (vgl. Petry, 2016, S. 44). Fühlen sich Menschen nur als Mittel zum betrieblichen Zweck, liegt es nahe, dass ein gutes Vertrauensverhältnis nicht aufgebaut werden kann. Vor diesem Hintergrund ist es zwingend notwendig, den Menschen als zentrale Ressource des betrieblichen Handelns zu akzeptieren.

Perspektive 2: Zwangsläufige Notwendigkeit zur Akzeptanz des Menschen als zentrale Ressource

Die COVID-19-Pandemie hat Unternehmen als Reaktion auf eine globale Krise zwangsläufig genötigt, ihre Mitarbeitenden in den Mittelpunkt des betrieblichen Handelns zu stellen und als zentrale Ressource während der Krise zu akzeptieren. Viele Arbeitnehmende haben eindrucksvoll bewiesen, dass sie die zuvor beschriebene Verantwortung annehmen können und in der Lage sind, sich auf ungeplante Veränderungen einzulassen und sich den neuen Herausforderungen zu stellen. Ohne gegenseitiges Vertrauen hätten viele Unternehmen dabei höhere Produktivitätseinbußen erlitten und es wurde deutlich, dass man der Belegschaft vertrauen ***kann*** (vgl. Thorberg, 2020, S. 4; Enkhsaikhan, 2020; Koschik *et al.*, 2020, S. 3).

Perspektive 3: Ökonomische Notwendigkeit zur Akzeptanz des Menschen als zentrale Ressource

Aufgrund veränderter Bedürfnisse und Erwartungen von Menschen an ihre Arbeitgeber sowie durch Fehlzeiten, Stellenvakanzen, fehlende Kompetenzen oder verminderte Leistungsfähigkeit ist die Ressource Mensch für Unternehmen nicht nur ein knappes, sondern auch ein gewinnschmälerndes Gut geworden und stellt ein ökonomisches Risiko dar. Knapp sind Arbeitskräfte vor dem Hintergrund, dass offene Positionen aufgrund des demografischen Wandels nur schwer vom externen oder internen Arbeitsmarkt besetzt werden können. Gewinnschmälernd sind sie deshalb, weil vertraglich vereinbarte Austauschbeziehungen zwischen Arbeitgebern und Arbeitnehmenden (100 % Entgelt für 100 % Arbeitsleistung) durch Fehlzeiten oder eingeschränkte Leistungsfähigkeit oder -bereitschaft nicht mehr vollumfänglich erfüllt werden. Die ökonomischen Risiken im Zusammenhang mit der Ressource Mensch erfordern ein Umdenken der Unternehmen. Knappe und unwirtschaftliche Güter können nicht mehr beliebig ausgetauscht, sondern müssen gepflegt und entwickelt werden. Daher müssen Firmen einerseits auf die Bedürfnisse und Erwartungen von Bewerbenden und Mitarbeitenden eingehen und andererseits dafür Sorge tragen, dass die Belegschaft ihre Arbeitsfähigkeit nicht verliert. Kosten für Maßnahmen, welche zur Wiederherstellung der 100-%-Arbeitsleistung führen oder diese generell aufrechterhalten, sind vielfach geringer als der damit einhergehende Nutzen und wird im Rahmen dieser Untersuchung am Beispiel unterschiedlicher Personalprozesse verdeutlicht. Vor diesem Hintergrund wird es für Betriebe ökonomisch notwendig, den Menschen als zentrale Ressource des betrieblichen Handelns zu akzeptieren – und dass sie das wirtschaftlich betrachtet auch ***dürfen.***

Unabhängig davon, welcher Perspektive man folgt oder ob man aus ethisch-moralischen Gesichtspunkten heraus handelt, ist die Gemeinsamkeit zu konstatieren, dass eine langfristige Überlebenssicherung von Unternehmen als Nachhaltigkeitsziel nur dadurch erreicht werden kann, wenn der Mensch als die zentrale Ressource des betrieblichen Handelns betrachtet und akzeptiert wird und dass der Grad der Arbeitsfähigkeit dieser Ressource maßgeblich für den Unternehmenserfolg ist. Diese Grundauffassung bestimmt die Inhalte des nachhaltigen Human Resources Managements (nHRM) und soll im Rahmen dieser Untersuchung detailliert diskutiert werden. Im ersten Schritt wird in diesem Kapitel ein Überblick über den Stand der Forschungsdiskussion des nachhaltigen Personalmanagements in Deutschland gegeben. Daran anschließend werden der Bezugsrahmen dieses Untersuchungskonzeptes sowie das methodische Vorgehen und die Messkriterien der Analyse erläutert und im Zusammenhang mit den folgenden Kapiteln dieser Studie vorgestellt.

1.1 Forschungsstand zum nHRM in Deutschland

Die personalwirtschaftliche Diskussion eines nachhaltigen Personalmanagements wurde Anfang 2000 gestartet und aus unterschiedlichen Perspektiven geführt. Es ist zu konstatieren, dass der Begriff *Nachhaltigkeit* im Rahmen dieser Diskussionen unterschiedlich verwendet wurde und Teilaspekte der Nachhaltigkeit gemäß dem Brundtland-Bericht oder den Leitprinzipien zur Nachhaltigkeit der Bundesregierung Deutschland vernachlässigt wurden.

Studie 1: Zaugg *et al.* (2001) – „Nachhaltiges Personalmanagement"

Unter *„nachhaltigem Personalmanagement"* werden in der ersten Studie von Zaugg *et al.* Denk- und Handlungsansätze verstanden, welche die langfristige, sozial verantwortliche und wirtschaftlich zweckmäßige Gewinnung,

Entwicklung, Erhaltung und Freistellung von Mitarbeitenden zum Ziel haben. Das Forschungsmodell basiert auf drei Zielsetzungen:

1. Steigerung der Arbeitsmarktfähigkeit,
2. Einsatz partizipativer Führungssysteme zur Erhöhung der Selbstverantwortung und
3. Gewährleistung einer angemessenen Work-Life-Balance.

Die Beteiligten in dieser Untersuchung sind Unternehmen und Mitarbeitende (vgl. Zaugg *et al.*, 2001, S. 1 f.). Die empirische Erhebung erfolgte auf Basis einer Spitzengruppenbefragung in europäischen Unternehmen und Institutionen. Die Studie zeigte auf, dass das Human Resources Management stark an der Erreichung ökonomischer Ziele ausgerichtet war und verstärkt eine strategische Bedeutung zugewiesen wurde (vgl. Zaugg *et al.*, 2001, S. 9). Die humanbezogenen Gestaltungsfelder wurden in Bezug auf die Nachhaltigkeit auf der strategischen Ebene definiert, wie das Beispiel Recruiting zeigt: *Die nachhaltige Personalgewinnung ist die Gewinnung von Mitarbeitenden, die den Anforderungen der Stelle am besten entsprechen* (vgl. Zaugg *et al.*, 2001, S. 12). Die operative nachhaltige Umsetzung blieb an dieser Stelle offen.

Studie 2: Ehnert (2009) – „Sustainable Human Resource Management"

Ehnerts Arbeit zum nHRM basiert auf zwei Annahmen:

- **Annahme 1:** Sicherstellung von genügend nachkommenden Personalressourcen vor dem Hintergrund des zunehmenden Fachkräftemangels (vgl. Ehnert, 2009, S. 5).
- **Annahme 2:** Der Personaleinsatz wird von Neben- und Rückkopplungseffekten beeinflusst. Nebeneffekte implizieren negative Auswirkungen auf die Mitarbeitenden durch die betriebliche Beanspruchung (*Side Effects*), welche sich durch gesundheitliche Probleme oder eine unausgewogene Work-Life-Balance ausdrücken können. Rückkopplungseffekte implizieren Auswirkungen, welche durch kurzfristig als sinnvoll erscheinende Maßnahmen zur Kostensenkung entstehen, sich langfristig jedoch negativ auf das Unternehmen auswirken können (*Return Effects*). Beispiel: Entlassung von Schlüsselpersonen, die langfristig für den Unternehmenserfolg notwendig gewesen wären (vgl. Ehnert, 2009, S. 7).

Ehnert konstatiert, dass das nHRM grundsätzlich Widersprüche überwinden muss. Auf der einen Seite kostet die nachhaltige Erhaltung von

Personalqualifikationen Zeit und Geld, auf der anderen Seite sollen Mitarbeitende ökonomisch effizient und effektiv eingesetzt werden. Ebenso wird die Balance zwischen kurz- und langfristigen Zielen als widersprüchlich erlebt (vgl. Ehnert, 2009, S. 8). Das nHRM von Ehnert verfolgt somit zwei Zielsetzungen:

1. Gewinnung, Entwicklung und Erhaltung qualifizierter Personalressourcen unter Berücksichtigung der Neben- und Rückkopplungseffekte
2. Berücksichtigung von Widersprüchen, inklusive der Bewältigungsstrategien

Diese zwei Zielsetzungen verbindet Ehnert im Rahmen eines strategieorientierten nachhaltigen Human Resources Managements und führt in diesem Zusammenhang eine empirische Untersuchung anhand einer Analyse von Unternehmenswebseiten durch. Die Beteiligten in dieser Untersuchung sind Unternehmen und Mitarbeitende.

Studie 3: Zaugg (2009) – „Nachhaltiges Personalmanagement"

Nach Zaugg konzipiert das nHRM auf strategischer Ebene eine Personalstrategie und Führungskultur, welche ein strategisches Wissensmanagement gestaltet, langfristig das Personal entwickelt und sich um die effektive Erhaltung der Arbeitsfähigkeit kümmert. Zur Umsetzung der strategischen Aufgaben gehören die operativ ausgerichteten Prozess- und Querschnittsfunktionen wie Personalplanung, Recruiting, Personalentwicklung, Personalerhaltung, Personaleinsatz, Freistellung, Marketing, Controlling und Personalverwaltung (vgl. Zaugg, 2009, S. 72). Zaugg hat in seiner Untersuchung ein Modell des nachhaltigen Personalmanagements entwickelt, welches sich an bestimmten Nachhaltigkeitskriterien orientiert. Als Prämisse für ein nachhaltiges Personalmanagement definiert er Vertrauen als Voraussetzung und Ergebnis eines nHRM (vgl. Zaugg, 2009, S. 71). Als Merkmale für Nachhaltigkeit definiert er auf Basis des Faktors Vertrauen die folgenden Kriterien: Partizipation, Wertschöpfungsorientierung, Strategieorientierung, Kompetenzorientierung, Anspruchsgruppenorientierung, Flexibilität. Je stärker sich die strategischen Funktionen, Prozess- sowie Querschnittsfunktionen an diesen Kriterien ausrichten, desto nachhaltiger ist das Personalmanagement. Zaugg analysiert in seiner Arbeit die strategischen und operativen Funktionen des Personalmanagements anhand der vorgestellten Nachhaltigkeitskriterien. Er stützt seine Analyse auf Literaturrecherchen, Expertenbefragungen, eine Breitenbefragung und Fallstudien. Die Beteiligten in dieser Untersuchung sind Unternehmen und Mitarbeitende.

In allen Studien werden ökologische Aspekte der Nachhaltigkeit außer Acht gelassen. Darüber hinaus unterbleiben Analysen, welchen konkreten Nutzen man durch nachhaltiges Handeln für die Beteiligten generieren kann. Ebenso bewegen sich die Studien auf einer strategischen personalwirtschaftlichen Ebene. Lediglich Zaugg (2009) hat die prozessorientierten humanbezogenen Gestaltungsfelder anhand der Nachhaltigkeitskriterien mitdiskutiert, allerdings bleibt auch diese Analyse tendenziell an der Oberfläche und die konkreten Mehrwerte für die Beteiligten sind pauschaler Natur im Sinne von: *Mitarbeitende erhöhen ihre Arbeitsmarktfähigkeit* (vgl. Zaugg, 2009, S. 61). Zusammenfassend kann konstatiert werden, dass die bisherigen Studien strategieorientiert untersucht haben, *was* ein nHRM ist, ohne dabei die operative Umsetzbarkeit des nachhaltigen Personalmanagements zu berücksichtigen.

1.2 Definition der Begriffe *nHRM* und *Arbeitsfähigkeit* als Rahmenbezug der Untersuchung

In dieser Untersuchung soll die Frage aufgegriffen werden, *wie* ein nHRM operativ in der Praxis umgesetzt werden kann. Aufbauend auf dem Leitprinzip zur Nachhaltigkeit der Bundesregierung Deutschland manifestiert diese Studie den inhaltlichen Rahmen an der folgenden Definition für ein nHRM:

> *Ein nachhaltiges Human Resources Management ist die Summe der strategischen und operativen humanbezogenen Gestaltungsfelder, welches dem Credo folgt, langfristig den Unternehmenserhalt zu sichern, die Bedürfnisse aller Beteiligten miteinzubeziehen und ökonomische, soziale und ökologische Aspekte mitzuberücksichtigen. Es folgt dabei dem Grundverständnis, dass das personalwirtschaftliche Handeln auf die Erhaltung der Arbeitsfähigkeit der Mitarbeitenden ausgerichtet wird. (Meißner, 2021, S. 149)*

Tabelle 1 stellt exemplarische Ziele des nHRM in diesem Zusammenhang vor.

Tabelle 1: Exemplarische Ziele des nachhaltigen Human Resources Managements

Nachhaltigkeitsfaktoren	Humanbezogene Gestaltungsfelder
Ökonomisch (in Bezug auf die Unternehmen)	- Sicherung des Unternehmenserfolgs - Vertrauensbasierte und partizipative Führungskultur - Sicherung der Aufgabenerfüllung - Zeit- und Kosteneffizienz - Aufbau, Entwicklung und Erhalt von Personalpotenzialen - Flexibilität bei Veränderungen - Förderung der Selbstverantwortung bei Mitarbeitenden - Steigerung der Arbeitszufriedenheit - Reduzierung der Fehlzeiten etc.
Sozial (in Bezug auf die Individuen)	- Vereinbarkeit von Privatleben und Beruf - Persönliche Arbeitszufriedenheit - Steigerung der persönlichen Employability - Berufliche Entwicklung - Erhaltung der Gesundheit - Eigenverantwortliches und selbstorganisiertes Arbeiten sowie Partizipation - Vertrauen zum Arbeitgeber - Sinnstiftende Tätigkeit - Angemessene Bezahlung - Flexible Arbeitszeiten und Arbeitsorte - Anerkennung der Arbeit - Arbeitsplatzsicherheit - Betriebsklima etc.
Sozial (in Bezug auf die Gesellschaft)	- Arbeitsplatzsicherung - Reduzierung von arbeitsbedingten Fehlzeiten - Sicherung der Arbeitsmarktfähigkeit - Einhaltung gesetzlicher Rahmenbedingungen und gesellschaftlicher Werte und Normen - Arbeitsfrieden - Reintegration von Langzeitkranken und Arbeitslosen - Soziale Verantwortung für die Community - Unterstützung von Menschen im familiären/privaten Umfeld von Arbeitnehmenden
Ökologisch (in Bezug auf die Umwelt)	- Einhaltung von Umweltschutzgesetzen - Reduzierung von Maßnahmen, welche die Umwelt unnötig belasten (z.B. Dienstreisen) - Steigerung des Umweltbewusstseins in Bezug auf personalwirtschaftliche Handlungsfelder

Quelle: eigene Darstellung in Anlehnung an Meißner, 2021, S. 150 mit ergänzenden Aspekten aus Zaugg, 2009, S. 68.

Anhand der vorherigen Ausführungen wurde die Notwendigkeit deutlich, warum Unternehmen den Menschen in den Mittelpunkt des betrieblichen Handelns stellen sollten. Dabei ist die Arbeitsfähigkeit der Mitarbeitenden bestimmender Faktor für die Sicherung des Unternehmenserfolgs. Im nHRM wird der Mensch dabei als eigenverantwortlich handelnder Akteur verstanden, der aktiv seine individuelle Entwicklung mitgestaltet und bei der Ausgestaltung seiner Aufgaben partizipieren darf. Voraussetzung hierfür ist ein entsprechender Entscheidungsspielraum mit der verbundenen Übernahme von Verantwortung (vgl. Zaugg, 2009, S. 61 f.). Der Grad der Arbeitsfähigkeit ist dabei stark abhängig vom persönlichen Wohlbefinden. Umfangreiche Studien der Saïd Business School der University of Oxford haben einen direkten positiven Zusammenhang zwischen dem persönlichen Wohlbefinden der Arbeitnehmenden und der Unternehmensperformanz nachgewiesen, welcher sich zum Beispiel durch ein erfolgreicheres Recruiting, eine höhere Mitarbeitendenmotivation und eine geringere Fluktuation ausdrückt (vgl. Krekel *et al.*, 2019, S. 22).

Der finnische Forscher des Finnish Institute of Occupational Health (FIOH) Juhani Ilmarinen hat in diesem Zusammenhang ein evidenzbasiertes Modell (*Haus der Arbeitsfähigkeit*) entwickelt, welches die Erhaltung und Verbesserung der Arbeitsfähigkeit aller Beschäftigtengruppen und Generationen zum Ziel hat. Unter Arbeitsfähigkeit wird die Summe der Faktoren verstanden, welche Menschen dazu befähigen, in bestimmten Arbeitssituationen die an sie gestellten Aufgaben mit Erfolg zu bewältigen (vgl. Ilmarinen & Tempel, 2002, S. 166). Die Arbeitsfähigkeit soll gewährleisten, dass für Unternehmen eine gute Produktivität und Qualität der Arbeit erzielt wird. Voraussetzung dafür sind Menschen mit einer guten Lebensqualität und persönlichem Wohlbefinden. Um diesen Zustand zu erreichen, muss eine ausgewogene Bilanz zwischen den Belastungen am Arbeitsplatz, den individuellen Ressourcen und Potenzialen der Arbeitnehmenden und der persönlichen Beanspruchung gefunden werden (vgl. Tempel & Ilmarinen, 2013, S. 16).

Das Modell „*Haus der Arbeitsfähigkeit*" ist ein ganzheitliches und nachhaltiges Konzept, welches diese stabile Bilanz zwischen Individuum und Arbeit herstellen soll (vgl. Jensen, 2018, S. 2). Die Arbeit unter guten Bedingungen mit einem ganzheitlichen Ansatz zu organisieren, ist somit eine der wichtigsten nachhaltigen Gesundheitsförderungsmaßnahmen von Unternehmen (Tempel, 2016, S. 6). Im Zentrum vom Haus der Arbeitsfähigkeit (Abbildung 1) steht der Mitarbeitende mit seinen individuellen physischen, psychischen und sozialen Fähigkeiten, welche die Grundlage der Arbeitsfähigkeiten darstellen. Die Faktoren, welche die Arbeitsfähigkeit im Unternehmen unmittelbar beeinflussen, werden als ein Haus mit vier Stockwerken beschrieben und umfassen die Gesundheit, Kompetenzen, Werte und Haltungen sowie die Arbeit an sich.

Darüber hinaus bezieht dieses Modell die Umgebung außerhalb des Hauses, also außerhalb der Arbeitsumgebung, mit ein, da auch die Familie, das persönliche Umfeld, die regionale Umgebung (Infrastruktur, Arbeitsmarkt) und die politische Ebene (Gesellschaft, Kultur, Gesetzgebung, soziale Sicherheit, Tarifverträge, Bildung) sich mittelbar auf die Arbeitsfähigkeit auswirken können (vgl. Ilmarinen, 2019, S. 2). Dieses Konzept wird von der Globalisierung, neuen Technologien, Digitalisierung und der zunehmenden Alterung der Gesellschaft bestimmt (vgl. Ilmarinen, 2019, S. 2).

Abbildung 1: Haus der Arbeitsfähigkeit (Quelle: eigene Darstellung in Anlehnung an Ilmarinen, 2019, S. 2)

Das Fundament für die Arbeitsfähigkeit bildet die Gesundheit, symbolisiert im ersten Stock des Hauses. Sie ist die wichtige und wesentliche Bedingung für selbstständiges Handeln von Mitarbeitenden und setzt voraus, dass deren physische, psychische und soziale Fähigkeiten sich in einem stabilen Gleichgewicht befinden. Sie werden in diesem Zusammenhang auch als funktionale Kapazitäten bezeichnet und bilden die individuelle Grundlage der Arbeitsfähigkeit (vgl. Tempel & Ilmarinen, 2013, S. 41 ff.). Im zweiten Stock befinden sich die Kompetenzen der Mitarbeitenden, die auch als *Handlungskompetenzen* bezeichnet werden. Sie setzen sich zusammen aus der

- Fachkompetenz, welche Menschen befähigt, berufstypische Aufgaben selbstständig und eigenverantwortlich zu bewältigen, der
- Methodenkompetenz, welche Menschen den kompetenten Umgang mit fachlichem Wissen ermöglicht, und der
- Sozialkompetenz, welche Menschen befähigt, miteinander angemessen zu kommunizieren, sich teamorientiert zu verhalten und konsensorientiert zu wirken.

Diese Kompetenzen werden im Laufe des Lebens durch die Berufserfahrung und lebenslanges Lernen weiterentwickelt (vgl. Tempel & Ilmarinen, 2013, S. 50 f.).

Das dritte Stockwerk umschreibt den Austausch von Meinungen und Sichtweisen, welche Manager:innen und Mitarbeitende im Laufe ihres Arbeitslebens erworben haben. Diese werden geprägt durch die individuellen Werte und Einstellungen sowie durch die persönliche Motivation. Sie stellen die individuellen Reserven dar, welche jeder Mensch in ein Arbeitsverhältnis miteinbringt und die im ersten Stock im Rahmen der Fähigkeiten entwickelt werden. Im dritten Stock treffen Vorstellungen und Interpretationen aufeinander, welche sich in bestimmten Situationen, Fragestellungen oder Konflikten entwickelt haben. Die Art und Weise dieses Austausches und der Umgang mit diesen Prozessen wirkt sich auf die Unternehmenskultur sowie das Betriebsklima aus und beeinflusst die Lösung von Konflikten oder die Bewältigung von Veränderungen. Darüber hinaus werden auf dieser Ebene Anforderungen explizit oder implizit kommuniziert, welche der Arbeitgeber an die Arbeitnehmenden stellt (vgl. Tempel & Ilmarinen, 2013, S. 66). Explizit bedeutet in diesem Zusammenhang eine kommunizierte Erwartungshaltung im Rahmen eines Anforderungsprofils, dass Mitarbeitende zum Beispiel selbstständig oder eigenverantwortlich arbeiten sollen. Im Gegensatz dazu wird eine implizite Erwartung unausgesprochen im Rahmen einer gelebten Unternehmenskultur „vorausgesetzt". Das kann zum Beispiel Fleiß, Höflichkeit oder Pflichterfüllung sein. In diesem

Stockwerk wird die Team-, Betriebs- oder Unternehmenskultur geschaffen, die bei Veränderungen darüber entscheidet, ob eine gemeinsame Vision nachhaltig in die Praxis umgesetzt werden kann (vgl. Tempel & Ilmarinen, 2013, S. 74).

Das vierte Stockwerk steht für verschiedene Faktoren, die mit der Arbeit zusammenhängen. Dazu gehören die Arbeitsumgebung (Büro, Ausstattung etc.), das Arbeitsklima (Zusammenarbeit, menschlicher Umgang etc.), die Arbeitsaufgabe und die Arbeitsbedingungen (Arbeitszeiten, Anreizsysteme, Vereinbarkeit von Privatleben und Beruf, Personalausstattung, individuelle Entwicklung und Unterstützung etc.). Dem Management kommt in diesem Zusammenhang eine besondere Bedeutung zu. Es hat die Verantwortung für die Organisation der betrieblichen Abläufe und zuvor genannten Arbeitsfaktoren, um eine erfolgreiche Aufgabenerledigung zu gewährleisten. Den Führungskräften obliegt die Verantwortung, die erforderliche stabile Balance zwischen Individuum und Arbeit herzustellen, um die Erhaltung der Arbeitsfähigkeit sicherzustellen (vgl. Tempel & Ilmarinen, 2013, S. 75 f.).

Die Arbeitsleistung wird jedoch nicht nur von betriebsinternen Faktoren beeinflusst, sondern auch von externen. Diese beziehen sich auf die Umgebung der Arbeitnehmenden außerhalb der Firma. Entstehen dort familiäre oder private Sorgen, können sich diese unmittelbar negativ auf die Arbeitsproduktivität auswirken. Betroffene sind vielleicht abgelenkt, erschöpft oder unkonzentriert. Unternehmen, die ihrer Belegschaft zum Beispiel durch eine betriebliche Sozialberatung Hilfe auch im außerbetrieblichen Umfeld anbieten, generieren positive ökonomische und soziale Effekte, was im Kapitel 6.1.4.3 veranschaulicht wird.

Bis zu diesem Punkt können Unternehmen die Faktoren und Einflüsse der Erhaltung der Arbeitsfähigkeit relativ gut und aktiv identifizieren und Maßnahmen zur Stabilität der Balance zwischen Arbeit und Mitarbeitenden ergreifen. Schwieriger wird es bei den sozialen Netzwerken der Menschen und den gesellschaftlichen Rahmenbedingungen, da diese sich auf einer außerbetrieblichen Metaebene bewegen und Unternehmen in der Regel zum Reagieren auf äußere Einflüsse zwingen. Prominentes Beispiel ist die COVID-19-Pandemie, welche sich massiv auf die individuelle Arbeitsfähigkeit auswirkt, indem sich zum Beispiel Ängste vor dem Verlust des Arbeitsplatzes direkt negativ auf die Leistungsfähigkeit auswirken können. Auf diese Ängste können und müssen Firmen reagieren, um die vollständige Arbeitsfähigkeit zu erhalten und die Überlebensfähigkeit des Unternehmens zu sichern. Andere stellvertretende Beispiele sind die betrieblichen Reaktionen auf gesetzliche Vorgaben wie den Mindestlohn oder den Anspruch auf eine Teilzeittätigkeit. In Bezug auf das Bildungssystem reagieren viele Betriebe mit internem Werkunterricht, zum

Beispiel für das Fach Mathematik, um die unterschiedlichen Schulkenntnisstände von Auszubildenden zu kompensieren und auf die betrieblichen Erfordernisse anzupassen.

Das nachhaltige Human Resources Management hat mit dem Haus der Arbeitsfähigkeit ein verlässliches Modell, um das Unternehmensziel der langfristigen Sicherung des Unternehmenserhalts durch die Erhaltung der Arbeitsfähigkeit der Mitarbeitenden zu sichern. Bei diesem Paradigmenwechsel ist zu beachten, dass die gesammelten Daten, Ziele und Planungen eine neue Bedeutung gewinnen. Während diese beim Homo oeconomicus dem Zwecke der Gewinnmaximierung dienten, werden sie beim nHRM als Basis für den Dialog und der gemeinsamen Entwicklung genutzt. Tabelle 2 zeigt zusammenfassend den Nachhaltigkeitsnutzen der Arbeitsfähigkeit in Bezug auf den individuellen Menschen, die Gesellschaft und das Unternehmen. Die Darstellung ist sehr allgemein gehalten, sodass der ökologische Nutzen ebenfalls nur sehr abstrakt anhand eines Beispiels aufgeführt wurde.

Tabelle 2: Beispiele für den Nachhaltigkeitsnutzen zum Erhalt der Arbeitsfähigkeit

	Herausforderungen/ Möglichkeiten	**Lösungen**	**Ergebnisse**
Mitarbeitende	- Handlungskompetenzen - Fehlende Gesundheit - Arbeitsmotivation - Arbeitsfähigkeit - Arbeitsbedingte Erschöpfung/ Stressempfinden - Arbeitslosigkeit	- Entwicklung physischer, psychischer und sozialer Ressourcen - Gesundheitsverbesserung - Aufbau von Kompetenzen - Bewältigung von Veränderungen - Partizipation - Arbeitsmarktfähigkeit	- Optimierte Kompetenzen - Gesundheit - Bessere Arbeitsfähigkeit - Geringere Erschöpfung - Geringeres Risiko der Arbeitslosigkeit - Bessere Lebensqualität
Unternehmen	- Produktivität - Wettbewerbsfähigkeit - Fehlzeiten - Veränderungsbereitschaft - Arbeitsorganisation - Arbeitsbedingungen - Fachkräftemangel	- Generationenmanagement - Individuelle Lösungen - Intergenerative Kooperationen - Bedürfnisgerechte Ergonomie - Regenerationszeiten am Arbeitsplatz - Flexible Arbeitszeiten - Vereinbarkeit von Familie und Beruf - Individuelles bedarfsgerechtes Kompetenztraining	- Sicherung des Unternehmenserhalts - Bessere Produktivität - Bessere Wettbewerbsfähigkeit - Sinkende krankheitsbedingte Fehlzeiten und Kündigungen - Bessere Führungskultur - Kompetente Belegschaft - Gutes Arbeitgeberimage

Tabelle 2 Fortsetzung

	Herausforderungen/ Möglichkeiten	**Lösungen**	**Ergebnisse**
Gesellschaft	- Arbeitslosigkeit - Ruhestand - Altersdiskriminierung - Frührente - Rentnerarmut - Kosten der Arbeitsunfähigkeit - Ruhestandskosten - Kosten für Gesundheitsfürsorge	- Prävention von Altersdiskriminierung - Maßnahmen zur Gesundheitsfürsorge - Verbesserung der generationenorientierten Arbeitspolitik - Veränderung der generationenorientierten Kündigungspolitik	- Geringere Altersdiskriminierung - Gesunder Eintritt in den Ruhestand - Geringere Arbeitslosigkeitskosten - Sinkende Kosten für Gesundheitsfürsorge
Ökologie	- Massenproduktion von Lebensmitteln verschlechtert Umweltbedingungen - Konsum von massenproduzierten Lebensmitteln kann sich ungünstig auf die Gesundheit auswirken	- Biologisch verträglicher Anbau und Produktion von Lebensmitteln	- Verbesserung der Umweltbedingungen - Verbesserung der Gesundheit

Quelle: eigene Darstellung, teilweise in Anlehnung an Tempel & Ilmarinen, 2013, S. 250.

1.3 Forschungsdesign und methodisches Vorgehen

Da bisherige Studien zum nHRM sich schwerpunktmäßig mit strategischen Fragestellungen auseinandergesetzt haben, soll in dieser Untersuchung die Frage verfolgt werden, **wie** operative Personalprozesse nachhaltig gestaltet werden können. Das Konzept der Analyse orientiert sich dabei an der folgenden Forschungsthese:

> *Ein nHRM generiert eine ökonomische, soziale und ökologische Win-win-Situation für Unternehmen, Arbeitnehmende und die Umwelt, wenn das personalwirtschaftliche Handeln auf die Erhaltung der Arbeitsfähigkeit der Mitarbeitenden ausgerichtet wird, mit dem Ziel, den Erfolg des Unternehmens langfristig zu sichern unter Einbeziehung ökologischer Aspekte.*

Dazu werden folgende Forschungsfragen aufgestellt:

Forschungsfrage 1 (FF 1):

Wie kann ein nHRM eine betriebswirtschaftliche und soziale Win-win-Situation für Unternehmen und Arbeitnehmende herstellen, wenn es sich konsequent auf die Erhaltung der Arbeitsfähigkeit mit dem Ziel der langfristigen Sicherung des Unternehmenserfolgs fokussiert?

Forschungsfrage 2 (FF 2):

Wie können die Personalprozesse alle drei Nachhaltigkeitsfaktoren berücksichtigen, um nachzuweisen, dass es sich um einen nachhaltigen Prozess im Sinne der Definition handelt und somit auch eine Win-win-Situation für die Umwelt generiert wird?

Mit der These und den Forschungsfragen soll nachgewiesen werden, dass nachhaltig gestaltete Personalprozesse nicht im Widerspruch zu ökonomischen Prinzipien stehen, sondern langfristig die Existenz von Unternehmen sichern, gleichzeitig die Arbeitsfähigkeit der Belegschaft erhalten und umweltbewusstes Handeln implizieren.

Die Analysekriterien der Untersuchung sind die ökonomischen, sozialen und ökologischen Nachhaltigkeitsfaktoren, welche sich aus der zuvor erläuterten Definition des nHRM ergeben. Die operativen Personalprozesse werden nicht pauschal erläutert, sondern konkret in Bezug auf die nachhaltige Umsetzbarkeit im betrieblichen Alltag untersucht. Die Analyse folgt dem Grundverständnis, dass personalwirtschaftliches Handeln als *nachhaltig* bezeichnet werden kann, wenn es das Ziel verfolgt, die Existenz des Unternehmens langfristig zu sichern, indem die Arbeitsfähigkeit der Mitarbeitenden nach dem Verständnis vom Haus der Arbeitsfähigkeit erhalten bleibt und gleichzeitig ökologische Gesichtspunkte berücksichtigt werden. Abbildung 2 fasst das Forschungsdesign des prozessorientierten nachhaltigen Human Resources Managements als Übersicht zusammen.

Abbildung 2: Forschungsdesign „Prozessorientiertes nachhaltiges Human Resources Management“

Die methodische Vorgehensweise der Untersuchung folgt dabei einer festgelegten Systematik. Jeder HR-Prozess wird in Bezug auf die Nachhaltigkeitsfaktoren *ökonomisch*, *sozial* und *ökologisch* analysiert. Bei der ökonomischen Betrachtung stehen schwerpunktmäßig übergeordnete oder prozessgetriebene wirtschaftliche Fragestellung im Fokus. Dabei werden ausgewählte Kosten-Nutzen-Analysen genauso diskutiert wie strukturierte Personalinstrumente oder -prozesse. Die soziale Nachhaltigkeitsuntersuchung konzentriert sich darauf, wie sich die jeweiligen Personalprozesse auf den Menschen auswirken können. Der letzte Untersuchungspunkt folgt der Fragestellung, ob sich die jeweiligen Personalprozesse im Einklang mit der Umwelt gestalten lassen. Da die Erhaltung der Arbeitsfähigkeit im Zentrum des nachhaltigen personalwirtschaftlichen Handelns steht, orientiert sich die Nachhaltigkeitsanalyse der

HR-Prozesse am Haus der Arbeitsfähigkeit. Dabei soll berücksichtigt werden, welche Stockwerke von den Personalprozessen tangiert werden und wie sich die Gestaltung der Prozesse auf die Erhaltung der Arbeitsfähigkeit auswirken kann.

In dieser Untersuchung soll das Haus der Arbeitsfähigkeit noch um die Betrachtungsperspektive *Alterssensibilität* erweitert werden, welche in der personalwirtschaftlichen Forschung in diesem Zusammenhang nur wenig diskutiert wird, aber über großes Potenzial verfügt, nachhaltiges Handeln ökonomischer und sozialer zu gestalten. Dabei geht es insbesondere um die Berücksichtigung von alterssensiblen Fragestellungen in den jeweiligen HR-Prozessen. In den 1970er-Jahren wurde der Begriff des *demografischen Wandels* in der betrieblichen Praxis prominenter, da erstmalig die Sterberate höher als die Geburtenrate war. Gekoppelt mit der höheren Lebenserwartung der Bevölkerung und der gleichzeitig rückläufigen Geburtenrate startete eine Entwicklung, welche die Altersstruktur in Deutschland maßgeblich veränderte. Die aktuelle deutsche Bevölkerung ist einerseits durch die Zuwanderung von jüngeren Menschen gekennzeichnet, welche die jüngeren Jahrgänge verstärkt, und andererseits durch eine deutlich vorangeschrittene Alterung (vgl. Statistischen Bundesamt, 2019, S. 12). Dies hat direkte Auswirkungen auf das Gesundheitssystem, die Absatzmärkte und die Arbeitsmärkte. Aus der Perspektive des Personalmanagements ist der sogenannte Fachkräftemangel eine sehr dominierende Herausforderung. Stellenbesetzungen von Fach- und Führungspositionen dauern heute deutlich länger als noch in den 1990er-Jahren, wo Unternehmen in der Regel zahlreiche Bewerbungen auf eine ausgeschriebene Position erhielten.

Unternehmen begründen die Schwierigkeiten im Recruiting mit dem Mangel an Bewerbern im Allgemeinen und den unzureichenden fachlichen Qualifikationen im Speziellen. Zusätzliche Hindernisse sind überhöhte Entgeltforderungen und die fehlende Bereitschaft von Bewerbenden, die Arbeitsbedingungen des Unternehmens zu akzeptieren. Betriebe reagieren auf diese Herausforderungen gerne mit der Erhöhung der Rekrutierungsintensität und Entgeltzugeständnissen (vgl. Bossler *et al.*, 2018, S. 6). Im Zusammenhang mit einem nachhaltigen Personalmanagement erscheinen diese Maßnahmen ineffektiv, da Unternehmen lediglich auf äußere Umstände reagieren und auf die Zustimmung von Bewerbenden hoffen, anstatt aktiv zu agieren und die Lösung der Schwierigkeiten selbst zu suchen und zu beeinflussen.

Eine logische Konsequenz bei fehlenden externen Bewerbungen ist die Konzentration auf die im Unternehmen vorhandenen Humanressourcen. Themen wie Ausbildung und Personalentwicklung sowie die Neustrukturierung und Optimierung von Prozessen erhalten dadurch einen höheren Stellenwert als bisher. In diesem Zusammenhang ist die Analyse der betrieblichen Altersstruktur essenziell für die Entwicklung von Handlungsalternativen. In Unternehmen arbeiten naturgemäß unterschiedliche Generationen und Altersgruppen zusammen. Betriebsvereinbarungen und Personalinstrumente sind in der Regel pauschal für die gesamte Belegschaft definiert und das Management sollte aus moralischen und ethischen Gründen alle Mitarbeitende „gleich" behandeln. Dieser Ansatz ist richtig und sollte zwingendes Credo in der Mitarbeiterführung sein.

Allerdings gibt es einen Punkt, in dem sich Menschen voneinander unterscheiden: das Alter und die damit einhergehende Veränderung der biologischen Leistungsfähigkeit und Lebensansprüche. In dieser Hinsicht alle „gleich" zu behandeln, kann zu Effizienz-, Effektivitäts- und Produktivitätsverlusten führen. Warum dies so sein kann, wird in Kapitel 2 zur Leistungsfähigkeit und Produktivität im Zusammenhang mit dem Alter thematisiert. Dabei werden psychologische und physiologische Alterungsprozesse genauso betrachtet wie mögliche Auswirkungen auf die Arbeitsmotivation.

Die folgenden Kapitel 3 bis 7 beleuchten die Personalprozesse Personalplanung, Personalbeschaffung, Personalentwicklung, Personalerhaltung und Personalfluktuation im Zusammenhang mit dem Haus der Arbeitsfähigkeit und analysieren diese in Bezug auf die Nachhaltigkeitsfaktoren unter Berücksichtigung von alterssensiblen Entwicklungen. Dabei stellen die ökonomischen, sozialen und ökologischen Nachhaltigkeitsmerkmale die Analysefaktoren dar. Bei der ökologischen Prozessanalyse wird in der Regel zwischen der strategisch-ökologischen Ausrichtung und der operativ-prozessorientierten Ebene unterschieden. Diese Unterscheidung stützt sich auf den Forschungsansatz des Green Human Resources Managements (Green HRM), welcher sich mit einem umweltorientierten Personalmanagement auseinandersetzt (vgl. Jackson *et al.*, 2001, S. 99). Muster und Schrader konstatieren in diesem Zusammenhang, dass Menschen ihre Einstellung zum ökologischen Verhalten nicht nur am Arbeitsplatz, sondern auch im Privatleben gelernt und entwickelt haben (Muster & Schrader, 2011, S. 141). Vor diesem Hintergrund wird der ganzheitliche Ansatz zur Förderung ökologischer Verhaltensmuster deutlich. Betriebliche Maßnahmen in Bezug auf umweltbewusstes Verhalten wirken sich gleichermaßen positiv auf das Privat- wie auf das Berufsleben aus und generieren eine Wechselwirkung von ökologischen Lebensmustern, die sich wiederum positiv auf die Erfüllung der Arbeitsaufgaben im Unternehmen auswirken können. Dieser ganzheitliche Ansatz läuft konform mit dem Haus der Arbeitsfähigkeit, welches ebenfalls die Wechselwirkungen zwischen Privat- und Berufsleben und deren Einfluss auf die betriebliche Arbeit berücksichtigt.

In Kapitel 8 werden die Ergebnisse der Untersuchung zusammengefasst und bewertet. In diesem Zusammenhang wird überprüft, inwieweit die These in Bezug auf die Nachhaltigkeitskriterien validiert und die Forschungsfrage beantwortet wurde. Im letzten Kapitel werden aus den Ergebnissen Vorgehensweisen und Priorisierungen zur nachhaltigen Gestaltung von Personalprozessen erörtert, welche gleichzeitig als Checklisten für die Umsetzung der Ergebnisse im Personalmanagement genutzt werden können.

2 Leistungsfähigkeit und Produktivität im Zusammenhang mit dem Altern

Durch welche Faktoren die Leistungsfähigkeit und Produktivität beeinflusst werden, wurde im Haus der Arbeitsfähigkeit in Kapitel 1 ausführlich dargestellt. Unberücksichtigt blieb an dieser Stelle der Faktor des Alterns, der sich sehr unterschiedlich auf die jeweiligen Phasen des Arbeitslebens auswirken kann. Doch was bedeutet der Begriff *alt*? Das Alter zu definieren ist grundsätzlich schwierig, weil er durch unterschiedliche subjektive Einflüsse bestimmt wird. Während ein dreißigjähriger Fußballspieler schon alt ist, wird eine dreißigjährige Führungskraft als jung betrachtet. Eine fünfundfünfzigjährige Lehrkraft gehört zum „alten Kaliber", während Rentner:innen, welche im selben Alter in den Ruhestand eintreten, als jung angesehen werden. Wenn eine vierzigjährige Person vergisst, das Bügeleisen auszuschalten, dann ist das ein einmaliges Vorkommen. Passiert das einem Achtundsiebzigjährigen, wird zügig eine beginnende Demenz in Erwägung gezogen.

Diese Beispiele zeigen, dass der Begriff *Alter* relativ und immer im Zusammenhang mit einer anderen Bezugsgröße oder Vergleichsgruppe zu betrachten ist. Grundsätzlich unterscheidet man zwischen dem chronologischen, biologischen, sozialen und psychologischen Alter. Das *chronologische Alter* ist das kalendarische Alter nach Jahren und beginnt mit dem Tag der Geburt.

Die Entwicklungsstadien des Organismus werden als *biologisches Alter* bezeichnet und beschreiben die körperliche und psychische Leistungsfähigkeit. Dabei ist das biologische Altern ein nicht aufzuhaltender physiologischer Vorgang, welcher mit dem Tod endet. Die biologischen Veränderungen laufen individuell unterschiedlich ab und sind daher häufig nicht identisch mit dem chronologischen Alter. Es gibt Achtzigjährige, die noch körperlich fit genug sind, eine dreiwöchige Wandertour zu unternehmen und dabei im Schlafsack in unbeheizten Hütten übernachten, während Fünfzigjährige aufgrund mangelnder körperlicher Fitness solch eine Tour nicht einmal drei Tage durchhalten würden. Andere lernen im hohen Alter noch den Umgang mit digitalen Medien und sozialen Netzwerken, während wesentlich Jüngere sich damit schwertun, sich dieser modernen Entwicklung anzupassen. An diesen Beispielen wird deutlich, dass das biologische Alter stark von der individuellen Lebensführung beeinflusst wird und davon abhängt, inwieweit Menschen eigenverantwortlich oder durch Arbeitgeber körperlich und geistig gefordert und entwickelt werden.

Das *soziale Alter* ist das Resultat von gesellschaftlichen Institutionalisierungen und kulturellen Repräsentationen, die den Alterungsprozess in Lebensphasen unterteilen, Übergänge markieren und somit eine Gliederung der Gesellschaft nach Lebensalter manifestieren. Dazu gehören zum Beispiel die beginnende Schulpflicht mit sechs Jahren, die Konfirmation mit vierzehn, die Volljährigkeit mit achtzehn genauso wie der Eintritt in den Ruhestand mit siebenundsechzig Jahren.

Sätze wie „Man ist nur so alt, wie man sich fühlt" stehen stellvertretend für das *psychologische Alter*, welches von der individuellen Selbstwahrnehmung bestimmt wird (vgl. Dyk, 2015, S. 13 f.). Darüber hinaus ist zu konstatieren, dass der Altersbegriff eine polarisierende Struktur innehat, welche vom Alterslob bis hin zu negativen Altersvorurteilen reicht. Dies kommt in zahlreichen Sprichwörtern zum Ausdruck. In Bezug auf das Alterslob kennt man die Aussagen: „Die Jungen laufen schneller, aber die Alten kennen die Abkürzung." „Der Alten Rat, der Jungen Tat, macht Krummes grad." (Vgl. Dyk, 2015, S. 10) Zu den negativen Seiten gehören Vorurteile wie „Die Alten liegen den Jungen auf der Tasche" oder „die ewig Gestrigen". Mit zunehmendem Alter steigt auch die Altersdiskriminierung, wie Nachrichten über Misshandlungen in Pflegeeinrichtungen und der gesellschaftliche Ausschluss von Rentner:innen, welche in Armut leben müssen, zeigen.

In Unternehmen gelten ältere Mitarbeitende häufig als unflexibel, unproduktiv, wenig lernbereit oder nicht mehr belastbar. Diese Vorurteile basieren auf der Annahme, dass das zunehmende Alter im direkten Zusammenhang mit der Abnahme der physischen und psychischen Leistungsfähigkeit steht. Zahlreiche Beispiele belegen jedoch, dass dies nicht der Realität entspricht, wie der neu gewählte US-amerikanische Präsident Joe Biden beweist. Damit die Arbeitsfähigkeit von Mitarbeitenden nachhaltig gesichert werden kann, ist es hilfreich, dass sich Unternehmen mit dem Alter und dem Alterungsprozess auseinandersetzen und verstehen, was diese bei den Mitarbeitenden auslösen können. Dadurch werden Erkenntnisse generiert, welche die Personalprozesse und -instrumente effektiver und effizienter machen. Zudem können mithilfe dieser Einsichten die jeweiligen Maßnahmen gezielter auf die Bedürfnisse sowie auf die physischen und psychischen Fähigkeiten abgestimmt werden.

2.1 Psychologischer und physiologischer Alterungsprozess

Die Altersforschung hat hinreichend erhoben, dass es keine pauschale Abnahme von kognitiven und intellektuellen sowie physischen Fähigkeiten im Alter gibt. Die allgemeinhin konstatierten Defizitmodelle beruhen auf der Annahme, dass der geistige und körperliche Abbau erfolgt, wenn einerseits ein Mangel an Beschäftigung vorliegt oder andererseits kein hinreichendes Training praktiziert wird, diesen Abbau zu stoppen bzw. zu verzögern (vgl. Brinkmann, 2014, S. 435). Dennoch gibt es Veränderungstendenzen im Alter (vgl. Abbildung 3), die für Unternehmen bei der Zusammensetzung von Teams und der Verteilung von Aufgaben von hohem Nutzen sein können.

Abbildung 3: Veränderungstendenzen der Leistungsfähigkeit im Alterungsprozess (Quelle: eigene Darstellung in Anlehnung an Ascheron, 2007, S. 807; Preißing, 2010, S. 31)

Im psychischen Bereich spricht man von einer *differenzierten Betrachtung zwischen zwei Dimensionen*, welche die kognitiven Fähigkeiten in eine *fluide* und eine *kristalline Intelligenz* aufteilt. Die Verarbeitung von neuen Informationen und das abstrakte Denken erfolgen durch die fluide Intelligenz, welche die geistige Beweglichkeit umfasst. Hierbei geht es um die Geschwindigkeit des Verstehens von Problemen, den Erwerb von neuem Wissen und die schnelle Interpretation von Situationen (vgl. Ascheron, 2007, S. 807). Sie befähigt den Menschen, Probleme ohne Rückgriff auf Erfahrungen zu bewältigen. Durch gezieltes Gedächtnistraining kann die fluide Intelligenz bis zu acht Lebensjahrzehnte aufrechterhalten werden. Erfolgt dies nicht, nimmt sie mit zunehmendem Alter ab und führt zu einer sinkenden Anpassungsfähigkeit an neue

Situationen und zu einer Verringerung der Reaktionsgeschwindigkeit, des logischen Denkens und der Gedächtnisspanne. Die Fähigkeit, sich in neue Wissensgebiete einzuarbeiten, nimmt bereits ab dem Ende der Pubertät ab (vgl. Bruch, 2010, S. 59 f.). Im Gegensatz dazu vereint die kristalline Intelligenz das praktische, erfahrungsbasierte Wissen sowie die verbale Sprachkompetenz (vgl. Bruch, 2010, S. 60 f.). Sie wird auch als *Weisheit* bezeichnet und *„akkumuliert Wissen und Erfahrung und das daraus resultierende Gefühl für eine Sache, das man mit der Zeit nicht allein für ein spezielles Thema, sondern auch für die Herausforderung des Lebens im Allgemeinen entwickelt“* (Ascheron, 2007, S. 807). Das Wissen zur Lebensbewältigung und das Wissen über sich und andere wird in dieser Dimension entwickelt. Hier entstehen häufig routinierte und effektive Problemlösungsstrategien, die sich der Mensch im Laufe der Zeit angeeignet hat. Die kristalline Intelligenz ist stark sozialisationsabhängig und wird durch den Umgebungskontext, also zum Beispiel das Arbeitsumfeld, reduziert oder gefördert. Sie kann aufgrund der bestehenden Vorkenntnisse mit zunehmendem Alter konstant gehalten bzw. ausgebaut werden. Grundsätzlich ist es möglich, dass ältere Menschen genauso gut in der Lage sind, Probleme zu lösen wie jüngere, wenn sie in der Lage sind, ihre reduzierte Wahrnehmungsgeschwindigkeit und Genauigkeit durch ein höheres Erfahrungswissen und Weisheit zu kompensieren (vgl. Bruch, 2010, S. 60 f.).

2.2 Arbeitsmotivation während des Alterungsprozesses

Zahlreiche Studien zur Arbeitsmotivation zeigen, dass keine deutlichen Unterschiede der Arbeitsmotivation in den verschiedenen Altersgruppen erkennbar sind, wobei jedoch zu konstatieren ist, dass die höheren Altersgruppen ab 50 Jahre höher motiviert sind als die jüngeren Altersgruppen (vgl. Mohr, 2019; Statista Research Department, 2015). In Bezug auf die Arbeitszufriedenheit sind die Unterschiede ebenfalls nicht signifikant, allerdings dreht sich das Bild in Bezug auf die Altersgruppen. Die jüngeren Altersgruppen erscheinen demnach als zufriedener bei der Arbeit als die Erwerbstätigen im Alter von 50–64 Jahren (vgl. Lesch, 2011, S. 46). Die Studien zeigen, dass die Älteren somit weder weniger motiviert noch deutlich weniger zufrieden mit der Arbeit sind als Jüngere. Dieses Ergebnis widerspricht somit den zuvor aufgeführten Vorurteilen im Alter und ist ein wichtiger Erkenntnisstand für das nachhaltige Personalmanagement. Es wird deutlich, dass alle Altersgruppen in einem ähnlichen Ausmaß motiviert und zufrieden mit der Arbeit sein können.

Warum es dennoch eine unterschiedliche Wahrnehmung gibt, hängt mit der Veränderung der individuellen Persönlichkeit im Laufe des Lebens zusammen.

Jeder Mensch besitzt eine individuelle Persönlichkeit, die sich im Laufe des Lebens weiterentwickelt und von unterschiedlichen Faktoren beeinflusst wird. Aus der Sicht eines nHRM sind hierbei insbesondere zwei Lebensphasen von Bedeutung. Die erste Lebensphase beginnt mit der Geburt und endet mit dem Eintritt in das Berufsleben. Diese Phase steht für eine Alterskohorte, welche im Allgemeinen auch als eine Generation bezeichnet wird. Jeder Mensch einer Generation wird durch mehrere Faktoren geprägt (vgl. Bruch, 2010, S. 92 f.):

- gesellschaftliche und historische Ereignisse in dieser Zeit,
- nationale Landeskultur mit den dort vorherrschenden Werten und Normen,
- individuelle Schulausbildung,
- Beeinflussung bzw. Erziehung durch wichtige Bezugspersonen wie Eltern, Großeltern, Lehrer etc.,
- Umwelt und Rahmenbedingungen, in denen ein Mensch aufgewachsen ist.

Mit dem Eintritt in das Berufsleben beginnt die zweite Lebensphase. In dieser Phase bringt ein Mensch seine individuelle Prägung mit den bis dato entwickelten Werten und Normen in sein Arbeitsleben mit und wirkt mit dieser Persönlichkeit zum einen auf sein berufliches Umfeld ein und wird zum anderen im Gegenzug von diesem selbst geprägt und weiterentwickelt. In der Öffentlichkeit hat sich in diesem Zusammenhang eine Diskussion entwickelt, welche den verschiedenen Generationen unterschiedliche Werte und Normen, Einstellungen zur Arbeit, Erwartungshaltung an die Arbeit sowie Motivatoren für die Arbeit zuschreibt. Intensiviert wurde diese Diskussion mit der steigenden Anzahl an unterschiedlichen Generationen, die zeitgleich in Unternehmen arbeiten. Im Allgemeinen Sprachgebrauch wurden diese als *Babyboomer* (1956–1965), *Generation X* (1966–1980), *Generation Y* (1981–1995) und *Generation Z* (nach 1995) bezeichnet (vgl. Bruch, 2010, S. 95). Die Wissenschaft ist sich bis heute uneinig darüber, ob es tatsächlich diese Unterschiede gibt oder ob sie nur ein Mythos sind. Kritiker konstatieren, dass die festgestellten Unterschiede durch theoretisch unscharfe Studien und populärwissenschaftliche Bücher festgestellt wurden, die einer empirischen Überprüfung nicht standhalten (vgl. Schröder, 2018). Aufgrund der Vielzahl an unterschiedlichen persönlichkeitsprägenden Faktoren erscheint diese Kritik als berechtigt. Dennoch kann es nutzbringend für ein nHRM sein, bestimmte prägende Faktoren im Umgang mit der Beurteilung von Arbeitnehmenden zu berücksichtigen, weil sie helfen können, Verhaltensmuster unter bestimmten Rahmenbedingungen besser zu verstehen. Sie können ein Baustein im Puzzle des individuellen Kennenlernens der einzelnen Arbeitnehmenden sein und Erklärungen für ein besseres Verstehen liefern.

Unabhängig von empirischen Studien sind folgende Erkenntnisstände aus der Lebensphase 1 der jeweiligen Generationen für ein nHRM interessant:

Gesellschaftliche und historische Ereignisse in dieser Zeit

Die Auswirkungen des Zweiten Weltkrieges mit den dazugehörigen Entbehrungen und Anstrengungen im täglichen Überleben haben die Babyboomer in einer anderen Art und Weise geprägt als die Generation Y mit dem zunehmenden Terrorismus, welcher einen traurigen Höhepunkt mit dem schockierenden Attentat 9/11 hatte oder die Generation Z, welche die Coronakrise mit den dazugehörigen Lockdowns, Schulschließungen und Einschränkungen von sozialen Kontakten verarbeiten muss.

Nationale Landeskultur mit den dort vorherrschenden Werten und Normen

Das Wissen um die nationale kulturelle Prägung von Generationen fördert das Verständnis über bestimmte Verhaltensmuster. Während die Babyboomer noch stark von Werten und Normen der Kriegs- und Nachkriegsgeneration geprägt wurden, wo Pflichtbewusstsein und Loyalität dem Arbeitgeber gegenüber eine große Rolle spielten, haben sich heute die Erwartungen an Arbeitgeber grundlegend geändert, wie es in Kapitel 1.2 im Rahmen der Ziele eines nHRM dargestellt wurde. Das Wissen um die Landeskultur wird noch komplexer, wenn verschiedene Landeskulturen im Unternehmen aufeinandertreffen.

Individuelle Schulausbildung

Der Grad der Bildung kann ebenfalls Hinweise zum Verstehen von Verhalten liefern. Prominentes Beispiel sind betriebsinterner Unterricht für Mathematik bei Auszubildenden, da die jeweiligen Kenntnisstände häufig voneinander abweichen.

Beeinflussung bzw. Erziehung durch wichtige Bezugspersonen wie Eltern, Großeltern, Lehrer etc.

An dieser Stelle ist es hilfreich für Unternehmen, sich bewusst zu machen, dass jede Generation, mit ihren jeweiligen Werten und Normen sowie gemachten Erfahrungen, als Bezugsperson Einfluss nehmen kann auf die persönliche Entwicklung der nachfolgenden Generationen. Kinder können somit nicht nur durch ihre Eltern, sondern auch durch die Großeltern und Urgroßeltern geprägt werden.

Umwelt und Rahmenbedingungen, in denen ein Mensch aufgewachsen ist

Kinder, die in Armut und unsicheren sozialen familiären Beziehungen aufgewachsen sind, erfahren eine andere Prägung als Gleichaltrige, die in einem geschützten sozialen Umfeld ohne finanzielle Sorgen aufgewachsen sind.

Neben den generationalen Prägungen werden Werte, Einstellungen und Charakterzüge der Menschen durch jeweilige Lebensphasen und die damit einhergehenden Erfordernisse verändert und wirken dadurch auf die Arbeitsmotivation. Berufsanfänger sind eher an materiellen Werten und Karrieremöglichkeiten interessiert, während sich Arbeitnehmende mit kleinen Kindern um die Arbeitsplatzsicherheit und die Vereinbarkeit von Familie und Beruf sorgen. Ältere hingegen haben eventuell pflegebedürftige Eltern, um die sie sich kümmern müssen oder werden mit altersbedingten gesundheitlichen Herausforderungen konfrontiert.

Alle Alterskohorten verbindet, dass persönliche Entwicklungsziele ausschlaggebend für die Arbeitsmotivation sind. Während diese bei Berufseinsteigern relativ einfach zu definieren sind (fachliche Entwicklung oder Führungslaufbahn), werden ältere Arbeitnehmende an dieser Stelle häufig vernachlässigt und es entsteht ein Gefühl der persönlichen Nutzlosigkeit. Darüber hinaus ist es entscheidend, ob Arbeitnehmende ihren altersspezifischen physischen und psychischen Fähigkeiten und Stärken entsprechend eingesetzt werden, um Frustration und Demotivation zu vermeiden (vgl. Bruch, 2010, S. 66).

Zusammenfassung

Das Wissen über das Altern ist essenzieller Bestandteil des nHRM zur Erhaltung der Arbeitsfähigkeit von Mitarbeitenden und wirkt sich auf die personalwirtschaftlichen Prozesse in unterschiedlicher Weise aus. In der folgenden Übersicht (vgl. Tabelle 3) werden die Veränderungen im Alterungsprozess noch einmal verdeutlicht.

Tabelle 3: Veränderungen im Alterungsprozess

Jüngere Mitarbeitende	Messkriterien	Ältere Mitarbeitende
	Erfahrungen und Qualifikation	
Schnelle Auffassungsgabe und Verarbeitung von Wissen	→	Erfahrungswissen und Sozialkompetenz
Strukturierte Weiterbildungsformen bevorzugt	→	Selbstgesteuertes, praxisbezogenes Lernen bevorzugt
	Motivation	
Extrinsische Motive: Karriere und monetäre Anreize im Vordergrund	→	Intrinsische Motive: Wertschätzung, Unabhängigkeit und Partizipation wichtig
	Körperliche Konstitution	
Gute körperliche Konstitution	→	Schwankungen in der körperlichen Leistungsfähigkeit

Quelle: eigene Darstellung in Anlehnung an Bruch, 2010, S. 70.

Für das nHRM ergeben sich diesbezüglich drei Handlungsfelder: Abbau von Vorurteilen in Bezug auf das Altern, Berücksichtigung der geistigen und körperlichen Fitness der Mitarbeitenden sowie Beachtung ihrer biologischen Veränderungen.

3 Nachhaltigkeitsanalyse der Personalplanung

Personalplanung ist der Oberbegriff für die gesamten personalwirtschaftlichen Planungsprozesse eines Unternehmens. Durch sie wird ermittelt, *„wie viele Mitarbeitende mit welchen Qualifikationen an welchen Orten wann und für wie lange benötigt werden“* (Zaugg, 2009, S. 277). Sie umfasst die Personalbedarfsplanung, die -beschaffungsplanung, die -entwicklungsplanung sowie die Planung der Freistellungen. Daher wirkt sich die Personalplanung auf alle Stockwerke des Hauses der Arbeitsfähigkeit aus. In der personalwirtschaftlichen Literatur wird der Begriff *Personalplanung* häufig mit der *Personalbedarfsplanung* gleichgesetzt, da sie die Basis für die darauf aufbauenden Planungen der Personalprozesse darstellt. Sie bestimmt die quantitativen (= Anzahl der benötigten Mitarbeitenden) und qualitativen (= Fähigkeiten der benötigten Mitarbeitenden) Bedarfe, welche zur Wahrnehmung aller dispositiven und exekutiven Aufgaben zu einem bestimmten Betrachtungszeitraum benötigt werden (vgl. Stock-Homburg, 2019, S. 123). Die Durchführung erfolgt entweder jährlich im Rahmen der Unternehmensplanung oder anlassbezogen, zum Beispiel bei Restrukturierungen. Bestimmt wird die Bedarfsplanung beispielsweise durch die Entwicklung der Märkte, technische Weiterentwicklungen, saisonale oder konjunkturelle Schwankungen, Produktlebenszyklen etc. (vgl. Stock-Homburg, 2019, S. 122).

Aus diesen Faktoren werden die quantitativen und qualitativen Bedarfe ermittelt und Handlungserfordernisse abgeleitet. Im quantitativen Ermittlungsprozess werden die Bruttopersonalbedarfe berechnet, welche zur Erbringung der betrieblichen Leistung benötigt werden. Davon wird der Personalbestand unter Berücksichtigung der erwarteten Personalzugänge und -abgänge abgezogen, um den Netto-Personalbedarf zu identifizieren. Ist dieser positiv, so spricht man von einer *Personalunterdeckung*, welche zu Personalbeschaffungs- oder Personalentwicklungsmaßnahmen führt. Im negativen Bereich wird ein *Personalüberbedarf* festgestellt, der die Personalfluktuation betrifft. Der qualitative Personalbedarf erstreckt sich auf die Anforderungen, welche an künftige Unternehmensaufgaben in Bezug auf Kenntnisse, Fähigkeiten und Verhaltensweisen der Belegschaft gestellt werden (vgl. Stock-Homburg, 2019, S. 145). Hierzu werden die benötigten Anforderungen mit dem vorhandenen Potenzial der Mitarbeitenden abgeglichen. Die Potenzialanalyse erfolgt anhand der folgenden Kategorien:

Kategorie 1: Altersstruktur

Die Analyse der Altersstruktur ist ein wichtiger Bestandteil der alterssensiblen Personalplanung sowie des Personalrisikomanagements und dient als Grundlage für die Personalbedarfsplanung sowie als Frühwarnsystem für mögliche Risiken, welche sich aufgrund von verschiedenen Altersstrukturen ergeben können. Sie richtet sich dabei nach den folgenden Fragestellungen:

- Wie ist die Altersstruktur innerhalb des Unternehmens?
- Welche Konsequenzen hat die Altersstruktur kurz-, mittel- und langfristig auf die Leistungsfähigkeit des Unternehmens?
- In welchen Lebensphasen befinden sich die Mitarbeitenden?

Die Altersstrukturanalyse ist *„eine systematische Vorgehensweise zur Früherkennung und bildlichen Darstellung gegenwärtiger und zukünftiger betrieblicher Personalprobleme, die auf die Entwicklung der Altersstruktur zurückführbar sind“* (Köchling, 2005, S. 8). Durch die Erhebung der Altersgruppen im Unternehmen können zukünftig gewollte Szenarien zur Altersstruktur entwickelt werden, welche als Basis für weitere personalpolitische Entscheidungen dienen (vgl. Bruch *et al.*, 2010, S. 198). Eine Altersstrukturanalyse kann nach unterschiedlichen Formen durchgeführt werden. Die einfache Alterserhebung stellt eine simple Auflistung der prozentualen Häufigkeit der verschiedenen Altersgruppen im Unternehmen dar. Die Einteilung der Altersgruppen kann dabei flexibel gewählt werden, zum Beispiel in Abständen von fünf oder zehn Jahren. Dadurch erhält man zunächst einen oberflächlichen, aber dennoch aussagekräftigen Überblick über die betriebliche Altersverteilung und zeigt Tendenzen in den jeweiligen Altersgruppen auf. Eine erweiterte Altersstrukturanalyse fügt den Mitarbeiterdaten weitere Informationen, wie zum Beispiel Berufsgruppen, Schlüsselpositionen oder Abteilungen, hinzu, um detailliertere Klassifizierungen vorzunehmen. Daraus lässt sich die Altersstruktur für Funktionen oder Standorte auswerten, welche für die Ableitung von bedarfsgerechten Maßnahmen genutzt werden können (vgl. Bruch *et al.*, 2010, S. 199).

Darüber hinaus kann die Aussagekraft der Altersstruktur noch durch spezifischere Daten erhöht werden, beispielsweise durch soziodemografische Daten zum Alter, zum Geschlecht oder zur Betriebszugehörigkeit, funktionale Daten wie Position, Aufgabe oder Gehalt, strukturelle Daten zu betrieblichen Einsatzmöglichkeiten und Entwicklungspotenzialen, qualifikatorische Daten zu Ausbildung, Qualifikationen, Kompetenzen, Weiterbildungsverhalten oder individuelle Daten zu Karrierezielen oder Entwicklungswünschen (vgl. Rimser, 2014, S. 52). Durch diese vertiefende Analyse lassen sich strukturelle Probleme und Risiken aufdecken, welche gezielte Maßnahmen ermöglichen (Bruch *et al.*, 2010, S. 200).

Die zuvor beschriebenen Formen der Datenerhebungen beziehen sich auf eine vergangenheits- und stichtagsbezogene Betrachtung. Um zukunftsbezogene Aussagen ableiten zu können, wird die projektierte Altersstrukturanalyse herangezogen. Diese soll zukünftige Entwicklungen zu möglichen Altersentwicklungen in Unternehmen vorhersagen und nimmt dadurch direkten Einfluss auf die Personalbedarfsplanung und Risikoevaluierung. Man unterscheidet in diesem Zusammenhang die einfache Fortschreibung sowie die Entwicklung von Zukunftsszenarien. Im ersten Fall wird die Altersstruktur ermittelt und als unveränderte Größe für einen festgelegten Planungszeitraum hochgerechnet. Mögliche Veränderungen bleiben davon unberücksichtigt (vgl. Bruch *et al.*, 2010, S. 200, vgl. Köchling, 2005, S. 8). Bei der Entwicklung von Prognosen werden zusätzliche Einflussfaktoren mithilfe der Szenario-Technik hinzugezogen, welche die Darstellung unterschiedlicher Szenarien erlaubt. Bei der Nullvariante verändert sich die Planung durch die Einflussfaktoren nicht, im Best-Case-Szenario stellt sich eine positive Entwicklung heraus, beim Worst-Case-Szenario eine negative. Das Most-Likely-Case-Szenario beschreibt den Mittelweg und es wird diesem eine hohe Wahrscheinlichkeit zugeschrieben. Mögliche Einflussgrößen zur Analyse können beispielsweise Fluktuationen, Renteneintrittsalter, Vorruhestandsregelungen, Nachwuchspolitik und -förderung oder Zeitarbeitsverträge sein (vgl. Stock-Homburg, 2019, S. 138 f.). Diese Methodik ermöglicht das „Ausprobieren" von verschiedenen Stellschrauben auf die Altersstruktur, um mögliche Auswirkungen im Vorfeld theoretisch zu eruieren und diese zu überdenken.

Die Personalpolitik der vergangenen Jahrzehnte war in Deutschland geprägt von einschneidenden Maßnahmen wie Frühverrentung oder Kündigungswellen. Gepaart mit den Auswirkungen der zurückgehenden Geburtenzahlen wurden unterschiedliche Altersszenarien in Unternehmen offenbart. Aufgrund der von der deutschen Gesetzgebung vorgegebenen Kriterien zur Sozialauswahl waren bei Entlassungswellen vornehmlich jüngere Arbeitnehmende mit kurzer Betriebszugehörigkeit betroffen. Dies führte bei einem gleichzeitigen Einstellungsstopp von Auszubildenden und der Frühverrentung von älteren Arbeitnehmenden zu einer komprimierten Altersstruktur, in welcher die mittleren Altersgruppen der 30- bis 50-Jährigen den Großteil der Belegschaft verkörperten. Unternehmen mit einer komprimierten Altersstruktur tragen das Risiko, dass die Altersgruppen kollektiv altern und in zehn bis fünfzehn Jahren gleichzeitig in den Ruhestand eintreten und eine entsprechende Lücke im Unternehmen hinterlassen. Auf diese Situation müssen sich Firmen im Rahmen der

Personalplanung vorbereiten und Maßnahmen ergreifen, um die dann fehlenden Personalkapazitäten zu kompensieren. Gleichzeitig muss ein rechtzeitiger Wissenstransfer erfolgen, damit das Wissen der ausscheidenden Personen im Unternehmen verbleibt und verfügbar ist (vgl. Buck *et al.* 2002, S. 49 f.).

Ein weiteres Altersszenario ist die jugendzentrierte Altersstruktur, bei der die Altersgruppen von bis zu 34-Jährigen am stärksten in Unternehmen vertreten sind. Ältere Altersgruppen sind hingegen kleiner. Solche Konstellationen sind häufiger in Unternehmen der New Economy oder Start-ups anzutreffen, insbesondere der IT- und Softwarebranche. Jugendzentrierten Unternehmen fehlt es an Erfahrungswissen und Weisheit der „Älteren" und sie haben das erhöhte Risiko der Abwanderung von jungen Potenzialträgern im Kampf um die Talente. Die erhöhte Fluktuation wirkt sich direkt auf die Arbeitsprozesse aus, da Wissenslücken auftreten und Arbeitskapazitäten fehlen. Da auch diese Alterskohorte kollektiv altert, stehen Firmen vor der Herausforderung, attraktive Personalinstrumente zu schaffen, die den Lebensphasen und Erwartungen der mittleren Altersgruppen (30- bis 50-Jährige) entsprechen (vgl. Buck *et al.* 2002, S. 52, Bruch, 2010, S. 204). Dies können Angebote für Kindergartenplätze, Sabbaticals oder Arbeitszeitreduzierungen zur Pflege der Eltern sein.

Die alterszentrierte Altersstruktur spiegelt das genaue Gegenteil der jugendzentrierten wider. In dieser Struktur sind die Altersgruppen ab 45 Jahre am stärksten vertreten und häufig fehlen die jüngeren Altersgruppen. In dieser Konstellation besteht ein hohes Risiko, dass der Verlust von umfangreichem Fach- und Erfahrungswissen unmittelbar bevorsteht und bei Untätigkeit kaum zu kompensieren ist. Maßnahmen für einen frühzeitigen Wissenstransfer sowie eine darauf abgestimmte Personalbedarfs- und Personalentwicklungsplanung bzw. Aufgabenverteilung sind daher unerlässlich (vgl. Buck *et al.*, 2002, S. 54).

Die drei Szenarien beschreiben jeweils eine homogene Altersstruktur, welche unterschiedliche Risiken und Herausforderungen birgt. Aufgrund der zuvor beschriebenen Erkenntnisse über die Alterungsprozesse in Kombination mit den Nachteilen der homogenen Altersstrukturen lässt sich schlussfolgern, dass eine heterogene, balancierte Altersstruktur für Unternehmen als optimal gelten kann (vgl. Buck *et al.*, 2002, S. 54). Diese impliziert eine ausgewogene Struktur aller Altersgruppen, um Risiken von Personallücken und Wissensverlust zu minimieren und die jeweiligen Stärken der Altersgruppen (zum Beispiel Erfahrungswissen gepaart mit Kreativität und Mut zur Veränderung) zur Bewältigung der Unternehmensaufgaben zu nutzen. Unternehmen mit einer balancierten Altersstruktur haben in der Regel gute Voraussetzungen, den demografischen Wandel und Fachkräftemangel zu bewältigen. Die Herausforderung besteht darin, die ausgewogene Altersverteilung beizubehalten und gleichzeitig die Personalbeschaffung von Nachwuchskräften sicherzustellen (Bruch *et al.*, 2010, S. 203).

Kategorie 2: Vorhandenes Leistungspotenzial

Zur Ermittlung des gegenwärtigen Leistungspotenzials werden die Aufgaben zunächst in Form einer Stellenbeschreibung beschrieben und die Anforderungen definiert, welche für die Ausübung dieser Tätigkeit gestellt werden. Im Folgeschritt wird erhoben, welche Kompetenzen, Qualifikationen, Erfahrungen und Wissensstände im Unternehmen in der jeweiligen Altersstruktur vorhanden sind. Zur Ermittlung des qualitativen Personalbedarfs werden danach die Stellenbeschreibungen und Anforderungsprofile einer Position mit den aktuellen Qualifikationen und Fähigkeiten des Stelleninhabers abgeglichen, um das vorhandene Leistungspotenzial zu ermitteln. Entsprechen das Wissen und die Fähigkeiten der Mitarbeitenden nicht den Anforderungen, so liegt eine qualitative Unterdeckung vor und es sind entsprechende Personalentwicklungsmaßnahmen erforderlich (vgl. Stock-Homburg, 2019, S. 138 f.). Bei einer qualitativen Überdeckung werden die Leistungspotenziale nicht ausgeschöpft. In diesen Fällen können Mitarbeitende unterfordert sein, was in der Personalbedarfsplanung berücksichtigt werden sollte. Zum Beispiel können den Betroffenen neue Aufgaben zugeteilt oder ein Stellenwechsel geprüft werden.

Kategorie 3: Entwicklungspotenzial

Die Einschätzung des Entwicklungspotenzials der Belegschaft ist von besonderer Bedeutung in der Personalbedarfsermittlung, um Unternehmen wettbewerbsfähig zu halten und um flexibel auf Veränderungen zu reagieren. Sie folgt der Fragestellung, wie sich das Leistungspotenzial der Belegschaft in Bezug auf künftige Veränderungen oder die Übernahme von neuen Aufgaben darstellt. Insbesondere durch die Digitalisierung und Globalisierung sind Schnelligkeit und Flexibilität Schlüsselkomponenten, um wettbewerbsfähig zu bleiben. Fehlt den Mitarbeitenden an dieser Stelle das Potenzial, um diese Veränderungen unter den zuvor geschilderten Voraussetzungen mitzugestalten, gehen Firmen ein hohes Risiko ein, den Anschluss am Markt zu verlieren. Vor diesem Hintergrund kommt dem Entwicklungspotenzial eine besondere strategische Bedeutung im Rahmen der Personalbedarfsplanung zu. Es kann in der Praxis mit unterschiedlichen Personalinstrumenten ermittelt werden, welche gezielt auf die Erhebung des Potenzials abgestimmt sein sollten. Als Beispiele dienen ein strategisches Potenzialportfolio, jährliche Mitarbeitergespräche zwischen Führungskraft und Mitarbeitenden, Personalentwicklungsgespräche zwischen Führungskraft, Mitarbeitenden, Personalentwicklung oder Personalplanungsgespräche zwischen Führungskräften und Personalabteilungen. Aus den Ergebnissen dieser Personalinstrumente lassen sich Maßnahmen zur Personalbedarfsplanung oder Personalentwicklung ableiten. Aus dem Entwicklungspotenzial leitet sich in der Praxis ebenfalls das strategische Nachfolgemanagement ab, welches eine optimale Wiederbesetzung einer vakanten Stelle gewährleisten soll.

Die Qualität der Personalplanung folgt dem Grundsatz: Je fundierter das Wissen in Bezug auf *die Anforderungen der zu erfüllenden Aufgaben, die Altersstruktur sowie die Leistungs- und Entwicklungspotenziale* der Mitarbeitenden ist, desto präziser kann geplant werden und desto erfolgreicher kann ein Unternehmen agieren. Diese Weisheit ist nicht neu und wurde schon von dem chinesischen Philosophen Konfuzius propagiert: *„In allen Dingen hängt der Erfolg von den Vorbereitungen ab."* (Konfuzius, zitiert nach Poeteus.de). Diesem Credo folgend, soll die ökonomische Analyse der nachhaltigen Personalplanung die wirtschaftliche Sinnhaftigkeit einer Personalrisikoanalyse sowie den Aufwand und Nutzen eines Personalplanungsprozesses bewerten. Die soziale Betrachtung konzentriert sich auf den Grad der *Partizipation der Mitarbeitenden* und wie dieses Kriterium in der Personalplanung berücksichtig werden kann. Darüber hinaus gilt es, den Nutzen von *alterssensiblen Positionen* zu diskutieren, um auf die individuellen altersbedingten Entwicklungen reagieren zu können. Abschließend wird eine *strategische, ökologisch ausgerichtete Personalplanung* diskutiert und eine *umweltorientierte digitale Prozessbetrachtung* der Personalplanung erörtert.

Die hervorgehobenen Faktoren stellen die Messkriterien der Personalplanung in Bezug auf die Nachhaltigkeit dar und werden im Kapitel 8.1 bewertet.

3.1 Ökonomische Nachhaltigkeitsanalyse der Personalplanung

Eine gute Vorbereitung der Personalplanung scheitert häufig daran, dass Führungskräfte den zeitlichen Aufwand für die Planung scheuen, weil für sie kein messbarer Nutzen erkennbar ist. Der berufliche Managementalltag wird bestimmt von unzähligen täglichen Meetings, eine hohe Informationsflut durch E-Mails oder die Reaktion auf spontan auftretende Probleme. Darüber hinaus erwarten Mitarbeitende eine angemessene Führung und Orientierung. Planungsaufgaben erfordern jedoch Zeit, die viele Führungskräfte vermeintlich nicht haben. Im Folgenden wird dargestellt, welchen Einfluss Personalrisiken auf die Personalplanung haben können und welchen ökonomischen Aufwand und Nutzen man tatsächlich vom Personalplanungsprozess erwarten kann.

3.1.1 Einfluss der Personalrisikoanalyse auf die Personalplanung

In der Praxis erfolgt die Personalplanung häufig nach vergebenen Kategorien, welche konkret in Zahlen fassbar sind. Das sind zum einen Planungszeiträume (drei oder fünf Jahre) und zum anderen Veränderungen in den Personalkapazitäten. Wenn die Bedarfe ermittelt wurden, werden Maßnahmen organisiert und umgesetzt. Um die wirtschaftliche Leistungsfähigkeit zu optimieren und somit auch einen nachhaltigen Effekt zu erzielen, fehlt in der Personalplanung eine strukturierte Erfassung der Personalrisiken. Die Analyse von Personalrisiken ist der entscheidende Schritt, um die Prioritäten der Personalmaßnahmen zu bestimmen. Dadurch wird gewährleistet, dass Risiken mit einer hohen Eintritts- und Schadenswahrscheinlichkeit eher mit Personalmaßnahmen bedacht werden als andere Erfordernisse, welche sich aus der Planung ergeben haben. Ein vereinfachtes Beispiel soll dies verdeutlichen:

Im Rahmen der Personalbedarfsplanung wird festgestellt, dass der Leiter der Technischen Entwicklung sowie ein Buchhalter in zwei Jahren in den Ruhestand gehen. Planerisch betrachtet werden zwei Stellen vakant. Ohne Personalrisikoanalyse ist die Wahrscheinlichkeit hoch, dass das Personalmanagement den Auftrag erhält, diese beiden Positionen zu besetzen. Eine Risikoanalyse hätte jedoch ein anderes Ergebnis aufdecken können. Sie erfolgt in der Praxis in zwei Schritten. Als Erstes werden alle Personen und Funktionen im Unternehmen identifiziert, die eine Schlüsselrolle im Unternehmen einnehmen. Das sind Arbeitnehmende und/oder Positionen, welche auf der einen Seite den Unternehmenserfolg stark beeinflussen und auf der anderen Seite hohe Anforderungen zum Erwerb der notwendigen Fähigkeiten stellen und in der Konsequenz daher nicht leicht verfügbar sind (Kobi, 2012, S. 55). Im zweiten Schritt werden die Schlüsselpersonen und -funktionen einer Risikoanalyse in Bezug auf Austritts-, Engpass-, Anpassungs- und Motivationsrisiko unterzogen. Dabei wird bewertet, wie hoch der Schaden wäre, wenn diese Person das Unternehmen verlassen würde und wie hoch die Wahrscheinlichkeit ist, dass dieser Fall eintritt. Im Rahmen der Personalplanung wird aufgrund der Risikoanalyse festgestellt, dass der 35-jährige IT-Spezialist eine Schlüsselperson für das Unternehmen darstellt, da er fast zu 100 % eine unternehmensweite systemimmanente Software betreut. Würde diese Position nicht besetzt sein und die Software fiele aus, wäre die Funktionsfähigkeit der Firma unmittelbar beeinträchtigt und es würde ein hoher betriebswirtschaftlicher Schaden entstehen. Darüber hinaus hat der Vorgesetzte des Mitarbeiters beobachtet, dass starke Abwerbungsversuche von externen Personalberatungen unternommen wurden. Aufgrund des hohen Risikopotenzials wird im Rahmen der Personalplanung entschieden, dass man zum einen eine zusätzliche Stelle in der IT-Abteilung genehmigt und diese vom externen Arbeitsmarkt sofort besetzt und zum anderen werden Aufgaben innerhalb der Abteilung umverteilt und die Softwarebetreuung soll künftig von mehreren Teammitgliedern übernommen werden. Hierzu werden entsprechende Qualifizierungsmaßnahmen von der Personalentwicklung organisiert. Vor diesem Hintergrund haben sich die Prioritäten der Personalbedarfe geändert und das Personalmanagement erhält den Auftrag, zunächst mit höchster Priorität die zusätzliche IT-Position zu besetzen und danach einen Nachfolger für die Technische Entwicklung zu suchen. In Bezug auf die Nachfolge für den Buchhalter soll zunächst eine Analyse zur Prozessoptimierung erfolgen. Diese Ergebnisse werden dann als Entscheidungsgrundlage herangezogen, ob die Position des Buchhalters wiederbesetzt werden soll oder ob auch eine interne Aufgabenumverteilung mit entsprechenden Personalentwicklungsmaßnahmen ausreichend sein kann.

Dieses vereinfachte Beispiel zeigt, welchen starken Effekt das Personalrisikomanagement auf die Personalplanung hat und welche hohen ökonomischen Auswirkungen es haben kann, wenn eine Risikoanalyse im Rahmen der Personalplanung unterbleibt. Vor diesem Hintergrund ist zu konstatieren, dass eine Personalrisikoanalyse ein effektives und erfolgsbeeinflussendes Instrument für eine ökonomisch nachhaltige Personalplanung darstellt.

3.1.2 Ökonomischer Aufwand und Nutzen des Personalplanungsprozesses

In diesem Kapitel soll der Aufwand und Nutzen eines Personalplanungsprozesses aufgezeigt werden, um daraus Indikatoren für eine nachhaltige Planung abzuleiten. Tabelle 4 zeigt exemplarisch die Kosten für ein jährliches Planungsgespräch zwischen Personalabteilung und Führungskraft am Beispiel einer Firma mit dreißig Führungskräften und fünf Mitarbeitenden aus der Personalabteilung. Dabei wird ein Gemeinkostensatz von 55 €/Stunde unterstellt.

Tabelle 4: Personalkosten eines Personalplanungsgesprächs

Prozessschritte	Stunden	Anzahl	Kosten/Stunde	Summe Personalkosten
Vorbereitungszeit Führungskräfte	5	30	55,00 €	8.250,00 €
Vorbereitungszeit Personalmanagement	3	5	55,00 €	825,00 €
Durchführungszeit Personalplanungsgespräch	3	35	55,00 €	5.775,00 €
Nachbereitungszeit Personalmanagement	5	5	55,00 €	1.375,00 €
Ergebnispräsentation für Führungskräfte	1	31	55,00 €	1.705,00 €
Summe				**17.930,00 €**

Inhalt dieses Beispiels der übergreifenden Planung ist der Austausch über quantitative Zu- und Abgänge sowie die Erläuterung des qualitativen Personalbedarfs für die nächsten fünf Jahre. Darüber hinaus erfolgt eine kurze qualitative Betrachtung der Schlüsselpositionen und eine kurze Skizzierung der Stärken/Schwächen der einzelnen Mitarbeitenden der Abteilung sowie eine kurze Personalrisikoeinschätzung über mögliche Austritts-, Engpass-, Motivations- oder Anpassungsrisiken. Dies können zum Beispiel Abwanderungspläne, Demotivation, Entwicklungspotenziale oder auch gesundheitliche Einschränkungen sein. Weiterführende Maßnahmen werden im Nachgang besprochen und terminiert. Tabelle 4 verdeutlicht, wie eine Personalkostenerhebung in der Praxis erfolgen kann, häufig ist eine einfache Darstellung zur Klarstellung ausreichend. Diesen Kosten wird der potenzielle Nutzen gegenübergestellt, der in Tabelle 5 exemplarisch erläutert wird.

Tabelle 5: Nutzen eines Personalplanungsgesprächs

Nutzen	Bewerteter Nutzen in Euro
Verhinderung einer Mitarbeiterkündigung durch die Einleitung von individuellen Mitarbeiterbindungsmaßnahmen	- Einsparung von 70.000 € für die Neubesetzung einer Stelle, abhängig vom Jahresgehalt der zu besetzenden Position
Reduzierung von Fehlzeiten, wenn Rehabilitationsmaßnahmen durch eine betriebliche Sozialberatung organisiert werden.	- Dreimonatige Wartezeiten für eine Rehabilitationsmaßnahme sind nicht ungewöhnlich. Betriebliche Sozialberatungen können diesbezüglich unterstützen und die Wartezeiten häufig auf einen Monat reduzieren. Dadurch kehren Betroffene zwei Monate früher gesund an ihren Arbeitsplatz zurück: Gemeinkosteneinsparung: 19.140 € durch geringere Fehlzeiten
Absicherung von Schlüsselpositionen durch die Einleitung von gezielten individuellen Personalentwicklungsmaßnahmen, um die Funktionsfähigkeit dieser Position zu sichern.	- Vermeidung von Prozessverzögerungen im Allgemeinen - Vermeidung von Einarbeitungszeiten im Vertretungsfall Beispiel: 20 Stunden x 55 € = 1.100 € - Vermeidung von Überstunden Beispiel 100 Stunden x 55 € = 5.500 € - Steigerung der Arbeitsmotivation der Betroffenen Beispiel: Zwei Stellen sichern die Schlüsselposition ab, Steigerung der Arbeitszufriedenheit um 10 % durch Arbeitsentlastung = gesteigerte Arbeitsleistung im Wert von 23.000 €/Jahr
Höhere Erfolgsquote bei der Personalauswahl und Personalentwicklungsmaßnahmen auf Basis eines detaillierten Anforderungsprofils	- Reduzierung der Kündigungsquote während der Probezeit - Kein Verlust der Einarbeitungskosten von 8.800 € (4 Stunden/Tag x 55 € x 40 Tage) - Vermeidung von redundanten Seminaren, 3.000 €/Seminar

Betrachtet man den angenommenen Nutzen, welcher vereinfacht in Tabelle 5 aufgeführt ist, wird deutlich, dass die dort aufgeführten Werte vielfach höher liegen können als die Kosten des Personalplanungsgesprächs. Dadurch wird die Sinnhaftigkeit dieses Instruments legitimiert und gerechtfertigt. Darüber hinaus wird gezeigt, welchen ökonomisch nachhaltigen Beitrag die

Personalplanung zur Sicherung des langfristigen Unternehmenserfolgs leisten kann. An dieser Stelle soll betont werden, dass die aufgeführten Beispiele die Systematik der Kostenerhebung verdeutlichen und zum ökonomischen Denken in monetären Zahlen im Human Resources Management anregen sollen. Solche Zahlen dienen dem besseren Verständnis für Personalmaßnahmen und verstärken die Notwendigkeit und Rechtfertigung des nachhaltigen Handelns.

3.2 Soziale Nachhaltigkeitsanalyse der Personalplanung

Die soziale Analyse der nachhaltigen Personalplanung soll in diesem Kapitel Aspekte der „Partizipation von Mitarbeitenden" und die „Identifizierung von alterssensiblen Positionen" detaillierter diskutieren.

3.2.1 Partizipation von Mitarbeitenden

Im Zusammenhang mit der Personalplanung arbeitete Zaugg in seiner Studie zum nachhaltigen Human Resources Management den Aspekt „Partizipation" als ein wichtiges Kriterium zur Nachhaltigkeit im Zusammenhang mit Menschen heraus. Dort wird am Beispiel „Erwerb von Kompetenzen" konstatiert, dass Mitarbeitende, welche in Entscheidungsprozesse mit einbezogen werden, innovativer sind. Werden hingegen Menschen ungefragt den Aufgaben zugeordnet, wird eine entsprechende Demotivation erwartet, welche sich in einer erhöhten Kündigungsrate ausdrücken kann (vgl. Zaugg, 2009, S. 283). Unterstützen lässt sich diese Aussage durch Studien, welche untersucht haben, dass eine Fokussierung auf die Stärken von Mitarbeitenden zu einer höheren Produktivität und einer sinkenden Fluktuationsrate führt (vgl. Flade *et al.*, 2015, S. 2). Andere Studien haben einen positiven Zusammenhang zwischen der Mitarbeiterzufriedenheit und der Unternehmensperformanz nachgewiesen: Je zufriedener die Arbeitnehmenden sind, desto positiver wirkt sich dies auf die Produktivität/Profitabilität aus (vgl. Krekel *et al.*, 2019, S. 13 ff.).

Um die Stärken und die Mitarbeiterzufriedenheit der Belegschaft zu identifizieren, bedarf es einer strukturierten Personalplanung. Damit diese fundiert durchgeführt werden kann, müssen Personalverantwortliche und Führungskräfte die Menschen im Unternehmen beurteilen können. Dies geschieht durch ein ganzheitliches nachhaltiges Personalmanagementkonzept mit strukturierten Personalinstrumenten und -maßnahmen. Als Beispiele dienen jährliche Mitarbeiter- oder Personalentwicklungsgespräche. Durch diese Gespräche können Mitarbeitende in die Aufgabenstellung analog ihren Stärken miteinbezogen werden und aktiv an ihren Kompetenzen und Tätigkeiten mitwirken.

Werden darüber hinaus altersbedingte Entwicklungen offen angesprochen und berücksichtigt, erfahren die Beteiligten eine zusätzliche motivierende Wertschätzung, die der Erhaltung der Arbeitsfähigkeit dient. Die Erkenntnisse aus diesen Gesprächen werden in der Personalplanung zusammengefasst.

3.2.2 Identifizierung von alterssensiblen Positionen

Ein weiterer sozialer Nachhaltigkeitsaspekt im Zuge der Personalplanung stellt die Erhebung und Planung von alterssensiblen Stellen dar. Ein Beispiel aus der Praxis soll diesen Punkt verdeutlichen.

> *Eine 55-jährige Mitarbeiterin arbeitete jahrelang als Küchenhilfe in der Kantine und bekam durch die körperlich anstrengende Tätigkeit zunehmende Rückenprobleme. Das Unternehmen war gefordert, für sie eine Aufgabe zu finden, welche sie gesundheitlich bewältigen konnte. Daraufhin wurde die Kollegin an den Empfang des Unternehmens versetzt, wo es ihr gesundheitlich besser ging. Da an dieser Position auch verwaltende Aufgaben übernommen wurden, welche sie gut bewältigte, wurde sie im Rahmen von Personalentwicklungsgesprächen auf eine Position in der Verwaltung vorbereitet und schließlich dorthin versetzt. Diese Lösung entwickelte sich auf der Grundlage von jährlichen Personalplanungsgesprächen. Im ersten Schritt wurde im Planungsprozess nach einer Lösung für die gesundheitsgerechte Einsatzmöglichkeit gesucht und das Ergebnis war die Versetzung an den Empfang. In den Folgejahren wurde das Potenzial der Mitarbeiterin im Planungsprozess identifiziert und eine Personalentwicklung in Bezug auf eine konkrete Aufgabe initiiert.*

Das Praxisbeispiel verdeutlicht den typischen Charakter der Nachhaltigkeitsdiskussion. Diese konstatiert, dass Widersprüchlichkeiten überwunden werden müssen und der Nutzen von nachhaltigem Handeln häufig erst zu einem späteren Zeitpunkt gesehen werden kann. Der Arbeitgeber hätte aufgrund der gesundheitlichen Beschwerden der Küchenhilfe auch die Gelegenheit ergreifen können, sich von dieser Mitarbeiterin zu trennen, um in der Zukunft mögliche Probleme und dadurch entstehende Personalkosten zu vermeiden. Stattdessen wurde nach einer sozialen Lösung gesucht, welche am Ende zu einer klassischen Win-win-Situation führte: Die Mitarbeiterin wurde wertschätzend behandelt, indem ihre gesundheitlichen Beschwerden wahrgenommen wurden, sie eine neue Aufgabe bekam und innerhalb des Unternehmens fachlich für eine höherwertigere Tätigkeit weiterentwickelt wurde. Das Unternehmen hat seine Fürsorgepflicht gezeigt, sich sozial verhalten und am Ende die Kosten einer externen Einstellung für die Verwaltungstätigkeit gespart. Der finanzielle Nutzen wurde in diesem Beispiel erst nach einigen Jahren offensichtlich, die positiven sozialen Auswirkungen wie Wertschätzung, Bindung an das Unternehmen oder gesteigerte Motivation haben jedoch mit dem Planungsprozess begonnen.

Dieses Beispiel hat gezeigt, wie eine nachhaltige Personalplanung umgesetzt werden kann. Bei einer zunehmenden Altersstruktur in Unternehmen macht es daher Sinn, auf der einen Seite im Planungsprozess Stellen oder Aufgaben zu identifizieren, welche als Alternative bei altersbedingten oder gesundheitlichen Herausforderungen in Erwägung gezogen werden können, um zügig darauf reagieren zu können. Auf der anderen Seite sollten im Zuge der Planung von Stellenbeschreibungen und Anforderungen die betrieblichen Rahmenbedingungen diskutiert werden, welche die Bewältigung der Aufgaben mit zunehmendem Alter erschweren könnten. In Bezug auf das zuvor genannte Praxisbeispiel wären diese Rahmenbedingungen das stundenlange Stehen und schwere Heben von großen Kochtöpfen. Eine umfassende Analyse der betrieblichen Arbeitsorganisation und der damit einhergehenden körperlichen Belastungen ist zwar kein Gegenstand der Personalplanung, dennoch können damit zusammenhängende Probleme im Planungsgespräch identifiziert und die Einleitung von Maßnahmen vereinbart werden.

3.3 Ökologische Nachhaltigkeitsanalyse der Personalplanung

Der ökologische Aspekt lässt sich unterteilen in den strategischen und operativen Ansatz. Im strategischen hat die grundsätzliche ökologische Unternehmensausrichtung einen direkten Einfluss auf die Personalplanung. Dabei kann es sich um neu geschaffene Positionen (zum Beispiel Ökologiebeauftragte:r) handeln, welche die Umsetzung der ökologischen Ausrichtung zur Aufgabe haben oder um die Definition von zusätzlichen Aufgaben bzw. Anforderungsprofilen zur Sicherstellung von ökologieorientierten Handlungen, die zum Beispiel bei der Qualitätskontrolle platziert werden könnten. In Bezug auf eine alterssensible Planung ist zu prüfen, ob solche Positionen oder Aufgaben sich für bestimmte Altersgruppen besonders gut eignen.

Im operativen Ansatz ist zum Beispiel der Verzicht von ausgedruckten Planungsunterlagen oder Gesprächsformularen denkbar. Alternativ können elektronische Workflows genutzt werden. Betreuen Personalabteilungen mehrere Standorte, können Planungsgespräche virtuell geführt werden, um Dienstreisen zu minimieren und die Umwelt dadurch zu entlasten.

Zusammenfassung Personalplanung

Zusammenfassend lässt sich konstatieren, dass der Nutzen einer strukturierten Personalplanung direkt mit der regelmäßigen Durchführung zusammenhängt. Zu Beginn des Personalplanungsprozesses steht ein hoher zeitlicher Aufwand, um alle benötigten quantitativen und qualitativen Daten zu sammeln, aufzubereiten und zu automatisieren. Der Nutzen wird zu diesem Zeitpunkt von Führungskräften häufig als gering angesehen und es besteht die Gefahr, dass sich Widerstände aufbauen können. Ist der Erhebungsprozess implementiert und die Datenbasis erhoben, kann man im Folgejahr darauf aufbauen und den Planungsprozess verkürzen. Je regelmäßiger eine strukturierte Planung praktiziert wird, desto schneller wird ein Unternehmen in der Lage sein, auf bestehende Veränderungen und Anforderungen flexibel zu reagieren und somit wettbewerbsfähig zu bleiben. Zu diesem Zeitpunkt wird die Wirksamkeit und der Nutzen dieses Vorgehens deutlich höher sein als der Aufwand.

Der Erfolg der Personalplanung basiert grundsätzlich auf dem fundierten Wissen in Bezug auf die Anforderungen der zu erfüllenden Aufgaben, in Bezug auf die Altersstruktur sowie in Bezug auf die Leistungs- und Entwicklungspotenziale der Mitarbeitenden. Die Instrumente einer ökonomisch nachhaltigen Personalplanung stellen die Personalrisikoanalyse sowie der strukturierte Personalplanungsprozess dar. Der Grad und die Einbindung der Partizipation der Mitarbeitenden in der Personalplanung dienen zur Bewertung der sozialen Nachhaltigkeit der Planung und werden durch Mitarbeiter- oder Personalentwicklungsgespräche praktiziert. Die Bereitstellung von alterssensiblen Positionen, um auf die individuellen altersbedingten Entwicklungen reagieren zu können, ist ein weiteres Kriterium der sozialen Nachhaltigkeit der Personalplanung. Ökologische Messkriterien orientieren sich an der umweltorientierten Unternehmensstrategie sowie an einem ökologisch ausgerichteten Personalplanungsprozess.

4 Nachhaltigkeitsanalyse der Personalbeschaffung

Die Personalbeschaffung wird durch unterschiedliche Anlässe initiiert und tangiert das Haus der Arbeitsfähigkeit daher unterschiedlich. Eine Stelle ist aufgrund einer Kündigung oder internen Versetzung vakant geworden (viertes Stockwerk), im Rahmen der Planung hat sich ein Kompetenzdefizit ergeben, welches durch eine externe Einstellung geschlossen werden soll (zweites Stockwerk), Anforderungen an eine Tätigkeit haben sich aufgrund von Veränderungsprozessen geändert (viertes Stockwerk) oder Mitarbeitende sind einer zeitlichen Mehrbelastung oder inhaltlichen Überforderungszuständen ausgesetzt (viertes und erstes Stockwerk). Die Besetzung einer Stelle stützt sich dabei auf eine quantitative und qualitative Datenbasis der Personalplanung, welche die Stellenbeschreibung und das Anforderungsprofil genauso implizieren wie die Leistungsfähigkeit und das Leistungspotenzial der Belegschaft.

Der Erfolg einer nachhaltigen Stellenbesetzung ist von unterschiedlichen Faktoren abhängig. In der ökonomischen Betrachtung sind die *interne Stellenbesetzung*, der *Automatisierungsgrad des Beschaffungsprozesses* und die Passgenauigkeit des *Anforderungsprofils* entsprechende Nachhaltigkeitsmesskriterien. Die soziale Analyse konzentriert sich zum einen auf *strategische Aspekte der Personalbeschaffung* in Form von Unternehmenskooperationen und zum anderen auf *ethische Gesichtspunkte*, welche sich durch das *menschliche Miteinander, Gleichbehandlungsgrundsätze, Rechtskonformität, Transparenz und die Einarbeitungsphase* messen lassen. Die anschließende ökologische Diskussion betrachtet zum einen eine *strategische ökologische Unternehmenskultur* und deren Auswirkungen auf die Personalbeschaffung und zum anderen die *ökologischen Auswirkungen eines Personalbeschaffungsprozesses.* Die hervorgehobenen Faktoren stellen die Messkriterien der Personalbeschaffung in Bezug auf die Nachhaltigkeit dar und werden in Kapitel 8.2 bewertet.

4.1 Ökonomische Nachhaltigkeitsanalyse der Personalbeschaffung

Die Besetzung einer offenen Position erfolgt entweder durch interne Mitarbeitende oder durch den externen Arbeitsmarkt. Bei einer rein ökonomischen Betrachtung ist zu konstatieren, dass die interne Stellenbesetzung in der Regel ein Drittel oder noch weniger kostet als eine externe Einstellung. Wie hoch die

Personalkosten einer internen Versetzung sind, ist abhängig von den erforderlichen Personalentwicklungsmaßnahmen, um Kompetenzdefizite auszugleichen. Der Prozess einer externen Personalbeschaffung kann mit der Hälfte des Jahresgehalts der zu besetzenden Position veranschlagt werden (vgl. Meißner, 2017, S. 107). Würde man zusätzlich die Einarbeitungskosten oder die niedrigere Effizienz und Produktivität während der Einarbeitungszeit mitberücksichtigen, sind bis zu ein oder eineinhalb Jahresgehälter zu veranschlagen (vgl. Kobi, 2012, S. 76; Andrzejewski, 2014, S. 688). Vor diesem Hintergrund ist die interne Stellenbesetzung ein starkes Messkriterium für die nachhaltige ökonomische Personalbeschaffung. Darüber hinaus wird die wirtschaftliche Nachhaltigkeit des Recruitings von den Faktoren Prozessautomatisierung und Passgenauigkeit des Anforderungsprofils beeinflusst.

4.1.1 Automatisierung des Personalbeschaffungsprozesses

Je automatisierter der Personalbeschaffungsprozess organisiert ist, desto geringer wird der administrative zeitliche und finanzielle Aufwand und es wird gewährleistet, dass die Administration eines Beschaffungsprozesses nicht zum Risikofaktor bei der Suche nach den richtigen internen oder externen Bewerbenden wird. Als Beispiele dienen Verzögerungen durch manuelle Sichtung und Weiterleitung von Bewerbungsunterlagen, lange Zeiträume zwischen Bewerbungseingang und erster Kontaktaufnahme bzw. Rückmeldung an den Bewerbenden etc. Koppelt man den Bewerbungsprozess an einen internen oder externen Bewerbungspool, kann die ökonomische Wertschöpfung weiter gesteigert werden, indem die IT-Systeme die Anforderungsprofile mit der Leistungsfähigkeit und den Leistungspotenzialen der Belegschaft oder eines externen Bewerberpools automatisch abgleichen und eine Auswahl an möglichen internen und externen Kandidat:innen generieren. Spricht man diese direkt auf die zu besetzende Position an, kann auf aufwendige externe Ausschreibungen unter Berücksichtigung der formalen Ausschreibungspflichten idealerweise verzichtet werden. Der Implementierungsaufwand eines automatisierten Bewerbungsprozesses und einer digitalen Kompetenzdatenbank stehen den Kosten von internen und externen Beschaffungsmaßnahmen gegenüber. Es ist in diesem Zusammenhang zu konstatieren, dass die Anfangsinvestitionen höher sind als der kurzfristige Nutzen. Wird im ersten Schritt des automatisierten Recruitingprozesses auf die interne Personalbeschaffung mit flankierenden Personalentwicklungsmaßnahmen fokussiert, wird man unmittelbar von dem sozialen Nutzen profitieren können, wie es im Kapitel der Personalplanung beschrieben wurde. Der wirtschaftliche Nutzen wird sich im Zuge der

Anwendung entwickeln und die Anfangsinvestitionen amortisieren. Ein automatisierter Bewerbungsprozess ist vor diesem Hintergrund ein wichtiger Indikator für die ökonomische Nachhaltigkeit in der Personalbeschaffung.

4.1.2 Passgenauigkeit des Anforderungsprofils

Je stimmiger die Anforderungen sind, desto gezielter kann die Suche nach den besten Kandidat:innen erfolgen. Es ist zu konstatieren, dass in der Praxis häufig Stellen besetzt werden, für die es weder eine präzise Stellenbeschreibung noch ein darauf abgestimmtes Anforderungsprofil gibt. So erhob eine Studie aus 2016, dass 47 % der befragten Unternehmen keine verbindlichen Kriterien zur Bewertung von Bewerbungsunterlagen festgelegt haben (vgl. Kanning, 2016, S. 22). Fehlen diese Kriterien, welche durch Anforderungsprofile bestimmt werden, verläuft der Auswahlprozess unkontrolliert und das Ergebnis ist abhängig von Zufall und Glück (= wer sich bewirbt) und Bauchgefühl (= wer die Einstellungsentscheidung trifft). Dadurch erhöht sich die Wahrscheinlichkeit, dass das sogenannte *Bauchgefühl* über die Einstellung eines Menschen stärker entscheidet als die Passgenauigkeit zur Stelle. Das Risiko einer Fehlbesetzung durch nicht identifizierte fachliche, methodische oder soziale Defizite ist bei diesem Vorgehen hoch.

Um die Personalsuche so effizient und so nachhaltig wie möglich zu gestalten, sollte das Anforderungsprofil nicht nur erstellt werden, sondern darüber hinaus eine alterssensible Betrachtung miteinbeziehen. Es sei darauf hingewiesen, dass es sich hierbei nicht um einen Ausschluss von Menschen aufgrund ihres Alters handelt, was ethisch und gesetzlich unstatthaft wäre. Vielmehr geht es um die Klärung, welches Erfahrungswissen für die Erledigung der Aufgabe benötigt wird. Dieses hängt wie zu Beginn dieses Kapitels beschrieben, auf der einen Seite vom Alter und auf der anderen Seite von den bisherigen beruflichen Tätigkeiten ab. Ein alterssensibles Anforderungsprofil bezieht Alterungsentwicklungen von Menschen sowie die Erkenntnisse aus der Altersstrukturanalyse mit ein und konkretisiert die Zielgruppe. Dies ermöglicht es der Personalbeschaffung, die Personalmarketingmaßnahmen und Suchstrategien gezielter auszurichten. Wie die Klaviatur der Personalbeschaffung für die Zielgruppen Y und Z gespielt wird, ist Gegenstand zahlreicher wissenschaftlicher Veröffentlichungen. Die Nutzung sämtlicher Kanäle der sozialen Medien, Präsentationen auf Karrieremessen, Angebote von Projekt- und Diplomarbeiten oder Verstärkung der Ausbildung sei an dieser Stelle exemplarisch genannt. Gerade bei einer alterszentrierten Unternehmensstruktur sind dies erforderliche Maßnahmen, um die Austritte der Mitarbeitenden im rentenfähigen Alter zu kompensieren. Allerdings hat der demografische Rückgang der Generationen Y und Z gezeigt, wie schwierig es ist, Menschen aus diesen Altersgruppen zu rekrutieren. Zudem hat eine veränderte Erwartungshaltung an Unternehmen dazu geführt, dass eine lebenslange Bindung an ein Unternehmen heute eher die Ausnahme darstellt. Eine betriebliche Verweildauer von fünf Jahren der Generationen Y und Z von Fach- und Führungskräften ist vielfach die Realität und unterscheidet sich von der Generation X und den Babyboomern. Neben der internen Personalentwicklung ist es daher notwendig, eine Zielgruppe in Betracht zu ziehen, auf die sich die Rekrutierung tendenziell weniger konzentriert. Die Altersgruppe 50+ steht dem Arbeitsmarkt noch mindestens 17 Jahre zur Verfügung und repräsentiert eine Generation mit einem hohen Arbeitskräftepotenzial. Rund 540.000 Arbeitsuchende gehörten im Januar 2020 zur Klassifikation „55 und älter" (vgl. Bundesagentur für Arbeit, 2021, Tabellenblatt AGR55plus). Zu berücksichtigen ist, dass diese Zielgruppe tendenziell weniger die sozialen Medien via App als Stellensuche oder Form der Bewerbung nutzt. Daher ist hier keine flächendeckende Streuung der Ausschreibung nötig, sondern eine gezielte Auswahl- und Entwicklungsstrategie.

Die Bank ING-DiBa bietet zum Beispiel für die Altersgruppe zwischen 40 und 60 Jahren eine einjährige Ausbildung zum Bankassistenten:in an, welche am Ende durch die Industrie- und Handelskammer mit einer IHK-zertifizierten Prüfung abschließt. Im Auswahlprozess wird verstärkt Wert auf die persönliche Eignung der Bewerbenden gelegt anstelle eines lückenlosen Lebenslaufs oder branchenspezifischer Berufserfahrungen. Mit dieser strategischen Entscheidung löst die Bank mehrere Herausforderungen: Sie versucht, eine jugendzentrierte Altersstruktur in eine ausbalancierte zu entwickeln (erfahrungsgemäß möchten ältere Kunden häufig mit gleichaltrigen Kundenberatern sprechen) und es steht eine hohe Anzahl an möglichen Kandidat:innen in der Altersgruppe zur Verfügung, die von anderen Unternehmen kaum Beachtung finden (vgl. BMFSFJ, 2021). Weitere Beispiele für eine kreative Zielgruppenansprache dieser Altersgruppen findet man beim Bundesministerium für Familie, Senioren, Frauen und Jugend unter der Rubrik „Perspektive Wiedereinstieg". Eine alterssensible Personalbeschaffung übt einen direkten Einfluss auf den ökonomischen Erfolg einer Stellenbesetzung aus. Sie ermutigt, traditionelle Wege zu verlassen und querzudenken.

4.2 Soziale Nachhaltigkeitsanalyse der Personalbeschaffung

Die soziale Analyse der nachhaltigen Personalbeschaffung soll in diesem Kapitel anhand von zwei verschiedenen Perspektiven erfolgen. Die erste Perspektive setzt sich mit einer speziellen Form der Personalbeschaffung aus der strategischen Unternehmenssicht auseinander, die zweite diskutiert ethische Fragestellungen der Personalbeschaffung und eine mögliche Partizipation von Bewerbenden.

4.2.1 Personalbeschaffung aus strategischer Unternehmenssicht

Aus Sicht des Unternehmens ist die Beschaffung von Personal mit einem hohen Zeit- und Kostenaufwand verbunden. Eine noch wenig verbreitete Form der Personalbeschaffung sind Unternehmenskooperationen, wie das folgende Beispiel zeigt. Die Kooperationsinitiative Maschinenbau (KIM) in Braunschweig ist ein Zusammenschluss von ca. 30 mittelständischen Unternehmen im Großraum Braunschweig, welches sich zu einem starken Netzwerk in den vergangenen dreizehn Jahren entwickelt hat. Die Ziele der Kooperation sind Standortsicherung, Erhalt und Schaffung von Arbeitsplätzen und die Stärkung der Wirtschaft der Region. Getragen wird sie durch die Idee, dass man als große Gruppe Synergien nutzen und dadurch Kosten einsparen kann. Dazu dienen unterschiedliche Projekte wie effiziente Bündelung des Einkaufs, Entsorgung oder Öffentlichkeitsarbeit. Dabei fördert ein enger Kontakt zur Technischen Universität Braunschweig und zur Ostfalia Hochschule den Transfer zwischen Forschung und Wissenschaft. Die Zusammenarbeit basiert auf vereinbarten Spielregeln und der Gleichstellung aller Mitglieder. Zur Erhaltung und Schaffung von Arbeitsplätzen wurde ein Tarifvertrag zur Arbeitnehmerüberlassung zwischen dem Verband Niedersachsen Metall und IG Metall Niedersachsen für die KIM abgeschlossen. Dadurch haben die Unternehmen eine Flexibilität erhalten, die es ihnen ermöglicht, kurzfristig und unkompliziert Personalüberdeckungen oder -unterdeckungen zu kompensieren. Bei Kurzarbeit kann Personal innerhalb der KIM verliehen und somit Entlassungen vorgebeugt werden. Die betroffenen Mitarbeitenden sichern sich dadurch ihren Arbeitsplatz und haben keine finanziellen Einbußen. Die „ausleihenden" Unternehmen können ihren Personalbedarf kurzfristig decken, vermeiden dadurch Überstunden und eine langwierige Personalsuche auf dem externen Arbeitsmarkt. Darüber hinaus können sie auf die Qualität der Fachkräfte innerhalb des Netzwerkes vertrauen, weil diese aus derselben Branche kommen und über die erforderlichen Qualifikationen und Berufserfahrungen verfügen (vgl. KIM, 2021).

Das Beispiel KIM zeigt, dass Kooperationen eine große Rolle spielen in Bezug auf ein nachhaltiges Personalmanagement im Allgemeinen und die Personalbeschaffung im Speziellen. Neben der Kostenreduzierung bei der Personalbeschaffung überwiegt der soziale Aspekt aus der Perspektive der Mitarbeitenden, da diese in einem unternehmerischen Umfeld arbeiten, welches ein hohes Interesse am Erhalt von Arbeitsplätzen hat und weil sich diese Haltung darüber hinaus positiv auf die Region und die Gesellschaft in Braunschweig auswirkt.

4.2.2 Ethische Analyse der Personalbeschaffung

Die zweite Perspektive soll ethische Fragen in Zusammenhang mit der Personalbeschaffung und die Einbeziehung der Bewerbenden diskutieren. In Bezug auf die soziale Nachhaltigkeit bewegt man sich dabei stark innerhalb ethischer Fragestellungen, welche Maßstäbe für „gutes Handeln" im menschlichen Miteinander setzen. Im Zeitalter des Fachkräftemangels erhalten ethische Aspekte, die durch die Unternehmenskultur und das Employer Branding verkörpert werden, für das Personalmarketing eine essenzielle Bedeutung. Stellensuchende sind sich darüber bewusst, dass sie sich in einer vorteilhafteren Position befinden als Unternehmen, die dringend Fachkräfte benötigen und für die geeignete Kandidat:innen nur schwer zu rekrutieren sind. Aus dieser Haltung heraus fällt es Bewerbenden leichter, ethische und moralische Prinzipien einzufordern, indem sie als „Kunde" individuell mit der ihnen angemessenen Aufmerksamkeit behandelt werden und den menschlichen Beziehungsaspekt des Unternehmens erkennen wollen (vgl. Koelwel, 2011).

Das Personalmarketing konzentriert sich auf das Anwerben von Personal aufgrund einer zu besetzenden Stelle. Der Prozess der aktiven Personalsuche wird mit einer Stellenausschreibung gestartet, die in der Regel intern und extern veröffentlicht wird. Die Ausschreibung unterliegt bestimmten ethisch-moralisch orientierten gesetzlichen Vorschriften, die im Sinne des Gleichheitsgrundsatzes, Verbot der Diskriminierung, Schutz vor sexueller Belästigung, Gleichstellung behinderter Menschen oder der Gleichbehandlung formuliert werden müssen. Darüber hinaus stellt sie Bewerbenden wichtige Informationen über die Position zur Verfügung, die Einfluss auf die Entscheidung für eine Bewerbung bei diesem Unternehmen haben. Sind diese Informationen unvollständig, zum Beispiel durch eine fehlerhafte Anforderungsanalyse oder ein bewusstes Weglassen von Informationen, um das Unternehmen positiver dastehen zu lassen, und die Diskrepanz zwischen den Erwartungen der Bewerbenden und den Anforderungen der Stelle offenbart sich beispielsweise erst im Vorstellungsgespräch, so liegt eine Täuschung der Interessenten vor und entspricht nicht dem Gerechtigkeitsprinzip. Bewerbende betreiben einen zeitlichen und monetären Aufwand für die Bewerbung, den sie bei Vorlage vollständiger Informationen nicht gemacht hätten (vgl. Blickle, 2004, S. 197).

Setzt sich dieses Informationsdefizit fort bis zum Abschluss eines Arbeitsvertrages, so können die Kandidat:innen keine fundierte Entscheidung treffen, was einen Verstoß gegen die freie Entfaltung der Persönlichkeit nach Artikel 2 des Grundgesetzes darstellen würde. Beginnt der/die neue Mitarbeiter:in sein/ihr Arbeitsverhältnis und stellt fest, dass die Realität der Aufgaben und Erwartungen nicht den Vorstellungen entsprechen, wird er/sie das Unternehmen zügig wieder verlassen. Dieses würde dem Gemeinwohl des Unternehmens schaden, da dadurch kein Beitrag zur Nutzenoptimierung erfolgt und die Belegschaft wieder eine Mehrbelastung durch die Vakanz der Stelle tragen müsste.

Auf das Personalmarketing folgt die Auswahl von geeigneten Kandidat:innen. In diesem Schritt geht es zum einen um den Abgleich des Bewerberprofils mit dem Anforderungsprofil, um die Leistungsfähigkeit eines Menschen zu bewerten. Zum anderen geht es um die Einschätzung des Leistungswillens, also die Motivation. Die Bewerberauswahl sollte im Sinne des Gemeinwohls des Unternehmens den am besten geeigneten Kandidaten auswählen. Dabei müssen die Grundrechte der Person berücksichtigt werden (Diskriminierungsverbot) und die Entscheidung sollte anhand von transparenten Kriterien den Gerechtigkeitsprinzipien entsprechen. Erfolgt die Auswahl beispielsweise auf Basis einer überhöhten Qualifikationsanforderung, die für die Tätigkeit nicht erforderlich wäre, werden Menschen mit niedrigeren Qualifikationsniveaus benachteiligt und diskriminiert (vgl. Blickle, 2004, S. 199). Im Umkehrschluss stellt auch der Ausschluss von überqualifizierten Kandidaten eine Diskriminierung und einen Verstoß gegen die Gleichbehandlung dar. Auch wenn die Erwartungshaltung besteht, dass überqualifizierte Bewerbende schneller unzufrieden werden oder Probleme haben, sich unterzuordnen, können persönliche Lebensumstände dazu führen, dass ein seriöses Interesse an der Stelle besteht und man mit einer entsprechenden Loyalität bei der Einstellung rechnen kann. Die offene Ansprache dieser Problematik würde den ethisch-moralischen Prinzipien entsprechen, da im Sinne des Gemeinwohls sehr wohl eine Zurückstellung der überqualifizierten Bewerbung in Betracht gezogen werden kann (vgl. Blickle, 2004, S. 199).

Vor dem Hintergrund des Utilitarismus lassen sich folgende Anforderungen an die Bewerberauswahl postulieren (vgl. Blickle, 2004, S. 201 f.; Kanning, 2017, S. 276 f.):

- Die Auswahlentscheidung muss dem Anforderungsprofil entsprechen.
- Die eignungsdiagnostischen Verfahren und Instrumente müssen objektiv, zuverlässig und valide sein.

- Die zur Durchführung eignungsdiagnostischer Verfahren ausgewählten Personen müssen über entsprechende Qualifikationen entsprechen und die Rechtsvorschriften einhalten.
- Die Auswahlentscheidung muss auf rationalen Entscheidungsregeln beruhen.
- Die eignungsdiagnostischen Verfahren müssen regelmäßig evaluiert werden.

Mit dieser Vorgehensweise erhalten nicht nur das Unternehmen, sondern auch die Bewerbenden Klarheit darüber, ob sie die richtigen Kandidat:innen sind. Dadurch werden im Laufe des Arbeitsverhältnisses zwischenmenschliche Störungen innerhalb des Betriebes vermieden.

In Bezug auf die Grundrechte beim Auswahlverfahren sind der Schutz der rationalen Selbstbestimmung und der Schutz der psychischen Unversehrtheit der Bewerbenden relevant. Kritiker von eignungsdiagnostischen Verfahren lehnen diese ab, da sie darin einen Verstoß gegen die Selbstbestimmung sehen. Nach ihrer Auffassung verkörpern die Ergebnisse solcher Verfahren feststehende Wahrheiten, hemmen dadurch den Prozess der aktiven Selbsteinsicht und beschränken somit die Entscheidungsfreiheit von Menschen. Dem ist entgegenzusetzen, dass eine Rückmeldung der Diagnoseergebnisse an die Kandidaten zu einer rationalen Selbstaufklärung beiträgt und somit rationale Entscheidungen ermöglicht. Die rationale Selbstbestimmung wird durch eine vollumfängliche Information über die Ziele, Durchführung und Folgen (zum Beispiel bei Stressinterviews) der Verfahren sichergestellt (vgl. Blickle, 2004, S. 202 ff.). Ehrlichkeit gegenüber den Bewerbenden ist dabei ausschlaggebend, damit sie in jeder Phase des Testverfahrens ihre Selbstbestimmung nicht verlieren (vgl. Kanning, 2017, S. 288). Durch eine respektvolle Kommunikation und Vermeidung von diskriminierenden Begrifflichkeiten soll die psychische Unversehrtheit sichergestellt werden. Die Bewerbenden entscheiden selbst darüber, wer die Diagnoseergebnisse einsehen darf und ob sie eine Ergebnisrückmeldung erhalten möchten. Dabei muss das Unternehmen sicherstellen, dass kein Unbefugter Zugang zu den Testergebnissen hat. Die Abfrage von Informationen bei zum Beispiel vorherigen Arbeitgebern verstößt ohne vorherige Zustimmung der Bewerbenden gegen die rationale Selbstbestimmung, da die Kandidaten keine Kontrolle darüber haben, welche Informationen über sie weitergegeben werden (vgl. Blickle, 2004, S. 202 ff.).

Das Gerechtigkeitsprinzip impliziert das Problem der Beitragsgerechtigkeit und der Verteilungsgerechtigkeit. In der Regel bewerben sich mehrere Menschen um eine Position. Sie investieren viel Zeit, Mühe und Kosten, um die Bewerbung zu schreiben und hoffen während des gesamten Auswahlprozesses auf den nächsten Schritt und dass es für sie weitergeht. Am Ende wird aber nur eine Person ausgewählt und die anderen erhalten eine Absage. Das Unternehmen ist in diesem Fall der Gewinner, da es für die eingesetzte Zeit, die Mühen und Kosten eine Stelle erfolgreich besetzen konnte. In Bezug auf die ethische Fragestellung kann dies als Beeinträchtigung der Beitragsgerechtigkeit zwischen Bewerbenden und Unternehmen gesehen werden (vgl. Blickle, 2004, S. 204 f.). Da dies jedoch der Realität entspricht, können sich Firmen lediglich darum bemühen, den Bewerbenden aus dem Prozess etwas zurückzugeben. Dies können zum einen die eignungsdiagnostischen Ergebnisse sein oder auch ein allgemeines Feedback zur Präsentation der Kandidaten im Prozess (vgl. Kanning, 2017, S. 288). Dadurch erhalten diese zumindest die Möglichkeit, persönliche Schlüsse aus den Testresultaten und den Rückmeldungen zu ziehen und diese für zukünftige Bewerbungen zu bewerten (vgl. Blickle, 2004, S. 204 f.). Dieses Vorgehen hilft aber nicht nur den Kandidaten. Auch das Unternehmen profitiert von dieser wertschätzenden Haltung, indem es sein Employer Branding positiv verstärkt und die Bewerbenden nach einem als fair empfunden Bewerbungsverfahren nicht enttäuscht sind, sondern sich auch im Nachgang positiv über die Firma äußern.

Die Verteilungsgerechtigkeit bezieht sich im Auswahlprozess vornehmlich auf die Wahl der geeigneten Testverfahren und Fragestellungen. Problematisch sind Fragen zum familiären Hintergrund und zur Familiensituation (= *biografische Fairness*), da Rückschlüsse aus den Berufen oder dem persönlichen Verhalten der Eltern der Bewerbenden diese für etwas verantwortlich machen, was sie nicht beeinflussen können. Daher sollten nur Themen hinterfragt werden, die sich auf das Verhalten des Menschen beziehen, da dieses in der Kontrolle des Betroffenen liegt (vgl. Blickle, 2004, S. 205 f.; Kanning, 2017, S. 274). Bei den Testinstrumenten stellt sich die Frage der Gerechtigkeit, ob ein Verfahren Ergebnisse produziert, die für alle Menschen anwendbar sind und gleich gut interpretierbar sind. Man spricht in diesem Zusammenhang auch von der *statistischen Fairness*. Die Verfahren sollen sicherstellen, dass die tatsächlichen Merkmale der Kandidaten hinreichend objektiv und zuverlässig erfasst werden (vgl. Kanning, 2017, S. 274). Darüber hinaus muss bestimmt werden, nach welchen Kriterien die Entscheidung für eine Bewerbung getroffen wird. Geschieht dies ausschließlich auf Basis der Diagnoseergebnisse oder spielen auch andere Faktoren noch eine Rolle? (Vgl. Blickle, 2004, S. 205 f.) Basiert die Entscheidung ausschließlich auf einem Testergebnis, so ist es sehr wahrscheinlich, dass Menschen mit kognitiven Schwächen (z. B. keine Muttersprachler) von vornherein im Test schlechter abschneiden. Diese wären dann bei der Auswahl entsprechend benachteiligt und das Verfahren wäre nicht gerecht (vgl. Kanning, 2017,

S. 277). Darüber hinaus sollte die Vergabe der Stelle nach dem Leistungsprinzip erfolgen und unabhängig von dem sozialen Umfeld oder von gesellschaftlichen Mitgliedschaften der Bewerbenden erfolgen, da dies nicht dem Prinzip des Gemeinwohls und der Fairness entsprechen würde (vgl. Kanning, 2017, S. 275).

Ein weiterer ethischer Aspekt bei der Personalselektion ist die Wahrung der Privatsphäre von Bewerbenden im Rahmen der Datenspeicherung. Heutzutage erfolgt die Bewerbung in der Regel elektronisch über Online-Systeme. Interessenten werden aufgefordert, personenbezogene Informationen einzupflegen und entsprechende Unterlagen hochzuladen. Sobald persönliche Daten elektronisch gespeichert werden, ist das Datenschutzgesetz involviert und das Recht auf die informationelle Selbstbestimmung muss gewahrt bleiben. Dieses aus dem Artikel 2 Grundgesetz abgeleitete Grundrecht sichert den Bewerbenden die Befugnis zu, grundsätzlich selbst über die Preisgabe und Verwendung ihrer persönlichen Daten zu bestimmen und zu entscheiden, zu welchem Zeitpunkt und innerhalb welcher Grenzen persönliche Lebenssachverhalte preisgegeben werden (vgl. Franzius, 2015, S. 259). Aufgrund des Fairnessprinzips müssen Bewerbende im Vorfeld über die Art und Dauer der Verwendung der persönlichen Daten informiert werden und sie sollten sich nicht genötigt fühlen, bestimmte Informationen preiszugeben. Diese Transparenz trägt zu einem positiven Personalauswahlerlebnis bei und erhöht die Akzeptanz bei den Interessenten (vgl. Kanning, 2017, S. 285).

Ist die Entscheidung für eine Kandidatin oder einen Kandidaten gefallen, müssen die nächsten Schritte für einen erfolgreichen Beginn des Beschäftigungsverhältnisses organisiert werden. Dazu gehört der Abschluss eines Arbeitsvertrags, Eintrittsgespräche in der Anfangsphase der Beschäftigung sowie eine potenzielle Auflösung des Beschäftigungsverhältnisses während der Probezeit.

Das Arbeitsverhältnis beginnt mit der Unterzeichnung des Arbeitsvertrags, der nach bestimmten moralisch-ethischen Aspekten zustande gekommen sein sollte (vgl. Blickle, 2004, S. 206 f.):

- Der Abschluss des Vertrags sollte freiwillig und ohne Zwang erfolgen.
- Es muss eine Aufklärung über die Vertragsinhalte stattfinden.
- Der Vertrag darf nicht zustande gekommen sein auf Basis von absichtlich getätigten falschen Angaben oder durch das Verschweigen von relevanten Sachverhalten.
- Es dürfen in dem Vertrag keine Verpflichtungen zu unmoralischen Handlungen enthalten sein.

Wird unter diesen Voraussetzungen ein Arbeitsvertrag abgeschlossen, verpflichtet sich der/die neue Mitarbeitende, seine/ihre Arbeitsleistung zum Wohle des Unternehmens einzusetzen. Im Arbeitsrecht bezeichnet man diese Pflichten als *Nebenpflichten aus dem Arbeitsverhältnis* oder als *Treue- und Verschwiegenheitspflichten des Arbeitnehmenden.* Wenn der Auswahlprozess nach ethischen Gesichtspunkten aus Sicht der Bewerbenden gerecht und fair gestaltet wurde, sollte sich dieser Eindruck während des Beschäftigungsverhältnisses fortsetzen. Dazu gehört eine strukturierte Einführungsphase, auch *Onboarding* genannt (vgl. Abbildung 4), um die neuen Kolleg:innen optimal in das Unternehmen zu integrieren. Auf der einen Seite gehört die gründliche Vorbereitung und Organisation der einzelnen Arbeitsphasen (Phase 2 bis 3, zum Beispiel Bereitstellung eines funktionierenden Computers und Telefons, Schreibtisch und Stuhl, Einarbeitungsplan über die betriebsinternen Abläufe und Systeme, Schulungsmaßnahmen etc.) dazu. Auf der anderen Seite spielt das Verhalten der Führungskraft gegenüber dem/der neuen Mitarbeitenden eine wichtige Rolle. Diese hat zum einen die Verpflichtung, im Sinne des Gemeinwohls für die Einhaltung der Arbeitsgesetze zu sorgen und diese aktiv mit den Mitarbeitenden zu kommunizieren (vgl. Blickle, 2004, S. 209). Dazu eignet sich das Eintrittsgespräch am ersten Arbeitstag oder in der ersten Arbeitswoche. In diesem Gespräch sollte die Führungskraft den neuen Mitarbeitenden über die Anwendung und Umsetzung von Arbeitsgesetzen (zum Beispiel Arbeitszeit oder Arbeitsschutz) im Unternehmen informieren und die bestehenden Regelungen und Vereinbarungen besprechen. Zum anderen liegt es in der Verantwortung der Führungskraft, die neuen Mitarbeitenden in die konkreten Aufgaben einzuführen und Erwartungen mitzuteilen, um sie dadurch in die Lage zu versetzen, im Sinne des Gemeinwohls des Unternehmens ihre Leistungen zu erbringen (vgl. Blickle, 2004, S. 209). Im Eintrittsgespräch sollten die Aufgaben daher genau beschrieben und mit einem konkreten Einarbeitungsplan hinterlegt werden. Darüber hinaus sollten neue Arbeitnehmende über alle notwendigen Mittel (Computer, Werkzeuge etc.) verfügen können, die zur Erfüllung der Tätigkeit benötigt werden.

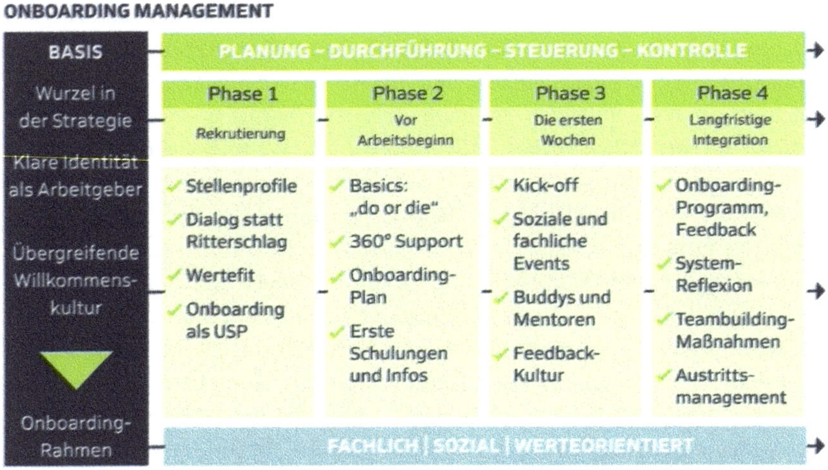

Abbildung 4: Onboarding Management (Quelle: eigene Darstellung in Anlehnung an Bernecker, 2018)

Im weiteren Sinn endet die Personalauswahl nach der sechsmonatigen Beschäftigung eines Arbeitnehmenden, da zu diesem Zeitpunkt der Kündigungsschutz nach dem Kündigungsschutzgesetz beginnt. Sollte sich innerhalb dieser Frist herausstellen, dass die neuen Mitarbeitenden nicht zum Unternehmen passen, gilt auch hier, dass man sich ethisch und moralisch vertretbar und gesichtswahrend voneinander trennen sollte. Dazu ist es sinnvoll, im Unternehmen Regelungen zu definieren, die eine geordnete Trennung ermöglichen und in gleichartigen Fällen auch identisch gehandhabt werden (vgl. Blickle, 2004, S. 233). Zum einen sollte der/die Arbeitnehmende schon nach wenigen Wochen positive als auch negative Rückmeldungen über die Arbeitsleistung und das Verhalten erhalten, um Möglichkeiten zur Verbesserung zu geben. Geschieht dies nicht, wird eine Kündigung überraschend für die Betroffenen, aber auch für die Teamkollegen sein. Dies ist moralisch unfair und richtet sich ebenfalls gegen das Gemeinwohl. Vielleicht hätte der/die neue Mitarbeiter:in sich mit Feedback und unterstützenden Maßnahmen optimieren können und wäre somit im Unternehmen verblieben. Nach dem Austritt müssen die verbleibenden Teammitglieder die Aufgaben der vakanten Stelle erneut mit übernehmen und werden damit einer zusätzlichen Belastung ausgesetzt.

Auch wenn in den ersten sechs Monaten eine Kündigung ohne Angabe von Gründen möglich ist, gebietet es die Fairness, dem/der Gekündigten ein

Feedback darüber zu vermitteln, was zu diesem Entschluss geführt hat, um ihm/ihr die Möglichkeit zur Bewertung dieser Entscheidung zu geben. Dies beinhaltet die Chance, dass der/die Betroffene dazu Stellung nehmen und für einen neuen Arbeitgeber daraus lernen kann. Die ethische Ausrichtung eines Unternehmens wirkt sich folglich direkt auf die soziale Nachhaltigkeit im Personalbeschaffungsprozess aus und impliziert Fairness und Transparenz. Zusammenfassend lässt sich konstatieren: Je stärker der Personalbeschaffungsprozess sich an ethischen Grundwerten orientiert, desto nachhaltiger und erfolgreicher wird die Auswahl von Personal sein und desto stärker wird die bestehende Belegschaft davon profitieren.

4.3 Ökologische Nachhaltigkeitsanalyse der Personalbeschaffung

Die Analyse der ökologischen Nachhaltigkeit des Recruitings orientiert sich im Folgenden zum einen an der strategischen ökologischen Ausrichtung des Unternehmens und zum anderen am Prozess der Personalbeschaffung.

4.3.1 Strategische ökologische Ausrichtung der Unternehmenskultur

Verfolgt ein Unternehmen ein strategisches ökologisches Konzept, wird in der Konsequenz eine Belegschaft benötigt, welche mit einer korrespondierenden Geisteshaltung diese Kultur mitträgt und ihr Verhalten darauf ausrichtet. Dies gilt auch für neue Mitarbeitende, welche die Umweltkultur des Unternehmens verstehen und dessen Umweltwerte praktizieren sollten (vgl. Jackson, 2011, S. 104). Es ist somit Aufgabe der Personalauswahl, dass das Anforderungsprofil an die ökologischen Unternehmenserwartungen angepasst und im Auswahlprozess entsprechend berücksichtigt wird. Die Erwartungshaltung sollte bei der Stellenausschreibung transparent kommuniziert werden. Im Gegenzug können Unternehmen ihren ökologischen Anspruch vorleben, indem sie zum Beispiel auf Jobmessen nachhaltige Werbegeschenke verteilen oder Anreisen zu Vorstellungsgesprächen mit öffentlichen Verkehrsmitteln empfehlen. Darüber hinaus sollte das Employer Branding die nachhaltige Ausrichtung der Firma entsprechend repräsentieren.

4.3.2 Analyse des ökologischen Personalbeschaffungsprozesses

Die ökologischen Auswirkungen des Prozesses sind komplex. Eine detaillierte Berechnung von anteiligen Strom- und Wasserverbräuchen pro Stellenbesetzung ist sicherlich möglich, aber durch den hohen Aufwand nicht zielführend.

Um die ökologischen Auswirkungen der Personalbeschaffung zu begreifen, reichen einfache theoretische Berechnungsmodelle, welche eindrückliche Ergebnisse produzieren. Die Personalbeschaffung tangiert beispielsweise umweltbeeinflussende Aspekte wie Papierverbrauch und Emissionsbelastungen im Rahmen von Vorstellungsgesprächen. Wird der Bewerbungsprozess in Form eines digitalen Workflows organisiert, wird das Ausdrucken von Bewerbungsunterlagen vermieden und es kann der Papierverbrauch reduziert werden, was einen positiven Beitrag zum Schutz der Wälder darstellt. Fast jeder zweite industriell gefällte Baum weltweit wird zu Papier verarbeitet (vgl. WWF Deutschland, 2021). Eine 25 Meter hohe Fichte mit einem Durchmesser von 40 Zentimetern hat ein Holzgewicht von ca. 1.475 Kilogramm. Für ein Kilogramm Papier werden ungefähr 2,2 Kilogramm Holz benötigt. Das bedeutet, dass man aus diesem Baum ca. 670 Kilogramm Papier herstellen kann. Normales Druckerpapier mit 500 Blatt wiegt 2,485 Kilogramm. Somit können aus einem Baum ca. 134.900 Blätter produziert werden. Tabelle 6 simuliert den möglichen Papierverbrauch für externe Einstellungen.

Tabelle 6: Simulierter Papierverbrauch für externe Einstellungen

Prozessschritte	Beschreibung des Papierverbrauchs	Anzahl Papierblätter	Einsparungspotenzial durch Automatisierung	Anzahl Papierblätter
Besprechung zur Formulierung des Anforderungsprofils	4 Blätter/Teilnehmer, 3 Teilnehmende	12	Ausfüllen im Laptop, Bildschirmübertragung per Beamer	-
Aushang Stellenbeschreibung am Schwarzen Brett	5 Schwarze Bretter	5		5
Bewerbungseingang per Post	50 Bewerbungen, 25 Seiten	1.250	elektronisch automatisiert	-
Versand der Eingangsbestätigung per Post	50	50	elektronisch automatisiert	-
Ausdruck eines Personalfragebogens für das Vorstellungsgespräch	2 Seiten, 10 Gespräche	20	elektronisch automatisiert im Vorfeld mit der Einladung zum Vorstellungsgespräch	-
Kopie der Bewerbungsunterlagen für Gesprächsteilnehmende	3 Teilnehmende aus dem Fachbereich/Betriebsrat, Personalmanagement behält Original	750	Laptop; kann jedoch den Gesprächsverlauf stören, daher Ausdruck	750
Imagebroschüre für Bewerbende	5 Seiten, 10 Gespräche	50	elektronisch automatisiert im Vorfeld mit der Einladung zum Vorstellungsgespräch	
Handout Arbeitsprobe Bewerbende	5 Seiten, 4 Teilnehmende, 10 Gespräche	200		200
Gesprächsbewertungsbogen	2 Seiten, 4 Teilnehmende, 10 Gespräche	80	elektronisch automatisiert	-

(Fortsetzung auf der nächsten Seite)

Tabelle 6 Fortsetzung

Prozessschritte	**Beschreibung des Papierverbrauchs**	**Anzahl Papierblätter**	**Einsparungspotenzial durch Automatisierung**	**Anzahl Papierblätter**
Mitbestimmung Betriebsrat	1 Seite Mitbestimmungsantrag, Kopie der Zusammenfassung der Gesprächsbewertungsbögen	21	elektronisch automatisiert	-
Arbeitsvertrag, Datenschutzerklärung	6 Seiten Arbeitsvertrag/ Datenschutzerklärung, doppelte Ausführung	12		12
Einstellungsfragebogen für Personalabrechnung	3 Seiten	3	elektronisch automatisiert	-
Reisekostenabrechnung Bewerbende	10	10	elektronisch automatisiert	-
Informationsmappe Betriebsinformationen, Betriebsvereinbarungen	50 Seiten	50	elektronisch automatisiert	-
Anzahl Blätter Papier pro Stellenbesetzung		**2.513**		**967**
Anzahl Blätter Papier für 30 Stellenbesetzungen im Jahr		**75.390**		**29.010**
Anzahl Blätter Papier für 100 Stellenbesetzungen im Jahr		**251.300**		**96.700**
Bäume bei 30 Stellenbesetzungen		**0,56**		**0,22**
Bäume bei 100 Stellenbesetzungen im Jahr		**1,86**		**0,72**

Die Simulation zeigt, dass bei einer externen Einstellung ca. 2.500 Blätter Papier verbraucht werden. Bei 30 externen Einstellungen pro Jahr würde man ca. 0,56 Bäume benötigen, bei 100 Einstellungen wären es ca. 1,86 Bäume. Durch einen automatisierten Bewerbungsprozess könnte man ein Einsparungspotenzial von 62 % generieren. Diese Berechnung zeigt, dass der ökonomische Nachhaltigkeitsansatz der Personalbeschaffung in Bezug auf das Messkriterium „Grad der Automatisierung" analog zur ökologischen Analyse identisch ist. Je automatisierter der Prozess, desto geringer die ökologische Belastung in Bezug auf den Papierverbrauch im Rahmen einer Stellenbesetzung.

Die Emissionsproduktion im Personalbeschaffungsprozess verstärkt die umweltbelastenden Auswirkungen. Eine 23 Meter hohe Buche, welche auf der Stammhöhe von 1,30 Meter einen Durchmesser von 30 Zentimetern besitzt, kann eine Tonne Kohlenstoffdioxid binden. Um diese Tonne aufzunehmen, muss die Buche 80 Jahre lang wachsen (vgl. Klein, 2009). Pro Jahr bindet dieser Baum somit ca. 12,5 Kilogramm CO_2. Tabelle 7 simuliert den möglichen Papierverbrauch für externe Einstellungen.

Tabelle 7: Simulierter Kohlendioxidverbrauch für externe Einstellungen

Prozessschritte	Beschreibung Kohlenstoffdioxidbelastung	Kohlenstoffdioxidbelastung in kg	Einsparungspotenzial	Kohlenstoffdioxidbelastung in kg
Anreise 1. Vorstellungsgespräch	10 Bewerbende reisen für das Vorstellungsgespräch jeweils 50 km mit dem Auto an/ab; die Autos haben einen Benzinverbrauch von 6 l auf 100 km. Bei 50 km werden 7,05 kg CO_2 ausgestoßen.	71	Virtuelles Erstgespräch	-
Anreise 2. Vorstellungsgespräch	3 Bewerbende reisen für das Vorstellungsgespräch jeweils 50 km mit dem Auto an/ab; die Autos haben einen Benzinverbrauch von 6 l auf 100 km. Bei 50 km werden 7,05 kg CO_2 ausgestoßen.	21		21
Kohlendioxidbelastung in kg pro Stellenbesetzung		**92**		**21**
Kohlendioxidbelastung in kg für 30 Stellenbesetzungen		**2.750**		**635**
Kohlendioxidbelastung in kg für 100 Stellenbesetzungen		**9.165**		**2.115**

Die Umwelt benötigt bei einer Stellenbesetzung ca. 8 Buchen, bei 30 Stellenbesetzungen ca. 220 Buchen und bei 100 Stellen ca. 734 Buchen, um die Kohlenstoffdioxidbelastung der Personalbeschaffung für ein Jahr zu kompensieren.

Addiert man die Bäume im Zuge des Papierverbrauchs, so käme man auf 221 Bäume bei 30 Stellen bzw. 736 Bäume bei 100 Stellen.

Eine Buche dieser Größe kostet ca. 800 €. Eine Stellenbesetzung würde somit einem ökologischen Gegenwert in Form von 8 Bäumen im Wert von 6.400 € gegenüberstehen, bei 30 Stellen wären es 221 Bäume im Wert von 176.800 € und bei 100 Stellen 736 Bäume im Wert von 588.800 € (vgl. Tabelle 8).

Tabelle 8: Baumkompensation für Stellenbesetzungsprozesse

Baumkompensation/ Jahr Stellenbesetzung, (Papier und CO_2), 800 €/ Baum	**1 Stelle**		**30 Stellen**		**100 Stellen**	
	Bäume	**Euro**	**Bäume**	**Euro**	**Bäume**	**Euro**
Traditionelle Stellenbesetzung	8	6.400,00 €	221	176.800,00 €	736	588.800,00 €
Ökologisch nachhaltige Stellenbesetzung	2	1.600,00 €	52	41.600,00 €	171	136.800,00 €
Einsparungspotenzial Bäume bzw. Kosten/ Bäume	**6**	**4.800,00 €**	**169**	**135.200,00 €**	**565**	**452.000,00 €**
Einsparungspotenzial Bäume/Kosten in %	75 %		76 %		77 %	

Setzt man die Einsparungspotenziale in Bezug auf den Verbrauch von Papier und den Ausstoß von Kohlenstoffdioxiden um, so würde man 75–77 % an Bäumen und Kosten für Umweltkompensationen einsparen. Positiv ausgedrückt würde man die Umwelt 75 % weniger belasten. Diese Form der Berechnung steht für eine theoretische Größe, welche sich vereinfacht auf den Papierverbrauch und den CO_2-Ausstoß konzentriert, ohne andere Umweltbelastungen, welche beispielsweise bei der Herstellung des Papiers entstehen, zu berücksichtigen.

Dennoch macht sie das Prinzip der ökologischen Auswirkung in Zusammenhang mit einer Stellenbesetzung deutlich und fasst diese in monetäre Zahlen. Die Ergebnisse lassen deutliche Rückschlüsse auf die ökologische Verantwortung von Unternehmen bei der Beschaffung von Personal zu und zeigen die damit zusammenhängende Umweltbelastung deutlich auf.

Ein automatisierter und digitaler Personalbeschaffungsprozess ist vor diesem Hintergrund ein wichtiger ökologischer Indikator für die Nachhaltigkeit in der Personalbeschaffung. Je automatisierter und digitaler der Prozess gestaltet wird, desto geringer ist die Belastung für die Umwelt.

Zusammenfassung Personalbeschaffung

Der ökonomische Erfolg einer nachhaltigen Personalbeschaffung kann anhand der Anzahl der internen Stellenbesetzungen, am Grad der Automatisierung des Personalbeschaffungsprozesses und der Passgenauigkeit des Anforderungsprofils gemessen werden. Die interne Stellenbesetzung reduziert die Beschaffungskosten und steigert die Motivation und die Mitarbeiterbindung an das Unternehmen. Die Automatisierung in der Personalbeschaffung beschleunigt und optimiert die Wiederbesetzung einer offenen Stelle und reduziert Personalkosten, indem manuelle Arbeitsschritte durch digitale ersetzt werden. Darüber hinaus bestimmt die Passgenauigkeit der erforderlichen Anforderungen in Bezug zur offenen Stelle den Erfolg der Stellenbesetzung. Je detaillierter das Anforderungsprofil formuliert ist, desto besser können die Profile der Bewerbungen und die eignungsdiagnostischen Instrumente darauf abgestimmt werden. Bei der sozialen Personalbeschaffung wurden zwei unterschiedliche Perspektiven betrachtet, welche strategische und ethische Aspekte in der Personalbeschaffung berücksichtigen und einen mittelbaren Einfluss auf den Erhalt der Arbeitsfähigkeit ausüben.

Unternehmenskooperationen sind eine strategische Form der Personalbeschaffung. Sie haben zum Ziel, Unternehmen und Arbeitsplätze der Kooperationspartner langfristig zu sichern, indem sie sich gegenseitig bei Marktschwankungen flexibel unterstützen. Dies kann beispielsweise durch das Ausleihen von Personal oder durch Nutzung von Prozesssynergien erfolgen. Die ethische Personalbeschaffung beinhaltet die Partizipation der Bewerbenden und damit einhergehende Außenwirkungen auf die Arbeitgebermarke. Die ökologische Betrachtung der Personalbeschaffung drückt sich zum einen im ökologischen Konzept des Unternehmens aus. Hierbei gilt es, neue Mitarbeitende im Sinne der ökologisch gewollten Ausrichtung der Firma auszusuchen. Zum anderen wurde aufgezeigt, wie stark sich der Beschaffungsprozess auf die Umwelt auswirkt und wie viel Kompensationsleistungen in Form von Bäumen benötigt werden, um die Umweltbelastung einer Stellenbesetzung auszugleichen.

5 Nachhaltigkeitsanalyse der Personalentwicklung

Die zentrale Aufgabe der Personalentwicklung ist die Qualifizierung der Mitarbeitenden in Bezug auf die erforderlichen Anforderungen. Daher steht das zweite Stockwerk (Kompetenzen) vom Haus der Arbeitsfähigkeit in diesem Kapitel im Fokus. Stimmige Anforderungsprofile in Korrespondenz zur Stellenbeschreibung sind dabei essenziell, da diese die Personalentwicklungsbedarfe bestimmen. Stimmen diese nicht überein, ist der Erfolg der jeweiligen Entwicklungsmaßnahmen gefährdet. Zaugg hebt hervor, dass das Ziel der nachhaltigen Personalentwicklung darin besteht, Mitarbeitende langfristig, sozial verantwortlich und wirtschaftlich zweckmäßig zu entwickeln (vgl. Zaugg, 2009, S. 297). Dem Verständnis von Nachhaltigkeit in dieser Analyse folgend, sollen die Ziele um den Aspekt der ökologischen „Tragbarkeit" ergänzt werden. Die wirtschaftliche Zweckmäßigkeit der nachhaltigen Personalentwicklung wird anhand von vier übergeordneten Instrumenten und Erfordernissen gemessen: *Bestimmung des Anpassungsrisikos*, *Anforderungsprofile im digitalen Zeitalter*, *alterssensible Personalentwicklung* sowie *Erfolgsmessung mit dem Instrument Qualifizierungscontrolling*. Die soziale Betrachtung diskutiert die Notwendigkeit der individuellen *Fähigkeit und Motivation zum lebenslangen Lernen*, um erforderliche Kompetenzen im Unternehmen zu halten und weiterzuentwickeln, damit das Unternehmen langfristig existieren kann. Die ökologische Perspektive diskutiert, wie die *strategische ökologische Ausrichtung der Unternehmenskultur* die Personalentwicklung bestimmt und wie sie sich auf die Informations- und Schulungsmaßnahmen auswirkt. Darüber hinaus sind umweltorientierte *virtuelle Lernformen* wie das Online-Lernen Messkriterien der ökologischen Personalentwicklung.

Die hervorgehobenen Faktoren stellen die Messkriterien der Personalentwicklung in Bezug auf die Nachhaltigkeit dar und werden in Kapitel 8.3 bewertet.

5.1 Ökonomische Nachhaltigkeitsanalyse der Personalentwicklung

Die Nachhaltigkeit in der Personalentwicklung ist ebenso wie die Personalbeschaffung von der Passgenauigkeit des Anforderungsprofils abhängig. Dabei werden die erforderlichen Kompetenzen zunehmend durch die Digitalisierung bestimmt. Der ökonomische Erfolg wird darüber hinaus gesteigert, indem Personalentwicklungsmaßnahmen alterssensibel umgesetzt und der Transfer der Lernergebnisse in den beruflichen Alltag kontrolliert werden. Basis der nachhaltigen Personalentwicklung ist eine Risikoanalyse des Anpassungsrisikos, von der sich alle zuvor genannten Maßnahmen im Bereich der Personalentwicklung ableiten. Diese vier Komponenten der ökonomischen nachhaltigen Personalentwicklung sollen im Folgenden näher diskutiert werden.

5.1.1 Analyse des Anpassungsrisikos

Flexibilität und Lernfähigkeit beim Umgang mit Veränderungen aufgrund der Digitalisierung und Globalisierung sind wichtige Kompetenzen, um die Wettbewerbsfähigkeit am Markt zu erhalten. Vorhandenes Wissen wird immer schneller entwertet und Mitarbeitende werden laufend mit neuen Aufgaben und Anforderungen konfrontiert (vgl. Kobi, 2012, S. 89). Vor diesem Hintergrund stützt sich die Analyse des Anpassungsrisikos auf zwei Komponenten. Es ermittelt zum einen das Risiko von veralteten oder falschen Qualifikationen und/oder Kompetenzen von Mitarbeitenden und zum anderen das Risiko, dass Arbeitnehmende sich nicht an notwendige Veränderungen im Unternehmen anpassen wollen oder können (vgl. Kobi 2012, S. 91). Aus den Anpassungsrisiken entstehen Qualitäts- und Weiterbildungsrisiken, welche sich auf das Know-how der Menschen und die Weiterbildung beziehen. Das Qualitätsrisiko analysiert, ob Mitarbeitende über das nötige Wissen zur Erfüllung ihrer Aufgaben verfügen. Ist dies nicht der Fall, so besteht das Risiko, dass die Qualität der Arbeitsergebnisse nicht dem Optimum entspricht. Das Weiterbildungsrisiko erhebt, ob das Wissen nach einer Qualifizierungsmaßnahme in den beruflichen Alltag transferiert wird. In diesem Zusammenhang müssen Führungskräfte die Transformation der Weiterbildungsinhalte zur verbesserten Arbeitserfüllung überprüfen (vgl. Meißner, 2017, S. 49). Die Identifizierung von Anpassungsrisiken kann auf unterschiedlichen Wegen erfolgen. Die effektivste und effizienteste Form der Risikoermittlung ist die Thematisierung des Anpassungsrisikos im Rahmen der Personalplanungsgespräche, da in diesem Gespräch die Mitarbeitenden individuell betrachtet werden. Mit der Auswertung der Informationen erhält man ein konkretes Bild in Bezug auf die Anpassungsfähigkeit einzelner Personen, Abteilungen und des Unternehmens. Hieraus können gezielte Maßnahmen eingeleitet werden, um die identifizierten Risiken proaktiv zu minimieren. Eine weitere Identifizierungsmöglichkeit stellt nach Kobi die Veranschaulichung des Anpassungsrisikos auf Bereichs- oder Unternehmensebene in Form eines Portfolios dar (vgl. Abbildung 5).

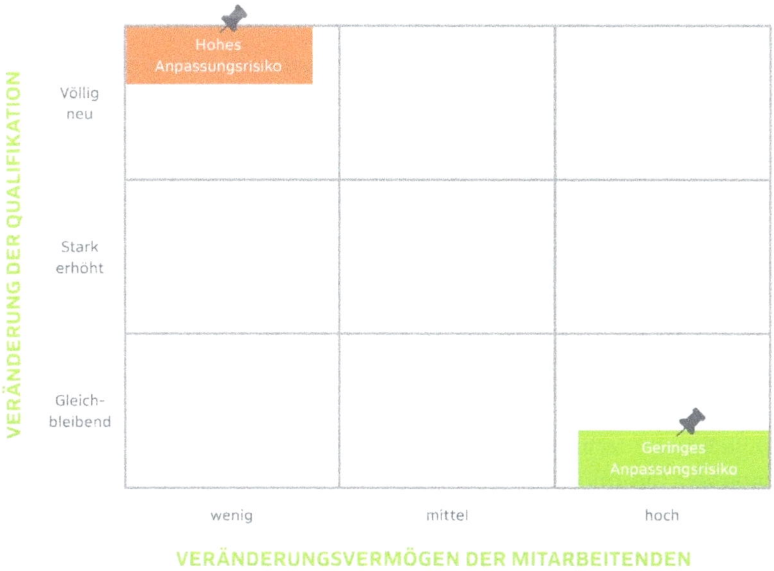

Abbildung 5: Portfolio Anpassungsrisiko (Quelle: eigene Darstellung in Anlehnung an Kobi, 2012, S. 93)

Im ersten Schritt definiert die Fachabteilung den Veränderungsgrad der erforderlichen Qualifikationen in Bezug auf die Stellen und positioniert diese im Portfolio. Im Anschluss daran wird das Veränderungsvermögen einzelner Abteilungsmitglieder oder Gruppen ermittelt und ebenfalls im Portfolio eingetragen. Das Veränderungsvermögen kann durch verschiedene Kennzahlen erhoben werden: Anteil der breit einsetzbaren Mitarbeitenden, Anzahl der Weiterbildungstage pro Arbeitnehmenden, Anzahl von Arbeitnehmenden, welche mehr als sieben Jahre in der Funktion tätig sind etc. (Kobi, 2012, S. 93). Die ausgefüllten Portfolios zeigen die Anpassungsrisiken auf der Metaebene auf und ermöglichen die Ableitung von konkreten Maßnahmen.

Die Ermittlung der Anpassungsrisiken hat eine sehr hohe ökonomische Bedeutung für die nachhaltige Personalentwicklung, da diese nicht nur Risiken in Bezug auf Kompetenzdefizite sowie Veränderungsvermögen aufzeigen, sondern gleichzeitig einzuleitende Personalentwicklungsmaßnahmen priorisieren. Dadurch wird eine effektive und effiziente Vorgehensweise gewährleistet, welche auf die langfristige Unternehmenssicherung fokussiert.

5.1.2 Anforderungen im digitalen Zeitalter

Die digitale Arbeitswelt wird geprägt durch Automatisierung und künstliche Intelligenz und erfordert die Fähigkeit zum agilen Handeln. Dieses bestimmt die erforderlichen Kompetenzen, um wettbewerbsfähig zu bleiben. Studien haben gezeigt, dass es vor diesem Hintergrund zu einer Verschiebung der benötigten Handlungskompetenzen kommen wird. Die folgenden Kompetenzen werden in Zukunft einen höheren Stellenwert einnehmen als traditionelles Fachwissen (vgl. Bienefeld *et al.*, 2018, S. 11 f.; Bughin *et al.*, 2018, S. 9; Kirchgeorg *et al.*, 2018, S. 19):

- Kognitive und organisationale Kompetenzen (zum Beispiel Prozesswissen, Koordination von Arbeitsabläufen oder Problemlösungs- und Optimierungskompetenzen)
- Digitale und technologische Fähigkeiten (Anwendung und Programmierung von Technik)
- Interdisziplinäres Denken und Handeln
- Beherrschung komplexer Arbeitsinhalte
- Kognitive Fähigkeiten in Bezug auf Kreativität, Kommunikations- und Verhandlungsfähigkeiten
- Empathie
- Leadership und Management
- Entrepreneurship und Initiative ergreifen
- Anpassungsfähigkeit und kontinuierliches Lernen

Diese Kompetenzen zeigen eine Veränderung in der Aufgabe für die Personalentwicklung auf. Während früher Unternehmen maßgeblich die Qualifizierung der Belegschaft definiert haben, wird diese Verantwortung zunehmend auf die Mitarbeitenden übertragen, da nur diese am besten beurteilen können, welches Wissen und welche Qualifikationen ihnen zur Erfüllung der Arbeitsaufgaben fehlen. Der Grund hierfür ist die Beschleunigung der Veränderungen im Rahmen der Digitalisierung und der damit einhergehenden individuellen Voraussetzungen im Umgang mit den neuen Anforderungen und den Erfordernissen, sich neues Wissen anzueignen. Die Förderung der Selbstlernkompetenz wird somit eine wichtige Aufgabe in der nachhaltigen Personalentwicklung sein und sollte sich entsprechend im Anforderungsprofil wiederfinden. Damit Menschen die neuen Kompetenzen optimal im betrieblichen Alltag entfalten können, bedarf es eines Unternehmensumfeldes, welches dieses fördert und zulässt. Kreativität, Unternehmertum, Initiative ergreifen etc. benötigen eine Arbeitsumgebung, welche die Äußerung von anderen Meinungen erlaubt, wo

Fehler nicht als Fehlverhalten, sondern als Chance zum Lernen gesehen werden und wo Initiative ergreifen keine Respektlosigkeit gegenüber dem Management darstellt. Der ökonomische Erfolg einer nachhaltigen Personalentwicklung wird grundsätzlich davon abhängen, inwieweit Unternehmen bereit sein werden, sich den veränderten Marktbedingungen anzupassen, Veränderungen aktiv voranzutreiben und die Mitarbeitenden dahingehend zu entwickeln und zu fördern.

5.1.3 Alterssensible Umsetzung von Personalentwicklungsmaßnahmen

In Kapitel 2.1 wurden psychologische und physiologische Alterungsprozesse beschrieben und welche Auswirkungen diese auf die Leistungsfähigkeit von Menschen haben können. Wenn Unternehmen das Wissen über diese Alterungsprozesse fehlt, können sie einen selbstverursachten „Teufelskreis" initiieren und es besteht das Risiko, dass Personalentwicklungsmaßnahmen nicht zielgerichtet greifen und erfolgreich sind. Die Zusammensetzung der Seminarteilnehmenden in Abhängigkeit der Personalentwicklungsmaßnahmen wirkt sich direkt auf den ökonomischen Erfolg aus, wie das folgende Beispiel aus der Praxis verdeutlichen soll.

Ein Unternehmen führte eine neue Software ein und organisierte betriebsweite interne Schulungen. Diese wurden abteilungsweise durchgeführt. Nach einiger Zeit häuften sich Beschwerden. Ältere Mitarbeitende beklagten sich darüber, dass der Seminarleiter das Wissen viel zu schnell vermittelt habe und sie inhaltlich nicht folgen konnten. Jüngere Kolleg:innen reagierten zunehmend unwillig auf die Fragen der Älteren, weil sie das Gefühl hatten, dass diese das Tempo reduzierten, was wiederum Langeweile bei den Jüngeren ausgelöst hat. Der Seminarleiter fühlte sich gestresst, weil er allen Seminarteilnehmenden gerecht werden wollte, dies aber nicht schaffte.

Analysiert man die Probleme dieser Schulung, so wird deutlich, dass diese möglicherweise in Zusammenhang mit der reduzierten fluiden Intelligenz der älteren Kolleg:innen stehen. Ältere Menschen nehmen Wissen in einer anderen Art und Weise und in einem anderen Tempo auf als jüngere. Neues Wissen wird bei Älteren an bestehendes Erfahrungswissen angeknüpft, was längere Zeit in Anspruch nehmen kann. Vor diesem Hintergrund ist es sinnvoll, Schulungen zur Wissensvermittlung in gleichen Altersgruppen durchzuführen und die Lehrmethoden auf den Stand der fluiden Intelligenz anzupassen. Dadurch kann ein Unternehmen dem Vorurteil aktiv entgegenwirken, dass Ältere mit zunehmendem Alter die Fähigkeit zur Wissensaufnahme verlieren. Statistiken zeigen, dass ältere Mitarbeitende tendenziell weniger an Weiterbildungsmaßnahmen teilnehmen als jüngere (vgl. Hasebrook, 2016, S. 10). Gründe hierfür könnten somit auch in der fehlenden Berücksichtigung der altersbedingten Lernunterschiede bei der Zusammensetzung von Seminarteilnehmenden im Bereich der Wissensvermittlung sein. Handelt es sich jedoch um Maßnahmen zum Erlernen von neuen Kompetenzen, zum Beispiel Führungstechniken, Sozial- oder Methodenkompetenzen, ist eine altersgemischte Zusammensetzung von Seminarteilnehmenden erfolgreich, da diese von der kristallinen Intelligenz, also von den Erfahrungen der Teilenehmenden, profitieren (vgl. Althauser, 2008, S. 65, vgl. Lechner, 2007, S. 61). Das Beispiel hat den ökonomischen Einfluss auf den Erfolg von Schulungsmaßnahmen gezeigt. Eine nachhaltige Personalentwicklung berücksichtigt demnach die Art und die altersgerechte Zusammensetzung einer Maßnahme.

5.1.4 Controlling von Personalentwicklungsmaßnahmen

Viele Unternehmen haben einen strukturierten Prozess für Personalentwicklungsmaßnahmen implementiert. Dieser beginnt bei der Bedarfsanalyse, definiert Qualifikationsziele, plant erforderliche Maßnahmen und führt diese durch. In der Regel endet der Prozess an dieser Stelle. Unstrittig ist, dass die individuelle Weiterbildung zur Aufrechterhaltung der Arbeitsfähigkeit sowie zur betrieblichen und persönlichen Weiterentwicklung von Mitarbeitenden für viele Unternehmen einen hohen Stellenwert haben. Allerdings werden vielfach Personalentwicklungsinvestitionen getätigt, ohne eine anschließende Erfolgskontrolle durchzuführen. Dies ist ein bekanntes Phänomen im Human Resources Management, da man die menschliche Leistung oder den Lernerfolg nur schwer messen kann. Bedenkt man die Kosten von externen Seminaren, welche häufig zwischen 2.000 € und 10.000 € pro Teilnehmenden liegen, sind Qualifizierungskosten in Höhe von 250.000 € pro Jahr für ein mittelständisches Unternehmen mit 350 Mitarbeitenden realistisch. Eine Investitionssumme, die nicht in Bezug auf Qualität und erfolgreiche Transformation geprüft wird. Jedes ausgelieferte Produkt eines Produktionsbetriebs wird einem Qualitäts- und Funktionscheck unterzogen. Es gibt keinen ökonomisch nachvollziehbaren Grund, dies nicht auch bei Personalentwicklungsmaßnahmen zu praktizieren. Im Tagesgeschäft ist die Zeit häufig knapp, um Qualifizierungsmaßnahmen vor- und nachzubereiten. Es fehlen Strukturen und Anleitungen für Mitarbeitende und Führungskräfte zur professionellen Planung von Qualifizierungsmaßnahmen und der Prozess stockt nach den Abstimmungsgesprächen über ein gewünschtes Seminar. Der Trendmonitor Weiterbildung hat in der Studie

2018 bestätigt, dass 86 % der befragten Unternehmen die Teilnahme an Weiterbildungsveranstaltungen zwar dokumentieren, aber nur 36 % eine Erfolgskontrolle durchführen (vgl. Kirchgeorg *et al.*, 2018, S. 23).

Naturgemäß stellen Gespräche zwischen Führungskraft und Teilnehmenden von Personalentwicklungsmaßnahmen das wichtigste Erhebungsinstrument zur Beurteilung des Erfolgs und Transfers einer Maßnahme dar. Diese werden vielfach vermieden, da nicht auszuschließen ist, dass auch negatives Feedback von Vorgesetzten gegeben werden muss. Das fällt vielen Manager:innen schwer und führt dazu, dass Qualifizierungsinvestitionen nur selten von konkreten Vereinbarungen in Bezug auf die Maßnahme flankiert werden. Zwischen Führungskraft und Arbeitnehmenden werden somit kaum verbindliche und schriftlich fixierte Gespräche über die Inhalte und Ziele eines Seminars oder Trainings festgelegt. Ziele werden selten gemeinsam definiert. Nach der Maßnahme kehren die Seminarteilnehmenden in den Arbeitsalltag zurück und es gibt keine Nachbetrachtung, ob und in welchem Umfang die Weiterbildung die in sie gesetzte Erwartung erfüllt hat. Darüber hinaus erfolgt keine Kontrolle, in welchem Ausmaß die Inhalte des Seminars in den Arbeitsalltag transferiert wurden und angewendet werden. Der letzte Punkt ist entscheidend zur Beurteilung, ob die Investition sich für den Arbeitnehmenden und das Unternehmen gelohnt hat. Für eine nachhaltige Personalentwicklung ist vor diesem Hintergrund ein Qualifizierungscontrolling unabdingbar, da Unternehmen sonst nicht beurteilen können, welchen Beitrag eine Personalentwicklungsmaßnahme zur Erhaltung der Arbeitsfähigkeit und zur Sicherung des Unternehmenserfolgs geleistet hat. Das Controlling von Qualifizierungen sollte einen Abgleich von Unternehmens- und Mitarbeitendeninteressen implizieren und diese in eine bedarfsgerechte Maßnahme mit konkreten Zielen und Erfolgsbewertung überführen. Die Berücksichtigung der Arbeitnehmerinteressen zur Steigerung der individuellen Arbeitsmarktfähigkeit ist wichtig für den Erfolg einer Maßnahme. Nur intrinsisch motivierte Seminarteilnehmende werden einen erfolgreichen Transfer der Lerninhalte in das Unternehmen forcieren. Damit der zeitliche Aufwand für Führungskräfte und Arbeitnehmende minimiert wird, bedarf es einer einfachen, jedoch konsequenten Struktur, welche sich im Berufsalltag leicht anwenden und umsetzen lässt. Hierzu bietet sich ein automatisierter Prozess an, der in Abbildung 6 dargestellt wird.

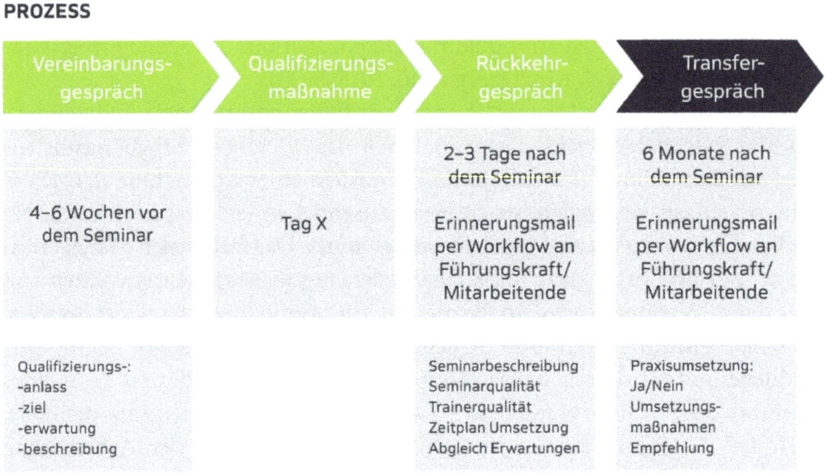

Abbildung 6: Prozess Qualifizierungscontrolling

Im Vereinbarungsgespräch werden der Qualifizierungsanlass, Ziele, Erwartungen und eine Beschreibung der Maßnahme schriftlich in einem Formblatt hinterlegt, welches einen elektronischen Workflow startet. Unmittelbar nach Beendigung des Seminars erfolgt automatisch per E-Mail eine Erinnerung an Führungskraft und Teilnehmenden, ein Rückkehrgespräch zu führen. Inhalte dieses Austausches sind die Seminarbeschreibung und -qualität und eine Einschätzung über den Dozierenden. Darüber hinaus werden die Erwartungen an die Maßnahme aus dem Vereinbarungsgespräch abgeglichen und beurteilt. Zum Abschluss wird ein Zeitplan definiert, wie und bis wann die Inhalte des Seminars im beruflichen Alltag angewendet und umgesetzt werden. Das Protokoll des Gesprächs wird in einem elektronischen Formblatt eingetragen. Nach sechs Monaten erinnert eine E-Mail an das Transfergespräch, in dem beurteilt wird, ob die Inhalte in den beruflichen Alltag transferiert wurden und ob weitere Umsetzungsmaßnahmen erfolgen müssen. Von der abschließenden Empfehlung des Seminars profitieren zukünftig weitere mögliche Arbeitnehmende, die sich ebenfalls für diese Maßnahmen interessieren. Durch die Automatisierung lassen sich im Nachgang Auswertungen durchführen, welche in einer Trainingsdatenbank des Unternehmens hinterlegt und für zukünftige Qualifizierungen genutzt werden können. Darüber hinaus ließe sich das Transfergespräch und insbesondere die erfolgreiche Transformation der Seminarinhalte an variable Entgeltsysteme knüpfen, um neben der zuvor beschriebenen intrinsischen Motivation auch die extrinsische der Teilnehmenden zu erhöhen. Nur 32 % der befragten Unternehmen der Studie Trendmonitor 2018 bieten solche Anreize in Zusammenhang mit Qualifizierungen an, woran man deutlich das ungenutzte Potenzial für erfolgreiche Seminare erkennen kann (vgl. Kirchgeorg *et al.*, 2018, S. 23) Die Personalkosten für eine Qualifizierungsmaßnahme und den Prozess sind überschaubar, wie die Abbildung 7 zeigt.

	Stunden	MA	Kosten/Std.	Summe Personalkosten	Sachkosten
Seminarrecherche	1	1	55,00 €	55,00 €	
Entgangene Wertschöpfung	1	1	55,00 €	55,00 €	
Vereinabrungsgespräch	1	2	55,00 €	110,00 €	
Entgangene Wertschöpfung	1	2	55,00 €	110,00 €	
Qualifizierungsmaßnahme	8	1	55,00 €	440,00 €	
Entgangene Wertschöpfung	8	1	55,00 €	440,00 €	
Seminarkosten	0	0	- €	- €	1.500,00 €
Rückkehrgespräch	0,5	2	55,00 €	55,00 €	
Entgangene Wertschöpfung	0,5	2	55,00 €	55,00 €	
Transfergespräch	1	2	55,00 €	110,00 €	
Entgangene Wertschöpfung	1	2	55,00 €	110,00 €	
Summe:				1.540,00 €	1.500,00 €
Gesamt:				3.040,00 €	

Abbildung 7: Kosten einer eintägigen Qualifizierungsmaßnahme

Der reine Prozess des Qualifizierungscontrollings, ohne Personalkosten für die bezahlte Arbeitszeit während der Seminarteilnahme (880 €) und Seminarkosten (1.500 €) verursacht 660 € an Personalkosten pro Qualifizierungsmaßnahme. Dem stehen Weiterbildungsinvestitionen von 1.500 € bis 10.000 € pro Maßnahme gegenüber, wobei an dieser Stelle die Reise- und Übernachtungskosten sowie Personalkosten für die Fortzahlung des Entgelts noch fehlen. Die geringen Prozesskosten dienen der Sicherstellung, dass Investitionen mit hohem finanziellem und zeitlichem Aufwand erfolgreich in das Unternehmen transferiert werden. Der Nutzen des Qualifizierungscontrollings ist vielfältig, wie die folgenden Beispiele exemplarisch deutlich machen:

- Aufgrund von positiven Empfehlungen der Teilnehmenden in Bezug auf Qualität und Dozierenden ergeben sich Folgebuchungen, wodurch der Weiterbildungserfolg für andere Seminarteilnehmende erhöht wird.
- Durch Prozesserhebungen können Einsparungserfolge berechnet werden. Hat zum Beispiel ein Mitarbeiter viele Überstunden (240 Stunden pro Jahr)

und ein Problem mit der individuellen Arbeitsorganisation und dem Zeitmanagement, kann im Vereinbarungsgespräch festgelegt werden, dass vier Monate nach dem Besuch eines Zeitmanagementseminars keine neuen Überstunden mehr anfallen sollten. Dies wird spätestens im Transfergespräch überprüft. Der Erfolg des Seminars ließe sich anhand der Überstunden konkret messen (240 Stunden x 55 € Personalkosten = 13.200 € Einsparungen an Personalkosten).
- Vertriebsseminare können anhand steigender Auftragseingänge oder der Akquise neuer Kunden gemessen werden.
- EDV-Seminare können zur Optimierung von Prozessen führen.
- Weiterhin kann sich ein positiver Nutzen in der Übertragung von neuen und anspruchsvolleren Aufgaben ausdrücken.

Die Erfolgssicherung von Personalentwicklungsmaßnahmen durch ein strukturiertes Qualifizierungscontrolling generiert einen sehr hohen ökonomischen Effekt und stellt dadurch einen starken Indikator für eine nachhaltige Personalentwicklung dar.

5.2 Soziale Nachhaltigkeitsanalyse der Personalentwicklung

In Kapitel 1.2 wurde die Wichtigkeit der Handlungskompetenzen zur Erhaltung der Arbeitsfähigkeit dargestellt. Die Fähigkeiten und Motivation zum lebenslangen Lernen sind dabei Grundvoraussetzungen für eine erfolgreiche nachhaltige Personalentwicklung.

5.2.1 Fähigkeiten zum lebenslangen Lernen

Wie die Altersforschung gezeigt hat, sollte die fluide Intelligenz kontinuierlich trainiert und gefördert werden. Unternehmen, welche diese Erkenntnisse in der Personalentwicklung nicht mitberücksichtigen, tragen eine Mitverantwortung an der abnehmenden Fähigkeit zur Aufnahme von neuem Wissen bei älteren Mitarbeitenden. In der Konsequenz vergeben sie die Möglichkeit, die Arbeitsfähigkeit der Belegschaft langfristig zu sichern. Sie tolerieren ein Risiko in Bezug auf eine verminderte Leistungsfähigkeit, was dem Ziel der langfristigen Erhaltung der Arbeitsfähigkeit und der Unternehmenssicherung widerspricht. Vor dem Hintergrund der neuen Anforderungen an Mitarbeitende im Zuge der Digitalisierung wird sich die Aufgabe und somit auch die Verantwortung der Personalentwicklung und Führungskräfte in Bezug auf das lebenslange Lernen in Zukunft verändern. Mitarbeitende werden künftig im Rahmen der Selbstlernkompetenz selbst entscheiden, welche persönlichen und fachlichen

Entwicklungsmaßnahmen sie für die Erfüllung ihrer Aufgaben benötigen und dafür die Verantwortung übernehmen. Die Aufgabe der Führungskräfte wird es sein, diesem Lernbedarf betriebliche Freiräume einzuräumen und das Lernen innerhalb sowie außerhalb des Arbeitsplatzes und der Arbeitszeit zu fördern. Die Personalentwicklung wird dabei übergeordnete Lernumgebungen und -konzepte bereitstellen müssen, welche ein lebenslanges Lernen ermöglichen. Bei der Lernermöglichung sollte die Personalentwicklung die Lernformen der unterschiedlichen Altersgruppen (vgl. Abbildung 8) berücksichtigen, um den optimalen Lernoutput zu erreichen. Dies können zum Beispiel Lernplattformen oder Wissensdatenbanken sein, welche individuelles und altersgerechtes Lernen unterstützen. Die folgende Abbildung gibt einen Überblick über Lernformen unterschiedlicher Altersgruppen.

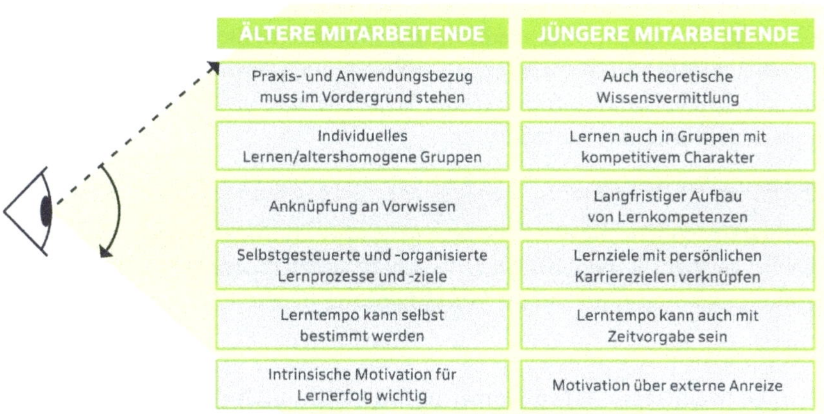

Abbildung 8: Lernformen für Mitarbeitende unterschiedlicher Altersgruppen (Quelle: eigene Darstellung in Anlehnung an Bruch, 2010, S. 70)

Für ältere Mitarbeitende sind demnach selbstgesteuerte, selbstorganisierte und selbstbestimmte Lernformen mit einem engen Praxis- und Anwendungsbezug zur Arbeitsaufgabe sinnvoll (vgl. Malwitz-Schütte, 2006, S. 8 ff.). Dabei wird an vorhandenes Wissen angeknüpft und das Lerntempo selbst bestimmt. Im Gegensatz dazu können jüngere Mitarbeitende begleitende größere Fortbildungen auch neben dem Arbeitsplatz bewältigen, um langfristig Lernkompetenzen aufzubauen (vgl. Bruch, 2010, S. 75).

5.2.2 Motivation zum lebenslangen Lernen

Um die Motivation zum lebenslangen Lernen zu fördern, bedarf es einer aktiven Unterstützung der Führungskräfte und der Personalentwicklung. Die Möglichkeiten sind vielfältig und sollen exemplarisch in der folgenden Diskussion vorgestellt werden.

Kollegiale Schulungen

Neben den zuvor beschriebenen digitalen Lernplattformen am Arbeitsplatz bieten sich kollegiale Schulungen als effektive und effiziente Möglichkeit an, um lebenslanges Lernen am Arbeitsplatz zu praktizieren. Das folgende Beispiel für eine nachhaltige Personalentwicklungsmaßnahme soll die Vorgehensweise und den nachhaltigen Nutzen verdeutlichen. Ein/Eine Arbeitnehmer:in wird damit beauftragt, die Auswirkungen eines neuen Gesetzes für die Abteilungsaufgaben zu recherchieren und zu analysieren, das Kollegium in einem Abteilungsmeeting über die Ergebnisse zu informieren und eine Diskussion über mögliche Handlungsempfehlungen anzustoßen.

Ökonomischer Nutzen:

Seminarkosten bzw. Kosten für eine:n externe:n Trainer:in werden eingespart. Es wird geistiges Kapital bei der Belegschaft generiert, was sich positiv auf die Produktivität und somit auf die Wertschöpfung auswirkt.

Sozialer Nutzen:

Der/Die beauftragte Arbeitnehmer:in fühlt sich durch diese Aufgabe in der persönlichen Fachexpertise wertgeschätzt, wodurch die Motivation und Mitarbeiterbindung erhöht wird. Gleichzeitig wird ein Nutzen zur persönlichen Arbeitsmarktfähigkeit generiert, welcher durch die Anwendung von selbstorganisierten und eigenverantwortlichen Lernformaten entsteht.

Gesellschaftlicher Nutzen:

Durch die Partizipation der Belegschaft in die persönliche Weiterentwicklung wird das interne Arbeitgeberimage gestärkt und positiv über die Mitarbeitenden nach außen in die Gesellschaft kommuniziert.

Ökologischer Nutzen:

Die Ergebnisse der Analyse werden digital in einer Wissensdatenbank zur Verfügung gestellt, wodurch Papier für Seminarunterlagen und Anfahrten zu einem externen Seminarort vermieden werden.

Eine andere Form der Lernmotivation sind Lernpartnerschaften, wo zwei oder mehrere Kolleg:innen partnerschaftlich an individuell ermittelten Lernfeldern arbeiten. Die Gruppenzusammensetzung ist abhängig vom Lernstoff und wird entweder aus demselben Fachbereich oder abteilungsübergreifend gebildet. Dadurch wird eine gezielte Steuerung des Lernens gewährleistet. Die Lernpatenschaften fördern das selbstgesteuerte Lernen im Arbeitsprozess und ermöglichen einen ganzheitlichen Kompetenzgewinn durch die Kombination verschiedener Lernformen und -inhalte, den sozialen Austausch im partnerschaftlichen Lernen sowie die Förderung von emotionalen und kognitiven Prozessen (vgl. Lechner, 2007, S. 87). Die Lernpatenschaften bieten weiterhin den Vorteil, dass eine alterssensible Förderung des Lernens ermöglicht wird und dabei die Vorteile und Voraussetzungen der kristallinen und fluiden Intelligenz gezielt eingesetzt werden können.

Wissenstransfer

Wie in Kapitel 2 dargestellt, steigt das Wissenskapital der Menschen mit zunehmendem Alter. Jeder Arbeitnehmende nimmt seine großen unternehmensinternen impliziten Wissensbestände mit in den Ruhestand, welche dem Unternehmen dann nicht mehr zur Verfügung stehen. Das implizite Wissen sind Wissensbestandteile über Firmen, welche nicht in Datenbanken oder Handbüchern dokumentiert wurden (vgl. Bruch, 2010, S. 132). In der Praxis ist jedoch das implizite Wissen vielfach entscheidend für die Wettbewerbsfähigkeit von Unternehmen. Eine strukturierte und institutionalisierte Wissensweitergabe dient somit einerseits der Sicherung des Unternehmenserfolgs und andererseits der Motivation zum lebenslangen Lernen. Dabei profitieren von einer alterssensiblen Vorgehensweise alle Beteiligten, wie die Tandemmodelle zeigen. Jüngere Arbeitnehmende können ältere zum Beispiel im Umgang mit EDV-Systemen unterstützen und schulen, während ältere als Mentor oder Coach für jüngere dienen und diese von ihrem Wissen profitieren lassen. Dieses Tandemmodell kann zum Beispiel in Form von Jobrotation innerhalb des Unternehmens erfolgen (vgl. Lechner, 2007, S. 64). Der Erfolg der Tandemmodelle ist abhängig von der strukturellen Implementierung als Personalentwicklungsinstrument im Unternehmen. Der Wissenstransfer sollte von den Führungskräften mit einem Zeit- und Meilensteinplan, einer Definition von Lernzielen und einer Kontrolle des Lern- und Wissenstransfers flankiert werden. Dabei ist zu berücksichtigen, dass der Transfer von Wissen bei Wissensgebern Gefühle wie Machtverlust durch Wissensweitergabe oder Ängste, nicht mehr gebraucht zu werden, auslösen kann. Wissensempfänger hingegen können Sorgen entwickeln, dass die bisher erbrachten Leistungen nicht mehr ausreichen oder dass sie Hilfe brauchen und auf das Wissen anderer angewiesen sind. Vorgesetzte sollten in der Lage sein, den Betroffenen diese Ängste zu nehmen, indem sie die bisher erbrachten Leistungen wertschätzen und Transparenz über den Prozess und die Ziele des Wissenstransfers schaffen (vgl. Bruch, 2010, S. 134 f.).

5.3 Ökologische Nachhaltigkeitsanalyse der Personalentwicklung

Der ökologische Aspekt lässt sich auch in der nachhaltigen Personalentwicklung in einen strategischen und operativen Ansatz unterteilen. Im strategischen hat die grundsätzliche ökologische Unternehmenskultur einen direkten Einfluss auf die Personalentwicklung. Diese bestimmt die Personalentwicklungsmaßnahmen und wirkt sich auf die ökologisch orientierte Informationspolitik durch Flyer, Broschüren oder Aushänge am Schwarzen Brett in Bezug auf Umweltthemen und umweltbewusstes Verhalten im Unternehmen aus. Darüber hinaus können digitale Plattformen und Schulungen die Umweltstrategie des Unternehmens implementieren und im Alltag integrieren (vgl. Muster & Schrader, 2011, S. 149). Zusätzlich sollte die Ökologiestrategie sich auch in den Personalinstrumenten wie Mitarbeiter- oder Zielvereinbarungsgespräche wiederfinden und zum festen Bestandteil mit messbaren Kriterien werden.

Die operative nachhaltige Personalentwicklung sollte sich wie bei den zuvor beschriebenen Personalprozessen an der umweltbewussten Umsetzung orientieren. Dazu gehören Einsparungen im Papierverbrauch genauso wie die kritische Reflexion der herkömmlichen Qualifizierungsgewohnheiten. Zu hinterfragen ist zum Beispiel, welche virtuellen Lernformen Präsenzseminare ersetzen können, um umweltbelastende Dienstreisen zu vermeiden. Darüber hinaus sind regionale Kooperationen mit Firmen zu prüfen, die ähnliche Qualifizierungsbedarfe haben. Diese können gebündelt und in Form eines Inhouse-Trainings in der Region organisiert werden, bei dem nur der Trainer anreisen muss. Darüber hinaus sind sehr hohe ökologische Effekte in Bezug auf die Organisation von Personalentwicklungsprozessen zu erzielen, wenn diese digitalisiert und automatisiert werden. Dazu gehören beispielsweise Antrags- und Genehmigungsprozesse, Reiseanträge für und Abrechnung von Seminarveranstaltungen oder ein automatisiertes Qualifizierungscontrolling.

Zusammenfassung Personalentwicklung

Die Analyse des Anpassungsrisikos, aktuelle Anforderungsprofile im digitalen Zeitalter und die alterssensible Umsetzung von Personalentwicklungsmaßnahmen sind essenzielle Messkriterien einer ökonomischen nachhaltigen Personalentwicklung, um Qualifizierungs-, Entwicklungs- und Fördermaßnahmen darauf abzustimmen. Die Wirtschaftlichkeit der Maßnahmen kann dabei durch eine Erfolgsmessung mithilfe eines strukturierten Qualifizierungscontrollings sichergestellt werden. Die soziale Betrachtung der nachhaltigen Personalentwicklung konzentriert sich auf die Fähigkeiten und die Motivation der Mitarbeitenden zum lebenslangen Lernen, als Grundvoraussetzung für die Erhaltung der notwendigen Kompetenzen, welche zur langfristigen Sicherung des Unternehmenserfolgs benötigt werden. Messkriterien für das lebenslange Lernen sind Lernformen und Motivatoren, welche auf die Bedürfnisse der jeweiligen Altersgruppen abgestimmt werden. Die ökologische Analyse hat die strategischen und operativen Wirkungsmechanismen einer nachhaltigen Personalentwicklung aufgezeigt. Ökologische Messkriterien können sich strategisch beispielsweise in einer gezielten umweltorientierten Informationspolitik oder Schulungsmaßnahmen zum umweltbewussten Verhalten ausdrücken. Auf operativer Ebene können Präsenzseminare durch virtuelle Lernformen ersetzt werden.

6 Nachhaltigkeitsanalyse der Personalerhaltung

Maßnahmen der nachhaltigen Personalerhaltung betreffen vornehmlich das erste Stockwerk „Gesundheit“ und das vierte Stockwerk „Arbeitsumgebung, -klima, -aufgabe, -bedingungen und Führung“ des Hauses der Arbeitsfähigkeit. Da, wie in Kapitel 1 erläutert, sich das unternehmerische Handeln beim nachhaltigen Personalmanagement am Menschen ausrichtet, mit dem Ziel, die Arbeitsfähigkeit langfristig zu erhalten und dadurch den Unternehmenserfolg zu sichern, werden Personalerhaltungsmaßnahmen nach präventiven und prospektiven Prinzipien durchgeführt. *Präventiv* bedeutet in diesem Zusammenhang, dass mögliche Gesundheitsschädigungen und psychosoziale Beeinträchtigungen, welche durch die Arbeitstätigkeit auftreten können, im Vorfeld bzw. regelmäßig im laufenden Arbeitsprozess durchdacht und überprüft werden, um entsprechende Maßnahmen vorbeugend einzuleiten. Die prospektive Arbeitsgestaltung formt bereits im Planungsprozess für neue Arbeitsstrukturen die Tätigkeiten und Anforderungen der Arbeitsplätze dergestalt, dass sie sich von Anfang an positiv auf die Gesundheit und Arbeitsfähigkeit auswirken (vgl. Schaper, 2019, S. 421 f.).

In der Praxis tangieren die Aufgaben der Personalerhaltung mehrere Verantwortungsbereiche, welche eng miteinander verzahnt sind. Beispielsweise umfasst das Betriebliche Gesundheitsmanagement einerseits Bereiche des Arbeitsschutzes, andererseits wird die präventive Gesundheitsvorsorge vielfach dem Personalmanagement zugeordnet. Aufgaben zur Arbeitsumgebung fallen in die Zuständigkeit des Arbeitsschutzes, während das Arbeitsklima, die Aufgaben und Arbeitsbedingungen maßgeblich im Gestaltungsbereich des Managements stehen. Dem Personalmanagement obliegt in diesem Zusammenhang die Verantwortung, beispielsweise Instrumente zur Anreizgestaltung und Entgeltsysteme oder Work-Life-Balance zu entwickeln und gemeinsam mit den Führungskräften umzusetzen. Die Nachhaltigkeitsanalyse der Personalerhaltung soll vor diesem Hintergrund die Funktionen Arbeitsschutz, Management und Personalmanagement im Überblick umfassen, wird sich jedoch vertiefend auf die Maßnahmen fokussieren, welche vom Human Resources Management unmittelbar beeinflusst werden können.

Die Arbeitsfähigkeit der Mitarbeitenden wird vornehmlich vom individuellen Wohlbefinden eines Menschen bestimmt, welche die körperliche Leistungsfähigkeit und die mentale Leistungsbereitschaft maßgeblich beeinflusst.

Studien haben gezeigt, dass das persönliche Wohlbefinden bei der Arbeit positiv mit der Produktivität und Profitabilität eines Unternehmens korreliert. Dieses Ergebnis basiert auf unterschiedlichen Untersuchungsausrichtungen, wie Evaluationen der Korrelation innerhalb von Unternehmen, Vergleiche von Firmen sowie die Performanz am Aktienmarkt. Alle Forschungsausrichtungen haben die positive Korrelation validiert (vgl. Krekel *et al.*, 2019, S. 20 ff.). Vor diesem Hintergrund wird der allgemeine Nutzen der Personalerhaltung bestätigt. In diesem Kapitel soll der pauschal festgestellte Nutzen anhand von konkreten Systemen und Instrumenten in Bezug auf die ökonomische, soziale und ökologische Nachhaltigkeit der Personalerhaltung konkretisiert werden. Analog zur Personalentwicklung wird auch hier der Erfolg der Personalerhaltung durch eine alterssensible Gestaltung gesteigert, da Maßnahmen zielgerichteter und damit effektiver eingesetzt werden können.

Ausgangspunkt der ökonomischen Betrachtung ist eine übergeordnete Analyse der *Leistungsfähigkeit* und *Leistungsbereitschaft*, welche mithilfe der Instrumente „Arbeitsbewältigungsindex" und „Motivationsrisikoanalyse" erfolgen soll. Darüber hinaus wird die Wirtschaftlichkeit des *Betrieblichen Gesundheitsmanagements* diskutiert.

Die soziale Analyse stellt den Menschen und dessen Arbeitsfähigkeit in den Mittelpunkt. Die Wirksamkeit von Personalerhaltungsmaßnahmen ist dabei stark von den individuellen *privaten und beruflichen Lebensphasen* abhängig. Daher sollen diese zunächst beschrieben werden, um darauf aufbauend einen Überblick über alterssensible Personalerhaltungsmaßnahmen in Bezug auf *Arbeitsumgebung*, *Arbeitsaufgabe*, *Arbeitsbedingungen* und *Arbeitsklima* zu geben, welche jedoch hauptsächlich im Verantwortungsbereich des Arbeitsschutzes und des Managements liegen. Das Personalmanagement unterstützt in diesem Zusammenhang mit unternehmensübergreifenden Personalinstrumenten und Anreizen.

In der ökologischen Betrachtung werden Ansätze aus dem *Green Human Resources Management* auf Maßnahmen der Personalerhaltung übertragen. Dabei soll diskutiert werden, wie ein umweltorientierter Ansatz in der Personalerhaltung erfolgen kann.

Die hervorgehobenen Faktoren stellen die Messkriterien der Personalerhaltung in Bezug auf die Nachhaltigkeit dar und werden im Kapitel 8.4 bewertet.

6.1 Ökonomische Nachhaltigkeitsanalyse der Personalerhaltung

In diesem Kapitel soll die Betrachtung der Arbeitsfähigkeit der Belegschaft sowie des Motivationsrisikos die Notwendigkeit für Maßnahmen zur Erhaltung der Arbeitsfähigkeit in Bezug auf die Leistungsfähigkeit und Leistungsbereitschaft aufzeigen. Darauf aufbauend erfolgt eine ökonomische Analyse des Betrieblichen Gesundheitsmanagements.

6.1.1 Analyse der Leistungsfähigkeit

Da der Grad der Leistungsfähigkeit die Produktivität und den Erfolg des Unternehmens bestimmt, übt diese einen sehr hohen ökonomischen Einfluss auf die langfristige Unternehmenssicherung aus. Zur Ermittlung der gegenwärtigen Leistungsfähigkeit von Mitarbeitenden haben Ilmarinen und Tuomi als Ergebnis eines Projekts mit alternden Beschäftigten in finnischen kommunalen Dienstleistungen den Arbeitsbewältigungsindex (ABI) bzw. Work-Ability-Index (WAI) entwickelt (INQA-WAI-Netzwerk, 2017; vgl. Tabelle 9). Dieses Instrument zielt auf die Ermittlung der aktuellen Arbeitsfähigkeit von Arbeitnehmenden ab, indem die subjektive Beanspruchung der Betroffenen gemessen wird. Die Durchführung erfolgt auf freiwilliger Basis und anonym. Gefragt wird nach der Einschätzung der Probanden, inwieweit diese in der Lage sind, ihre Aufgaben, bezogen auf die Arbeitsanforderungen, die persönliche Gesundheit sowie die geistigen Ressourcen, zu erfüllen.

Tabelle 9: Themenschwerpunkte des Work-Ability-Index

Erhebungskategorien
Beurteilung der derzeitigen Arbeitsfähigkeit
Arbeitsfähigkeit in Bezug zur Arbeitsanforderung: - Beurteilung in Bezug auf die körperlichen Arbeitsanforderungen - Beurteilung in Bezug auf die psychischen Arbeitsanforderungen
Arten der aktuellen ärztlich diagnostizierten Krankheiten
Geschätzte Beeinträchtigung der Arbeitsleistung durch die Krankheiten
Krankenstand der vergangenen 12 Monate
Einschätzung der persönlichen Arbeitsfähigkeit in zwei Jahren
Psychische Leistungsreserven: - Beurteilung, ob die Arbeit mit Freude erledigt wird - Beurteilung, ob man aktuell aktiv und rege ist - Beurteilung, ob man in Bezug auf die Zukunft zuversichtlich ist

Quelle: eigene Darstellung in Anlehnung an INQA-WAI-Netzwerk, 2017.

Diese Form der Selbstauskunft liefert eine verlässliche Kennzahl für das aktuelle Verhältnis von betrieblichen Anforderungen zur individuellen oder kollektiven Leistungsfähigkeit. Die Verlässlichkeit der Selbstauskunft stimmt in hohem Maße mit Fremdbewertungen durch arbeitsmedizinische und arbeitswissenschaftliche Experten überein. Je höher der Wert ist, desto ausgewogener ist das Verhältnis zwischen den beiden Größen. Darüber hinaus dient die Kennzahl als Frühwarnindikator für ein vorzeitiges Ausscheiden von Arbeitnehmenden aus dem Arbeitsverhältnis oder eine drohende Erwerbsunfähigkeit (vgl. Tempel & Ilmarinen, 2013, S. 115 ff.). Auf der Website des WAI-Netzwerks des Instituts für Arbeitsfähigkeit (INQA-WAI-Netzwerk, 2017) wird der Work-Ability-Index kostenlos für Beschäftigte und Unternehmen zur Verfügung gestellt. Unternehmen erhalten dadurch ein pragmatisches Analyseinstrument, um einen ersten Eindruck von der Arbeitsfähigkeit der Beschäftigten und möglichen ökonomischen Auswirkungen zu gewinnen. Darauf aufbauend können entsprechende Maßnahmen in Bezug auf das Haus der Arbeitsfähigkeit entwickelt und umgesetzt werden (vgl. Meißner, 2017, S. 124).

6.1.2 Analyse der Leistungsbereitschaft

Auch die Leistungsbereitschaft wirkt sich unmittelbar auf die Produktivität und den Erfolg des Unternehmens aus und hat dadurch ebenfalls einen sehr hohen ökonomischen Einfluss auf die langfristige Unternehmenssicherung. Die Leistungsbereitschaft kann mithilfe des Motivationsrisikos analysiert werden. Das Motivationsrisiko evaluiert den Grad der zurückgehaltenen Leistung von Mitarbeitenden. Beispiele in diesem Zusammenhang sind wenig Engagierte, Ausgebrannte, innerlich Gekündigte, aber auch ältere Mitarbeitende (vgl. Kobi, 2012, S. 7).

Die Analyse dieses Risikos beruht in der Praxis auf der Identifizierung von Indizien. Diese sind bei wenig Engagierten und innerlich Gekündigten beispielsweise mangelndes Commitment und geringe Eigeninitiative, überangepasstes Verhalten, Vermeidung von Auseinandersetzungen, fehlende Kritikfähigkeit, versiegender Humor, keine Teilnahme an Weiterbildungsmaßnahmen, keine Beteiligung an Fachdiskussionen etc. (vgl. Kobi, 2012, S. 115; Pietsch, 2002, S. 56). Aber auch erhöhte Kurzzeiterkrankungen zwischen ein und drei Tagen können in Zusammenhang mit einer gesunkenen Motivation stehen (vgl. Meißner, 2017, S. 50).

Ältere Mitarbeitende sehen sich häufig mit der Situation konfrontiert, dass ihre Kompetenzen unausgeschöpft bleiben (vgl. Kobi, 2012, S. 116). Gründe dafür wurden in auch im Zusammenhang mit den bestehenden Vorurteilen diskutiert. Ausgebrannte Arbeitnehmende erleiden in einem schleichenden

Prozess einen Zustand der Erschöpfung, auch als *Burn-out* bezeichnet, der durch eine Überbeanspruchung der eigenen Kräfte entsteht und sich dadurch negativ auf das Engagement auswirkt (vgl. Kobi, 2012, S. 116).

Die jüngste Gallup-Studie zum Engagement von US-amerikanischen Mitarbeitenden hat den Trend der vergangenen Jahre bestätigt, dass 13 % der befragten Arbeitnehmenden *„actively disengaged"* sind und ihre negativen Arbeitserfahrungen und ihre Arbeitsunzufriedenheit aktiv auf ihr Arbeitsumfeld und das Kollegium übertragen. 49 % der Arbeitnehmenden sind *„not engaged"* und verspüren keine mentale Verbindung zu ihrer Aufgabe und ihrem Arbeitgeber. Sie investieren ihre Zeit in die Erfüllung der Tätigkeiten, aber keine Energie und Leidenschaft. Die Aufgaben werden nur mit einem Minimum an Aufwand erfüllt. Dadurch fehlen wichtige Komponenten für eine hundertprozentige Leistungsbereitschaft. Durch die fehlende Unternehmensbindung sind diese Arbeitnehmenden offen für neue Arbeitsverhältnisse und Arbeitgeberwechsel (vgl. Harter, 2020).

Die Resultate der Studie spiegeln analog die Ergebnisse aus dem Engagement Index für Deutschland aus dem Jahr 2018 wider. 14 % der Befragten hatten demnach keine emotionale Bindung zu ihrem Arbeitgeber und 71 % nur eine geringe emotionale Bindung (vgl. Nink, 2018, S. 5). Die wirtschaftlichen Folgen für Unternehmen in Bezug auf eine gesunkene Leistungsbereitschaft sind gravierend, wie die Berechnung in Kapitel 6.1.3 zeigen wird. Auf der einen Seite werden Entgelte an Arbeitnehmende gezahlt, welche im Gegenzug unter ihren Leistungsmöglichkeiten bleiben, auf der anderen Seite ist das Fluktuationsrisiko hoch und generiert bei Kündigungen hohe Personalbeschaffungskosten.

6.1.3 Ökonomischer Schaden bei Leistungszurückhaltung

Die Berechnungen in diesem Kapitel sollen den ökonomischen Schaden einer Leistungszurückhaltung simulieren. Dabei werden die folgenden Prämissen definiert: Beispielunternehmen mit 1.000 Mitarbeitenden, Gemeinkostensatz von 55 €/Stunde, Arbeitswoche von 40 Stunden. In der Simulation werden die wirtschaftlichen Folgen der Leistungszurückhaltung und Fluktuation aufgrund fehlender emotionaler Bindung berechnet.

Ökonomischer Schaden durch Leistungszurückhaltung aufgrund fehlender emotionaler Bindung

Basierend auf den Zahlen der Gallup-Studie zum Engagement Index für Deutschland 2018 haben 14 % der Arbeitnehmenden keine emotionale Bindung zu ihrem

Arbeitgeber, was bei einem Unternehmen mit 1.000 Mitarbeitenden 140 Personen betreffen würde. Entgeltzahlungen werden auf der Basis der Erwartungshaltung gezahlt, dass der Entgeltempfänger im Gegenzug 100 % seiner Leistungsbereitschaft und das damit implizierte Engagement dem Unternehmen zur Verfügung stellt. Bei der Bewertung eines möglichen finanziellen Schadens durch Leistungszurückhaltung kann das Prinzip des Schadenserwartungswerts angewendet werden, der eine monetäre Risikobewertung darstellt und pro Risikofaktor (in diesem Fall die Leistungszurückhaltung) angibt, wie hoch der durch diesen Faktor zu erwartende finanzielle Schaden ist. Die Berechnung des Schadenserwartungswerts (SEW) basiert auf Erfahrungs-, Vergleichs- oder Erwartungswerten, von denen Annahmen über die Höhe eines Schadenfalls und die Eintrittswahrscheinlichkeit abgeleitet werden. Der SEW berechnet sich somit aus der Anzahl der zu erwartenden Schadensfälle, multipliziert mit den Kosten eines Schadenfalls, multipliziert mit der Eintrittswahrscheinlichkeit in Prozent (vgl. Wucknitz, 2005, S. 136 f.). Unterstellt man eine vorsichtig geschätzte Leistungszurückhaltung von nur 20 %, würden Personal- und Gemeinkosten für erwartete hundertprozentige Leistung entstehen, aber es würde nur eine 80-prozentige Leistung an das Unternehmen zurückfließen. Die Differenz zu 100 % entspricht dem ökonomischen Schadenserwartungswert für die zurückgehaltene Leistung, in diesem Beispiel 3,2 Mio. € pro Jahr (vgl. Abbildung 9). Führt man eine vergleichbare Rechnung in Bezug auf die 71 % der Befragten mit einer geringen emotionalen Bindung zum Arbeitgeber durch und unterstellt dabei nur eine Leistungszurückhaltung von 5 %, müsste man 4,1 Mio. € zum Schadenserwartungswert hinzuaddieren und erhielte eine Summe in Höhe von 7,3 Mio. € pro Jahr!

ÖKONOMISCHER SCHADEN AM BEISPIEL DER LEISTUNGSZURÜCKHALTUNG

Fall: Gallup 2018
14% der Arbeitnehmenden haben keine emotionale Bindung zum Arbeitgeber
1.000 Arbeitnehmende gesamt = 140 Arbeitnehmende haben innerlich gekündigt oder halten ihre Leistung zurück
140 innerlich gekündigte Arbeitnehmende halten 20 % ihrer Leistung zurück

Ermittlung ökonomischer Schaden

Gemeinkosten/Jahr	Stunden/Monat	Arbeitnehmende	Monate/Jahr	Gemeinkosten/Stunde	**Summe**
	174	140	12	55,00 €	**16.077.600,00 €**

Gemeinkosten/Jahr		**Eintritt**	**=**	**Schaden**
16.077.600,00 €	x	20%	=	3.215.520,00 €

Abbildung 9: Schadenserwartungswert der Leistungszurückhaltung

Ökonomischer Schaden durch Fluktuation aufgrund fehlender emotionaler Bindung

Basierend auf den Zahlen der Gallup-Studie zum Engagement Index für Deutschland 2018 sind 18 % der emotional ungebundenen Arbeitnehmenden aktiv auf der Suche nach einem neuen Arbeitgeber. Beim zuvor beschriebenen Unternehmensbeispiel wären somit 18 % von 140 Mitarbeitenden akut wechselbereit, also 25 Arbeitnehmende. Bei der Bewertung eines möglichen Austrittsrisikos aufgrund von Demotivation kann ebenfalls das Prinzip des Schadenserwartungswerts angewendet werden. Das Institut der Deutschen Wirtschaft veröffentlichte eine Fluktuationsquote von 32 % für das Jahr 2017. Diese Kennzahl beziffert den Durchschnitt aus neu geschlossenen und beendeten sozialversicherungspflichtigen Beschäftigungsverhältnissen in Relation zu den bestehenden Beschäftigungsverhältnissen (vgl. IW Medien, 2018). Sie soll in dieser Berechnung als Indikator für die Eintrittswahrscheinlichkeit herangezogen werden. Die externen Wiederbesetzungskosten einer offenen Stelle (= ein Schadensfall) belaufen sich auf rund 45.000 € (vgl. Meißner, 2018, S. 107). Der SEW würde sich dann wie folgt berechnen: 25 Arbeitnehmende sind akut wechselwillig (= 25 Schadensfälle). Diese würden einen Schaden in Höhe von 1.125.000 € verursachen (25 x 45.000 €). Die Fluktuationsquote von 32 % als Indikator für die Eintrittswahrscheinlichkeit führt zu einem SEW in Höhe von 360.000 €. Diesen Schaden würde das Beispielunternehmen realistisch für das Geschäftsjahr einkalkulieren müssen. Es ist erkennbar, dass der Schadenserwartungswert eine vorsichtige Berechnung ist und die Kosten in der Praxis wesentlich höher sein können, im schlimmsten Fall 1.125.000 €, wenn tatsächlich 25 Arbeitnehmende das Unternehmen verließen.

Die ökonomischen Auswirkungen der Leistungsfähigkeit und Leistungsbereitschaft verdeutlichen die Notwendigkeit von Investitionen, welche der Erhaltung der Arbeitsfähigkeit und damit der langfristigen Unternehmenssicherung dienen.

6.1.4 Betriebliches Gesundheitsmanagement

Da die physische und psychische Gesundheit der Belegschaft das Fundament vom Haus der Arbeitsfähigkeit darstellt, nimmt das Betriebliche Gesundheitsmanagement (BGM) eine zentrale Rolle in der nachhaltigen Personalerhaltung ein. Man versteht darunter *„die Entwicklung betrieblicher Strukturen und Prozesse, die die gesundheitsförderliche Gestaltung von Arbeit und Organisation und die Befähigung zum gesundheitsfördernden Verhalten der Mitarbeiterinnen* *und Mitarbeiter zum Ziel haben*" (Badura *et al.*, 2010, S. 33). Das BGM stellt den Menschen in den Mittelpunkt der Maßnahmen und postuliert, dass Erholung und Arbeit in einer positiven Wechselwirkung stehen. Damit wird die herkömmliche Denkweise abgelöst, dass Arbeit die gesundheitlichen Ressourcen des Menschen erschöpft und die Freizeit zur Erholung von der Arbeit dient (vgl. Uhle & Treier, 2019, S. 43 ff.). Das Ziel des BGM ist, eine Win-win-Situation zwischen Mitarbeitenden und Unternehmen herzustellen, wie die Abbildung 10 verdeutlicht.

Abbildung 10: Betriebliches Gesundheitsmanagement mit System (Quelle: eigene Darstellung in Anlehnung an Simmel & Graßl, 2020, S. 3)

Mitarbeitende sollen in die Lage versetzt werden, durch eigenverantwortliches Verhalten ihre persönliche Gesundheit, Leistungsfähigkeit und Lebensqualität zu stärken, während Unternehmen von produktiven, rentablen, kundenorientierten und loyalen Arbeitnehmenden profitieren. Der Erfolg eines Unternehmens ist ein Zusammenspiel aus menschlichen Fähigkeiten, Leistungsbereitschaft, fachlichen und persönlichen Ressourcen sowie dem Einbringen von persönlichen Werten und Haltungen. Das BGM zielt mit seinen Angeboten auf die Optimierung dieses Zusammenspiels ab (vgl. Simmel & Graßl, 2020, S. 14 f.). Dabei stützt es sich auf die Annahme, dass Krankenstände durch betriebliche Rahmenbedingungen, Präventionsmaßnahmen, gesundheitsfördernde Führung und unterstützende Maßnahmen zur Förderung der Arbeitsfähigkeit beeinflusst werden (vgl. Simmel & Graßl, 2020, S. 22). Die Angebote des BGM sind vielfältig, wie Abbildung 11 exemplarisch zeigt. Welche Angebote für ein BGM tatsächlich infrage kommen, hängt von den Ergebnissen einer strukturierten Analyse der Gesundheitssituation im Unternehmen ab.

Abbildung 11: Angebotsportfolio Betriebliches Gesundheitsmanagement (Quelle: eigene Darstellung in Anlehnung an Uhle & Treier, 2019, S. 49)

Im Folgenden soll für jede Säule des BGM eine exemplarische ökonomische Diskussion erfolgen, um den Nutzen eines systematischen Gesundheitsmanagements und damit auch den ökonomischen Beitrag der nachhaltigen Personalerhaltung zu verdeutlichen.

6.1.4.1 Werteorientierte Führung

Wie in Kapitel 1.2 dargestellt, werden im dritten Stockwerk vom Haus der Arbeitsfähigkeit die Meinungen und Sichtweisen der Führungskräfte und Arbeitnehmenden ausgetauscht. Dabei wird die Art und Weise der Kommunikation bestimmt von individuellen Werten und Einstellungen. Zur Erhaltung der Arbeitsfähigkeit sollten Führungskräfte die Arbeit als gesundheitsfördernden Faktor betrachten und diese Wertevorstellung im Führungsalltag leben und das Führungsverhalten werteorientiert danach ausrichten. Studien im Zusammenhang mit dem Work-Ability-Index haben gezeigt, dass eine wertschätzende Führungseinstellung, welche geprägt ist durch Freundlichkeit und Respekt, mit einer hohen Arbeitsfähigkeit korreliert. Das Verhalten von Vorgesetzten hat somit einen großen Einfluss auf die Arbeitsfähigkeit und nimmt daher eine herausragende Bedeutung ein (vgl. Becker *et al.*, 2009, S. 71, Hasselhorn & Freude, 2007, S. 34). Weiterhin nehmen Führungskräfte eine Schlüsselrolle für das vierte Stockwerk ein, weil sie die Anforderungen und die Organisation der Arbeit direkt beeinflussen können und damit über einen machtvollen Stellhebel zur Beeinflussung der Arbeitsfähigkeit verfügen (vgl. Ilmarinen *et al.*, 2008, S. 20).

Praktizieren Vorgesetzte keine werteorientierte und gesundheitsfördernde Führung, so hat das weitreichende Folgen für die Arbeitsfähigkeit. Finnische und deutsche Langzeituntersuchungen haben ergeben, dass die Variabilität der Arbeitsfähigkeit ab dem 45. Lebensjahr stark zunimmt, wie Abbildung 12 zeigt (vgl. Prümper & Richenhagen, 2011, S. 139; vgl. Hasselhorn & Freude, 2007, S. 17). Werden keine Maßnahmen zur Förderung der Arbeitsfähigkeit ergriffen, nimmt diese mit zunehmendem Alter kontinuierlich, ab wie die dunkel gestrichelte untere Kurve zeigt (vgl. Gould *et al.*, 2008, S. 35). Ältere Menschen unterscheiden sich demnach stärker in ihrer Arbeitsfähigkeit als jüngere (vgl. Prümper & Richenhagen, 2011, S. 137).

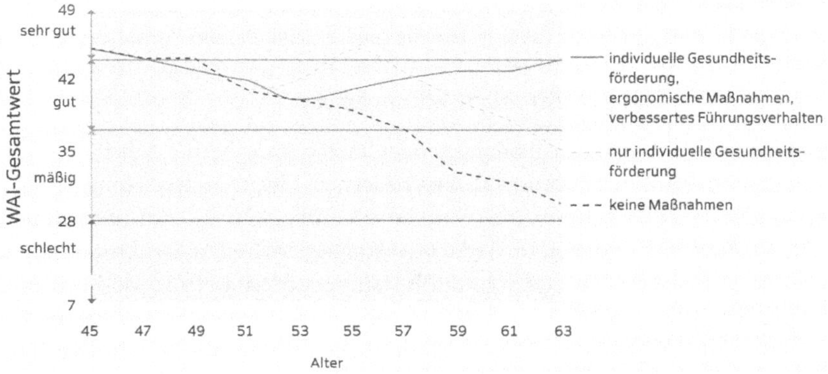

Abbildung 12: Entwicklung der Arbeitsfähigkeit (Quelle: eigene Darstellung in Anlehnung an Prümper & Richenhagen, 2011, S. 139)

Werden Einzelmaßnahmen aus dem Haus der Arbeitsfähigkeit angewendet, zum Beispiel die individuelle Gesundheitsförderung, lässt sich die Arbeitsfähigkeit steigern, jedoch sind diese Effekte nicht langanhaltend und wirken sich lediglich zeitverzögert aus, wie die grüne gestrichelte Kurve zeigt. Maßnahmen zur individuellen Gesundheitsförderung zeigen innerhalb von 6 bis 12 Monaten einen positiven Effekt auf die Arbeitsfähigkeit, Maßnahmen zur Arbeitsgestaltung und Führung wirken sich mit einem zeitlichen Verzug von 1,5 bis 2 Jahren positiv aus (vgl. Tempel & Ilmarinen, 2013, S. 202 f.). Dieses Untersuchungsergebnis zeigt, dass es nie zu spät ist, mit Gesundheitsförderung anzufangen, um zügig eine positive Auswirkung für den Unternehmenserfolg zu generieren. Eine nachhaltige Steigerung der Arbeitsfähigkeit wird jedoch nur gelingen, wenn Defizite aus allen Bereichen des Hauses der Arbeitsfähigkeit situativ erhoben und entsprechende Maßnahmen zur Verbesserung eingeleitet werden, wie die durchgezogene oberste Kurve verdeutlicht. Ohne ein dazu passendes Führungsverhalten würden die Effekte der Maßnahmen deutlich geringer ausfallen (vgl. Prümper & Richenhagen, 2011, S. 138).

Daraus ist zu schließen: Je älter die Menschen werden, desto stärker hängt die individuelle Arbeitsfähigkeit vom optimalen Zusammenspiel der vier Stockwerke des Hauses der Arbeitsfähigkeit und von einem werteorientierten Führungsverhalten ab. Das bedeutet, dass sich die Arbeitsfähigkeit der Humanressourcen und die Arbeitsanforderungen gegenseitig beeinflussen und somit die Arbeitsfähigkeit entweder stärken oder reduzieren können (vgl. Prümper & Richenhagen, 2011, S. 138). Wie die Ausführungen dieses Kapitels gezeigt haben, spielt das werteorientierte Führungsverhalten dabei eine Schlüsselrolle und ist ein starkes Messkriterium für die nachhaltige Personalerhaltung.

6.1.4.2 Individuelles Gesundheitsmanagement

Das individuelle Gesundheitsmanagement hat die Aufgabe, die Arbeitnehmenden dahingehend zu unterstützen, dass sie lernen, Eigenverantwortung für ihre Gesundheit zu übernehmen (vgl. Simmel & Graßl, 2020, S. 22). Unternehmen können dabei mit gezielten Instrumenten wie der Fehlzeiten-Struktur-Analyse und dem Check-up-Gespräch gesundheitsunterstützende Prozesse initiieren. In der betrieblichen Praxis sind diese häufig im Rahmen von Betriebsvereinbarungen definiert und publiziert. Damit gelten sie für alle Arbeitnehmende gleichermaßen und schaffen dadurch Transparenz und Akzeptanz.

Die Fehlzeiten-Struktur-Analyse stellt ein Frühwarnsystem mit Fehlzeitenkennziffern dar. Dabei wird eine Fehlzeitenanalyse für die Fachabteilungen nach bestimmten Auswertungskriterien durchgeführt. Diese werden individuell in Abhängigkeit der Unternehmenssituation bestimmt und können beispielsweise wie folgt definiert werden:

- Auswertung der Fehlzeitenquote für das Unternehmen und für die Abteilungen
- Anzahl und Häufigkeit von Arbeitnehmenden mit Kurzerkrankungen (jeweils maximal 3 Tage, ohne Vorlage einer Arbeitsunfähigkeitsbescheinigung)
- Auswertung der Kurzerkrankungen für das Unternehmen und Identifizierung von Auffälligkeiten in einzelnen Abteilungen
- Anzahl der Arbeitnehmenden mit langen Fehlzeiten (zum Beispiel länger als 14 Tage im Jahr)
- Auswertung dieser Fehlzeiten für das Unternehmen und Identifizierung von Auffälligkeiten in einzelnen Abteilungen

Nach der Auswertung und Aufbereitung der Zahlen ist im nächsten Schritt zu überprüfen, ob sich Auffälligkeiten in einzelnen Abteilungen feststellen lassen. Die Überprüfung kann anhand von betrieblich angewendeten Personalinstrumenten erfolgen. Als Beispiele seien hier Stärken-Schwächen-Profile aus dem Personalplanungsgespräch, Personalentwicklungs- und Beurteilungsgespräche oder Vorgesetztenfeedbacks genannt. Zusätzlich ist ein Austausch über die Ursachenklärung der Fehlzeiten zwischen Personalmanagement und Fachabteilung einzuleiten (vgl. Nieder 1999, S. 137 ff.; Meißner, 2005, S. 218).

Werden Mitarbeitende aufgrund festgelegter Kriterien in der Fehlzeiten-Struktur-Analyse mit auffälligen Fehlzeiten identifiziert, kann mithilfe eines Check-up-Gesprächs eine Ursachenklärung herbeigeführt werden. Das Gespräch hat zum Ziel, sachlich die Gründe der Fehlzeiten zu klären, um gezielt gesundheitsfördernde Maßnahmen einzuleiten bzw. bei der Wiederherstellung und Erhaltung der Gesundheit zu unterstützen. Es ist wichtig, den Betroffenen transparent zu kommunizieren, dass das Gespräch aufgrund der betrieblich vereinbarten Kriterien in Bezug auf Häufigkeit und Dauer von Fehlzeiten erfolgt, um möglichen Vorbehalten vorzubeugen. Im Gespräch sollte deutlich die Besorgnis im Sinne der Fürsorgepflicht des Unternehmens hervorgehoben werden, um den betroffenen Arbeitnehmenden zu signalisieren, dass diese als Menschen mit ihren Problemen respektiert werden und sie wichtig für die Abteilung sind. Die Gesprächsatmosphäre sollte vertrauensvoll sein, damit die Führungskraft empathisch die Gründe für die Fehlzeiten diskutieren kann. Der Austausch sollte, wie in Tabelle 10 dargestellt, das betriebliche Umfeld hinsichtlich der Arbeitsaufgabe, den Arbeitsbedingungen, den Kolleg:innen, der Vorgesetzten sowie die private Situation umfassen. Nach der Beendigung des Gesprächs hilft eine Risikoeinschätzung der Gesprächsteilnehmenden, um das Auftreten erneuter Abwesenheitszeiten zu prognostizieren und unter Umständen individuelle flankierende gesundheitsfördernde Maßnahmen einzuleiten (vgl. Meißner, 2005, S. 218 f.).

Tabelle 10: Leitfaden zum Check-up-Gespräch und Risikoeinschätzung

<table>
<tr><th colspan="3">Gesprächspunkte</th><th colspan="5">Informationen</th></tr>
<tr><td colspan="3">Gesprächsanlass</td><td colspan="5">Fehlzeiten gemäß den festgelegten Kriterien</td></tr>
<tr><td colspan="3">Gesundheitszustand</td><td colspan="5">Aktuell und Prognose</td></tr>
<tr><td colspan="3">Analyse der Arbeitsaufgabe</td><td colspan="5">Über-/Unterforderung
persönliche Arbeitsorganisation/Zeitmanagement
Arbeitsstil
Arbeitsergebnisse etc.</td></tr>
<tr><td colspan="3">Arbeitsbedingungen</td><td colspan="5">räumliches Umfeld
Arbeitszeitgestaltung etc.</td></tr>
<tr><td colspan="3">Verhältnis zu Kolleg:innen</td><td colspan="5">Position im Team
Wohlbefinden in der Gruppe etc.</td></tr>
<tr><td colspan="3">Verhältnis zum Vorgesetzten</td><td colspan="5">adäquate Führung
Gestaltungsspielräume etc.</td></tr>
<tr><td colspan="3">Privates Umfeld</td><td colspan="5">familiäre Probleme/Verhältnisse</td></tr>
<tr><td colspan="8"></td></tr>
<tr><td>Gesprächseinschätzung im Hinblick auf betrieblichen Zusammenhang</td><td colspan="3">Risikobeurteilung für erneute Fehlzeiten:</td><td colspan="3">Schadensbeurteilung bei erneuten Fehlzeiten</td><td>Maßnahmen</td></tr>
<tr><td></td><td>gering</td><td>mittel</td><td>hoch</td><td>gering</td><td>mittel</td><td>hoch</td><td></td></tr>
<tr><td>Fehlzeiten ohne betrieblichen Zusammenhang</td><td></td><td></td><td></td><td></td><td></td><td></td><td></td></tr>
<tr><td>Fehlzeiten mit betrieblichem Zusammenhang</td><td></td><td></td><td></td><td></td><td></td><td></td><td></td></tr>
</table>

Quelle: eigene Darstellung in Anlehnung an Meißner, 2005, S. 220.

Gesundheitsbedingte Fehlzeiten im betrieblichen Zusammenhang erfordern vertiefende Untersuchungen über die Gründe, um entsprechende gesundheitsfördernde Maßnahmen zu ergreifen. Fehlzeiten ohne betrieblichen Zusammenhang können auf Probleme im außerbetrieblichen Umfeld hinweisen und es ist zu prüfen, inwieweit das Unternehmen auch an dieser Stelle unterstützen kann. An dieser Stelle sei auf das Beispiel für eine Sozialberatung in Kapitel 1.2 hingewiesen.

In diesem Zusammenhang soll der Frage nachgegangen werden, welchen ökonomischen Mehrwert die zuvor diskutierten Instrumente für Unternehmen bringen. Die Nutzenberechnung in Form einer Kostensenkung soll anhand eines Fallbeispiels (vgl. Abbildung 13) simuliert werden.

NUTZENBERECHNUNG CHECK-UP-GESPRÄCH

Fall: 1.000 Arbeitnehmende — Fehlzeitenquote 3 % pro Jahr
Personenkapazitäten — 30 pro Jahr

Ermittlung ökonomischer Schaden durch Fehlzeiten

	Stunden/Monat	Personenkapazitäten	Monate/Jahr	Gemeinkosten/Stunde	Summe
Gemeinkosten/Jahr	174	30	12	55,00 €	**3.445.200,00 €**

Ermittlung Prozesskosten Check-up-Gespräch

	Stunden	Anzahl Arbeitenehmende	Gemeinkosten/ Stunde	Summe Gemeinkosten	Sachkosten
Vorbereitungsgespräch	1	2	55,00 €	110,00 €	
Betriebliches Eingliederungsmanagement	0,5	2	55,00 €	55,00 €	
Check-up-Gespräch	2	3	55,00 €	330,00 €	
Maßnahme Betriebsbegehung Betriebsarzt	0,5	1	55,00 €	27,50 €	
Kosten Betriebsarzt					220,00 €
Neue Möbel					1.500,00 €
Summe:				**522,50 €**	**1.720,00 €**
Gesamtkosten/Check-up-Gespräch/Arbeitnehmender				**2.242,50 €**	
Gesamtkosten/Check-up-Gespräch 30 Arbeitnehmende				**67.275,00 €**	

Nutzen: Senkung der Fehlzeitenquote um 0,1 % auf 2,9 %

	Stunden/Monat	Personenkapazitäten	Monate/Jahr	Gemeinkosten/Stunde	Summe
Schaden:	174	29	12	55,00 €	**3.330.360,00 €**
Nutzen:	3.445.200,00 €	-	3.330.360,00 €	=	114.840,00 €
Kostensenkung	114.840,00 €	-	67.275,00 €	=	**47.565,00 €**

Abbildung 13: Nutzenberechnung von Check-up-Gesprächen

Ein Unternehmen mit 1.000 Mitarbeitenden hat eine Fehlzeitenquote von 3 % im Jahr, was einer Personenkapazität von 30 pro Jahr entspricht. Bei einem Gemeinkostensatz von 55 € pro Stunde entstehen Fehlzeitenkosten in Höhe von rund 3,5 Mio. €. Um den Nutzen zu berechnen, stellt man dem ökonomischen Schaden die Prozesskosten für ein Check-up-Gespräch gegenüber, wie es in der Abbildung 13 dargestellt ist. In diesem Fallbeispiel wird angenommen, dass die Fehlzeiten der Betroffenen auf Rückenprobleme zurückzuführen sind, welche im direkten Zusammenhang mit den Büromöbeln standen. Als Maßnahme zur Gesundheitsförderung wurden Betriebsbegehungen des Betriebsarztes veranlasst und dieser hat rückengerechte Büroausstattungen empfohlen. Daraufhin wurden höhenverstellbare Schreibtische und rückengerechte Bürostühle angeschafft. Multipliziert man diesen Fall mit den Personenkapazitäten, so generieren die Check-up-Gespräche rund 70.000 € Kosten pro Jahr. Gelingt es dem Unternehmen, aufgrund dieses Personalinstruments die Fehlzeitenquote um 0,1 auf 2,9 % zu senken, reduzieren sich die Fehlzeitenkosten um ca.

115.000 €. Stellt man diesem Wert die Kosten für die Gespräche gegenüber, so hat man die Fehlzeitenkosten Höhe von ca. 47.000 € gesenkt.

Diese theoretische Beispielrechnung hat das Prinzip einer Nutzenberechnung vorgestellt, wie es im betrieblichen Alltag im Zusammenhang mit dem BGM angewendet werden kann. Es zeigt, dass strukturierte Instrumente zur Gesundheitsförderung einen hohen ökonomischen Nutzen erzielen können. Sie stellen damit einen starken ökonomischen Indikator für eine nachhaltige Personalerhaltung dar.

6.1.4.3 Betriebsärztlicher Dienst/Sozialberatung

Der betriebsärztliche Dienst übernimmt die fachmedizinische Beratung innerhalb eines Unternehmens. Dabei wird zum einen auf den Aspekt Prävention unter Berücksichtigung der Wechselbeziehung zwischen Arbeit und Gesundheit fokussiert. Zum anderen impliziert die Beratung die Diagnostik in Bezug auf arbeits- und umweltbedingte Gesundheitsschäden, Berufskrankheiten, Rehabilitation und Anamnese (vgl. Uhle & Treier, 2019, S. 37). Unternehmen sind nach dem Arbeitssicherheitsgesetz dazu verpflichtet, Betriebsärzte zur Wahrnehmung der zuvor beschriebenen Aufgaben zu bestellen (ASiG § 2, Absatz 1). Die Betriebsärzte arbeiten dabei eng mit den Sicherheitsbeauftragten und Fachkräften für Arbeitssicherheit zusammen. Die Sozialberatung hingegen ist ein freiwilliges Angebot von Unternehmen, um die psychosoziale Gesundheit der Belegschaft zu fördern. Grundsätzlich soll sie Arbeitnehmende in schwierigen Lebenslagen innerhalb und außerhalb des Berufs begleiten und beraten. Besondere Aspekte sind Themen wie Suchtprävention, Überschuldung, Konflikte im privaten und beruflichen Umfeld, Begleitung durch belastende Krisen oder Stabilisierung des sozialen Umfelds (vgl. Uhle & Treier, 2019, S. 37). Da es sich bei der Sozialberatung um ein freiwilliges Angebot des Arbeitgebers handelt, ist es wichtig, den ökonomischen Nutzen dieser Personalerhaltungsmaßnahme anhand des folgenden Fallbeispiels zu verdeutlichen:

> *Ein mittelständisches Unternehmen mit 100 Mitarbeitenden vereinbart einen Kooperationsvertrag mit einer externen betrieblichen Sozialberatung. Für diese Leistung wird eine jährliche Pauschale in Höhe von 5.000 € bezahlt. Die 80-jährige Mutter eines Arbeitnehmers stürzt und wird pflegebedürftig. Den Sohn trifft dieser Vorfall unvorbereitet und er muss einen Pflegeplatz für seine Mutter suchen. Am Arbeitsplatz ist er unkonzentriert und abgelenkt, da er nicht weiß, wie er vorgehen soll und er sich um seine Mutter sorgt. Seine Kolleg:innen raten ihm, sich Hilfe bei der Sozialberatung zu suchen, da diese in solchen Situationen professionell unterstützen kann. Den Rat annehmend entwirft er mit dem Sozialberater einen Plan, der zielgerichtet und zum*

Wohle seiner Mutter eine Lösung herbeigeführt. Am Arbeitsplatz ist er wieder konzentrierter und findet zu seiner normalen Arbeitsform zurück.

Aus Unternehmenssicht ist zu konstatieren, dass ein Arbeitnehmer zu 100 % bezahlt wird, aber im Gegenzug verständlicherweise wahrscheinlich nur zu 80 % während dieser schweren familiären Phase produktiv ist. Die fehlende Produktivität verursacht somit 1.914 € Personalkosten pro Monat.[1] *Die anteiligen Kosten der Sozialberatung für diesen Arbeitnehmer betragen hingegen nur 50 € pro Jahr. Durch die professionelle Sozialberatung kann die verunsichernde familiäre Situation schnell gelöst werden und die Arbeitskonzentration verbessert sich. Unterstellt man eine erhöhte Arbeitsproduktivität von 10 %, steigert die Firma durch das Angebot einer Sozialberatung die monatliche Arbeitsproduktivität im Wert von 907 €.*

Dieses Beispiel zeigt, dass das Unternehmen und der Arbeitnehmer gleichermaßen einen positiven Nutzen aus diesem mitarbeiterorientierten Gesundheitsangebot ziehen. Ersteres erzielt einen ökonomischen Mehrwert durch die Erhöhung der Produktivität und stärkt die interne Arbeitgebermarke durch eine engere Mitarbeiterbindung. Der Mitarbeiter hat sein privates Problem zufriedenstellend bewältigt und kann sich wieder auf seine Aufgaben konzentrieren. Darüber hinaus hat die Gesellschaft – in diesem Fall die pflegebedürftige Mutter – von der präventiven betrieblichen Sozialmaßnahme profitiert, da sich ihr Sohn angemessen um sie kümmern konnte und sie nicht das Gefühl hatte, alleingelassen zu werden. Das Unternehmen hat sich um die Balance zwischen Individuum und Arbeit aktiv gekümmert und einen aktiven Beitrag zur Erhaltung der Arbeitsfähigkeit geleistet. (Meißner, 2021, S. 141)

Das Beispiel aus der Praxis zeigt den ökonomischen Beitrag einer Sozialberatung zur nachhaltigen Personalerhaltung auf und soll verdeutlichen, wie wichtig eine detaillierte Kosten-Nutzen-Betrachtung von einzelnen gesundheitsfördernden Maßnahmen zur Stärkung der langfristigen Erhaltung der Arbeitsfähigkeit sein kann.

6.1.4.4 Arbeitsschutz und Prävention

Der Arbeitsschutz dient dazu, „*Sicherheit und Gesundheitsschutz der Beschäftigten bei der Arbeit durch Maßnahmen des Arbeitsschutzes zu sichern und zu verbessern.*" (ArbSchG § 1, Absatz 1). Maßnahmen des Arbeitsschutzes umfassen die Verhütung von Arbeitsunfällen und arbeitsbedingten Gesundheitsgefahren sowie die menschengerechte Gestaltung der Arbeit (vgl. ArbSchG § 2, Absatz 1). Dabei gelten unter anderem die Grundsätze, dass die Arbeit so zu gestalten ist, dass eine Gefährdung für das Leben sowie die physische und psychische Gesundheit möglichst vermieden bzw. möglichst geringgehalten werden soll.

1 55 € pro Stunde Gemeinkostensatz, 40 Stunden Arbeitszeit pro Woche

Die geplanten Maßnahmen sollen mit dem Ziel geplant werden, dass Technik, Arbeitsorganisation, Arbeitsbedingungen, soziale Beziehungen und Einfluss der Umwelt auf den Arbeitsplatz sachgerecht miteinander verknüpft werden (vgl. ArbSchG § 4). Den Maßnahmen geht dabei eine Beurteilung der Arbeitsbedingungen voraus, welche unter anderem den Arbeitsplatz, die Arbeitsmittel, die Gestaltung von Arbeits- und Fertigungsverfahren, Arbeitsabläufen und Arbeitszeit und deren Zusammenwirken sowie psychische Belastungen bei der Arbeit implizieren (vgl. ArbSchG § 5, Absatz 3). In der betrieblichen Praxis übernehmen Sicherheitsbeauftragte oder Fachkräfte für Arbeitssicherheit die Aufgaben im Bereich Arbeitsschutz und Prävention von krankheitsverursachenden Arbeitsbedingungen. Die ökonomische Analyse in diesem Bereich soll anhand eines Fallbeispiels aus der Praxis in Bezug auf Betriebsunfälle mithilfe des Schadenserwartungswerts verdeutlicht werden (vgl. Abbildung 14).

SCHADENSERWARTUNGSWERT BETRIEBSUNFÄLLE

Fall: 50 Betriebsunfälle/Jahr 1,3 Personalkapazitäten/Jahr an Fehlzeiten

1. Riskikoidentifikation/-bewertung

Engassrisiko	hoch
Eintrittswahrscheinlichkeit	100%

2. Ermittlung Schadenserwartungswert (SEW)

		Studen/Monat	Faktor	Monat/Jahr	Gemeinkosten/Stunde	Summe
Jahr 2018	Schaden:	174	1,3	12	55,00 €	149.292,00 €
Jahr 2019	Schaden:	174	1	12	55,00 €	114.840,00 €

	Schaden:	x	Eintritt:	=	SEW
Jahr 2018	149.292,00 €	x	100%	=	149.292,00 €
Jahr 2019	114.840,00 €	x	100%	=	114.840,00 €

Personelle Wertschöpfung **34.452,00 €**

Abbildung 14: Schadenserwartungswert Betriebsunfälle

Ein mittelständisches Produktionsunternehmen hatte im Jahr 2018 fünfzig Betriebsunfälle zu verzeichnen, welche 1,3 Personenkapazitäten an Fehlzeiten verursacht haben. Veranschlagt man einen Gemeinkostensatz von 55 €/Stunde sind Entgeltfortzahlungskosten in Höhe von rund 150.000 € entstanden. Gelingt es durch Maßnahmen im

Arbeitsschutz und Prävention, den Faktor der Fehlzeiten aufgrund von Betriebsunfällen um 0,3 auf 1,0 zu senken, so würde man den Schaden um rund 35.000 € verringern.

Der zu erwartende monetäre Nutzen ist stark von der Arbeitsumwelt abhängig. Sind beispielsweise Betriebsunfälle nur mit immensen technischen Investitionen zu reduzieren, stehen dem Kostensenkungseffekt hohe Investitionskosten gegenüber. Ist jedoch eine Reduzierung durch Präventionsmaßnahmen im psychosozialen oder im physischen Bereich wie zum Beispiel bei Rückenschulungen möglich, sind die dazugehörigen Investitionen häufig geringer als der Kosteneinsparungseffekt, wie das Beispiel in Kapitel 6.2.2 zeigen wird. Die Umsetzung des Arbeitsschutzes kann somit hohe wirtschaftliche Effekte erzielen und ist daher ein wichtiges Messkriterium für die nachhaltige Personalerhaltung.

6.2 Soziale Nachhaltigkeitsanalyse der Personalerhaltung

Das Haus der Arbeitsfähigkeit postuliert, dass die Arbeitsfähigkeit erreicht wird, wenn die individuelle Leistungsfähigkeit in einer ausgewogenen Balance zu den Arbeitsanforderungen steht. Um diese Ausgewogenheit herzustellen, wurde in den vorherigen Kapiteln mehrfach darauf hingewiesen, dass private und berufliche Lebensumstände gleichermaßen bei Konzepten zur Erhaltung der Arbeitsfähigkeit mitberücksichtigt werden müssen (vgl. Tempel, 2010, S. 81). Vor diesem Hintergrund sollen in diesem Kapitel zunächst die privaten und beruflichen Lebensphasen beschrieben werden, um darauf aufbauend einen Überblick über alterssensible Personalerhaltungsmaßnahmen in Bezug auf Arbeitsumgebung, Arbeitsaufgabe, Arbeitsbedingungen und Arbeitsklima zu geben. Diese Aspekte liegen zwar hauptsächlich im Verantwortungsbereich des Arbeitsschutzes und des Managements, werden jedoch vom Personalmanagement mit unternehmensübergreifenden begleitenden Personalinstrumenten und Anreizen unterstützt. Der Einfluss auf die Arbeitsfähigkeit wird dabei jeweils gesondert diskutiert.

6.2.1 Private und berufliche Lebensphasen

Im Laufe ihres Lebens durchlaufen Arbeitnehmende zahlreiche private und berufliche Phasen, welche sich auf die Leistungsfähigkeit und -bereitschaft auswirken können (vgl. Abbildung 15). Sie sind häufig durch eine gegenseitige Wechselwirkung (= Kreuz in Abbildung 15) gekennzeichnet: Private Lebensumstände wirken sich auf das Berufsleben aus und berufliche Herausforderungen können wiederum das Privatleben beeinflussen.

Abbildung 15: Private und berufliche Lebensphasen

Die privaten Phasen beginnen im jungen Erwachsenenalter mit der Entwicklung der persönlichen Selbstständigkeit und der Abnabelung vom Elternhaus. Mit Mitte zwanzig bis dreißig werden soziale Netzwerke aufgebaut und es entwickeln sich gefestigte partnerschaftliche Bindungen oder Familiengründungen. Die Phase Mitte dreißig bis Mitte vierzig ist geprägt von der Pflege von sozialen Netzwerken und der Erziehung der Kinder. Darauf folgt die Phase, dass Kinder das Elternhaus verlassen und die eigenen Eltern einer stärkeren Pflege oder Betreuung bedürfen. Die grob beschriebenen Eckpunkte der privaten Phasen beinhalten große Herausforderungen und Verantwortungen, welche sich auf das Berufsleben auswirken können. Private Sorgen der Arbeitnehmenden werden in das Unternehmen getragen und können von der Ausübung der Arbeitsaufgabe ablenken. Die beruflichen Phasen starten mit einer Ausbildung oder einem Studium und gehen dann in die Einführungsphase des Berufseinstiegs über. Dort findet die betriebliche Sozialisation statt und berufliche Erfahrungen werden aufgebaut. In der anschließenden Wachstumsphase wird die berufliche Laufbahn entwickelt und Karrierechancen werden wahrgenommen. Mit vierzig bis fünfzig Jahren hat man eine berufliche Reife erlangt, welche zum Anlass genommen wird, den persönlichen Standort zu überprüfen und sich bei Bedarf beruflich neu zu orientieren. Im weiteren Verlauf des Arbeitslebens erlangt man die Sättigungsphase, in der sich Einstellungen zur Arbeit im Hinblick auf den Ruhestand ändern können, bis dann die Austrittsphase mit Beginn des Rentenalters erreicht wird (vgl. Ilmarinen, 2006, S. 103; Mühlenbrock, 2017, S. 72; Hinding *et al.*, 2021).

Berücksichtigt man zusätzlich noch die in Kapitel 2.1 beschriebenen psychologischen und physiologischen Alterungsprozesse, generiert man ein auf das Individuum abgestimmtes Personalinstrumentarium, welches auf das Ziel der Erhaltung der Arbeitsfähigkeit ausgerichtet ist. Auch wenn das System zunächst komplex erscheint, rechtfertigt der nachhaltige Nutzen den Aufwand. Ausgehend von der Abbildung 15: Private und berufliche Lebensphasen soll im Folgenden die soziale Analyse der Personalerhaltung anhand der Faktoren Arbeitsumgebung, Arbeitsklima, Arbeitsaufgabe und Arbeitsbedingungen erfolgen.

6.2.2 Arbeitsumgebung

Die Arbeitsumgebung umfasst typischerweise Teilaspekte des traditionellen Arbeitsschutzes und konzentriert sich primär auf die körperliche Leistungsfähigkeit. Eine alterssensible Arbeitsumgebung beschäftigt sich mit der Frage, wie man altersbedingten physischen Defizitentwicklungen durch kontinuierliches Training und Stimulation entgegenwirken kann. Dabei unterscheidet man zwischen physikalischen und physischen Merkmalen (vgl. Tabelle 11).

Tabelle 11: Merkmale einer alterssensiblen Arbeitsumgebung

Merkmale	Physische/psychische Auswirkungen	Maßnahmen
Physikalische Merkmale	Licht, Lärm, Temperatur	
- Visuelle Merkmale	Verschlechterung der Sehfähigkeit ab dem 45. Lebensjahr entgegenwirken	Gut ausgeleuchteter Arbeitsplatz, kontrastreiche Farbgestaltung Augenuntersuchungen, Sehhilfen
- Auditive Merkmale	Entgegenwirken der Verschlechterung der Hörleistung ab dem 40. Lebensjahr	Lärmschutz bei Tätigkeiten mit hoher Lärmbelastung, auditive Signale mit visuellen koppeln, Hörtest, Hörhilfen
- Klimatische Merkmale	Entgegenwirken der gesundheitlichen Beeinträchtigung aufgrund extremer Klimaschwankungen, auf die Ältere empfindlicher reagieren als Jüngere	Bereitstellung von Getränken, Schutzausrüstungen, flexible Pausen und Arbeitszeiten
Physische Merkmale		
- Schwere körperliche Arbeit	Abnahme der Muskelmasse, -kraft und -flexibilität ab dem 40. Lebensjahr entgegenwirken	Körperliche Erholung ermöglichen, Anschaffung technisch-ergonomischer Geräte, gezielte Trainingsmaßnahmen als Ausgleich zur körperlichen Tätigkeit, Tätigkeitswechsel ermöglichen
- Ungünstige ergonomische Arbeitshaltungen	Abnahme der Muskelmasse, -kraft und -flexibilität ab dem 40. Lebensjahr entgegenwirken	Zwangshaltungen vermeiden, Beugen, Bücken, schnelles Drehen vermeiden, Haltungs- und Tätigkeitswechsel ermöglichen, körperliches Ausgleichstraining

Quelle: eigene Darstellung in Anlehnung an Mühlenbrock, 2017, S. 50 ff.

Die Vielzahl an möglichen Maßnahmen lässt die Komplexität dieses Themas erkennen. In Abbildung 15 wurden exemplarische Maßnahmen bewusst auf die Seite der beruflichen Phasen entlang der Altersachse platziert, um auszudrücken, dass es sich aufgrund von Vorschriften im Arbeitsschutz um grundsätzlich altersunabhängige Maßnahmen handelt. Diese stehen jedoch gleichzeitig im Zusammenhang mit dem Alterungsprozess und erfordern individuelle Maßnahmen wie Seh-/Hörhilfen oder Tätigkeitswechsel. Da die körperlichen Voraussetzungen bei jedem Menschen unterschiedlich sind, ist es empfehlenswert, die Maßnahmen dahingehend auszuwählen, dass sie für alle Arbeitnehmenden gleichermaßen anwendbar und förderlich sind. Dabei sind nach Mühlenbrock (2017, S. 57 f.) die folgenden Prinzipien zu empfehlen:

1. *Gleichberechtigte Benutzung: Das Design ist für Menschen mit unterschiedlichen Fähigkeiten einsetzbar.*
2. *Flexibler Gebrauch: Das Design kann an einen weiten Bereich individueller Einstellungen und Fähigkeiten angepasst werden.*
3. *Einfacher und intuitiver Gebrauch: Die Bedienung ist leicht verständlich unabhängig von der Erfahrung, dem Wissen, den sprachlichen Fähigkeiten oder der momentanen Konzentration des Benutzers.*
4. *Wahrnehmbare Information: Benötigte Informationen werden unabhängig von Umgebungsbedingungen oder den sensorischen Fähigkeiten des Nutzers verständlich übertragen. Eine grundsätzlich ergonomische Gestaltung von Arbeitsmitteln erleichtert eine einfache Handhabung unabhängig vom Alter.*
5. *Fehlertoleranz: Das System minimiert Fehlfunktionen und unbeabsichtigte Reaktionen auf zufällige oder ungewollte Eingaben.*
6. *Geringe physische Anstrengung: Das Gerät kann mit einem Minimum an Ermüdung effizient und bequem genutzt werden.*
7. *Erreichbarkeit: Die Größe des Geräts und der Raum um das Gerät sind ausreichend für Erreichbarkeit und gebrauchsunabhängig von Größe, Körperhaltung oder Mobilität des Benutzers.*

Um die Arbeitsfähigkeit langfristig zu sichern, sollten Unternehmen somit frühzeitig physikalische und physische Merkmale erheben und dabei nicht nur gesetzliche Vorschriften des Arbeitsschutzes erfüllen, sondern auch freiwillige Maßnahmen zur körperlichen Gesundheitserhaltung wie gezielte körperliche Ausgleichsaktivitäten anbieten. An dieser Stelle zeigt sich die Selbstreflexion von Unternehmen, wenn sie sich bewusst machen, welche Auswirkungen ein betriebliches Umfeld und die berufliche Tätigkeit auf die Gesundheit und das persönliche Wohlbefinden der Mitarbeitenden hat. Das folgende Beispiel aus der Praxis soll dies verdeutlichen:

Ein kaufmännischer Geschäftsführer eines Maschinenbauunternehmens, in dem Mitarbeitende acht Stunden am Tag eine körperlich anstrengende Tätigkeit in der Produktion ausüben, gibt ein Statement ab, dass jeder Beschäftigte des Betriebs für die persönliche Gesundheitserhaltung selbst verantwortlich sei und dass präventive Maßnahmen zur Gesundheitserhaltung wie zum Beispiel Rückenschulungen außerhalb der

Arbeitszeit stattfinden müssen. Muskel-Skelett-Erkrankungen, insbesondere Rückenleiden, sind in Deutschland generell und auch in diesem Beispielunternehmen eine der häufigsten Ursachen für Fehlzeiten. 2018 nahmen die Muskel-Skelett-Erkrankungen mit 20,9 % den Spitzenreiterplatz bei den Fehlzeiten ein (Marschall et al., 2019, S. 18). Eine betriebsinterne Kostenanalyse der Fehlzeiten im Vergleich zu einem regelmäßigen präventiven Rückentraining führte der oben erwähnte Geschäftsführer an dieser Stelle nicht durch, sie wäre aber dennoch empfehlenswert gewesen. Eine Beispielrechnung soll dies auf Basis des ‚DAK-Gesundheitsreports 2019' (Marschall et al., 2019) deutlich machen:[2]

Die Personalkosten eines Unternehmens mit 100 Mitarbeitenden aufgrund von Fehlzeiten für Muskel-Skelett-Erkrankungen betragen 100.800 € pro Jahr. Führt man eine präventive Rückenschulung für alle Mitarbeitenden ein, die einmal pro Woche für eine Stunde ein Jahr lang während der Arbeitszeit durchgeführt wird, und addiert man die Trainerkosten für die Rückenschulung hinzu, entstehen Kosten in Höhe von 16.200 € pro Jahr. Wird durch diese Präventivmaßnahme die Krankenquote der Rückenerkrankungen von 20,9 % auf 15 % gesenkt, spart die Firma 28.500 € an Fehlzeitenkosten ein. Rechnet man die Rückenschulungen dagegen, zieht der Arbeitgeber immer noch eine positive Bilanz von 12.250 €!

Diese Berechnung zeigt auf, dass präventive körperliche Ausgleichsmaßnahmen sich nicht nur betriebswirtschaftlich rechnen, sondern auch gleichzeitig ein starkes Signal an die Belegschaft senden, weil das Management sich um seine Beschäftigten und ihre Gesundheit kümmert und sorgt. Zusätzlich ist es ein ausdrucksvolles Zeichen, dass Unternehmen sich zu ihrer Fürsorgepflicht und ihrer menschenorientierten Haltung bekennen ‚dürfen', weil dieses Bekenntnis der ökonomischen Wirtschaftlichkeit nicht widerspricht. Gleichzeitig wird durch dieses Beispiel auch der Nutzen für die Gesellschaft aufgezeigt, da durch gesundheitspräventive Maßnahmen Krankheiten – und damit einhergehende Kosten – reduziert werden und Mitarbeitende gesund in den Ruhestand eintreten können. Hierdurch wird das Gesundheitssystem entsprechend entlastet. (Meißner, 2021, S. 140 f.)

Eine besondere Rolle im Zusammenhang mit der Arbeitsumgebung spielt das Homeoffice. Unterschiedliche Studien haben bei Unternehmensbefragungen gezeigt, dass die Produktivität im Homeoffice nicht notwendigerweise leidet (vgl. Odgers Berndtson Germany, 2020, S. 13). Ähnliche Erkenntnisse

2 Prämissen: 100 Mitarbeitende, Vollzeittätigkeit, Krankenquote 4,2 %, Muskel-Skelett-Erkrankungen 20,9 % (Marschall *et al.*, 2019, S. 3, S. 18), Gemeinkostensatz pro Stunde 55 €, 40 Stunden pro Woche, Trainerkosten für Rückenschulungen pro Stunde 100 €, Rückenschulung für alle Mitarbeitende 1 Stunde pro Woche, ein Jahr während der Arbeitszeit plus 1 Stunde entgangene Wertschöpfung für das Rückentraining.

ergaben sich aus unterschiedlichen weltweiten Mitarbeiterbefragungen. Eine große Mehrheit von Arbeitnehmenden hat keine verminderte Produktivität im Homeoffice festgestellt (vgl. Marschall *et al.*, 2020, S. 11; Dahik *et al.*, S. 4; Walton *et al.*, 2020, S. 2) und es konnte die Produktivität teilweise unter bestimmten Bedingungen[3] sogar erhöht werden (vgl. Dahik *et al.*, 2020, S. 3). Begründet wurde dies mit der insgesamt angestiegenen Arbeitszufriedenheit im Homeoffice. Befragte berichteten, dass sie zu Hause ungestörter arbeiten konnten, Wegzeiten zum Büro entfielen, dass sie die Arbeitszeit flexibel gestalten konnten und die private Arbeitsumgebung als angenehmer empfunden haben. Darüber hinaus konnte der Beruf besser mit den Bedürfnissen der Familien vereinbart werden (vgl. DAK-Gesundheit, 2020a, S. 16; Dahik *et al.*, 2020, S. 4; Walton *et al.*, 2020, S. 2; Feinstein & Zbinden-Laros, 2020, S. 4).

Vor diesem Hintergrund ist die Ermöglichung des Homeoffice eine starke Maßnahme, um Arbeitnehmende in allen altersunabhängigen privaten Lebensphasen die Vereinbarkeit von Privatleben und Beruf zu ermöglichen, ohne dabei notwendigerweise ökonomische Einbußen zu erleiden. Aus diesem Grund wurde das Homeoffice in Abbildung 15 auf der Seite der privaten Phasen besonders groß hervorgehoben, da es einen hohen Beitrag zur langfristigen Erhaltung der Arbeitsfähigkeit leistet. Viele Belastungsmomente, welche sich aus dem privaten Bereich auf die berufliche Tätigkeit auswirken können, können durch das Arbeiten von zuhause reduziert werden. Die sonstigen positiven Effekte von Homeoffices in Form von Kosteneinsparungen für Unternehmen durch Reduzierung von Büroflächen oder Dienstreisen (vgl. Hofmann *et al.*, 2020, S. 11) oder reduzierte Emissionswerte aufgrund des gesunkenen Berufsverkehrs (vgl. Goecke *et al.*, 2020) sollen an dieser Stelle nur der Vollständigkeit halber aufgeführt werden.

6.2.3 Arbeitsaufgabe

Die Gestaltung der Arbeitsaufgabe liegt im Verantwortungsbereich der Führungskräfte und hat einen großen Einfluss auf die kognitive Leistungsfähigkeit, die Motivation und den Grad der Arbeitszufriedenheit (vgl. Mühlenbrock,

---

3 Zu den optimalen Bedingungen zur Steigerung der Produktivität gehören in diesem Zusammenhang ein technisch gut ausgestatteter Arbeitsplatz, eine stabile Internetverbindung, keine Beaufsichtigung von schulpflichtigen Kindern (vgl. Hofmann *et al.*, 2020, S. 8, 15, 18; vgl. Dahik *et al.*, 2020, S. 6; Walton *et al.*, 2020, S. 1; Koschik *et al.*, 2020, S. 5; Feinstein & Zbinden-Laros, 2020, S. 5). Darüber hinaus müssen die Aufgaben für das Homeoffice geeignet sein (vgl. Criscuolo *et al.*, 2020, S. 4).

2017, S. 15; Deller, 2008, S. 188). In der internationalen Norm ISO 9241 sind Richtlinien der Mensch-Computer-Interaktion beschrieben, welche im Teil 2 „Leitsätze zur Gestaltung von Arbeitsaufgaben" definiert sind. In Deutschland trägt diese Norm den Titel „Ergonomie der Mensch-System-Interaktion". Auch wenn diese Norm für bildschirmgeschützte Informationsverarbeitung entwickelt wurde, ist sie dennoch auf die allgemeine Gestaltung der Arbeitsaufgabe übertragbar.

Die DIN EN ISO 9241, Teil 2 nennt dabei die folgenden Ziele:

> *Gut gestaltete Arbeitsaufgaben sollten*
>
> - *die Durchführung der Arbeitsaufgabe erleichtern,*
> - *die Gesundheit und Sicherheit der Mitarbeiter schützen,*
> - *das individuelle Wohlbefinden fördern,*
> - *die individuellen Fertigkeiten und Fähigkeiten im Rahmen der Aufgabenstellungen weiterentwickeln.* (Wittig-Goetz, 2018)

Die Ziele zeigen einen deutlichen Bezug zum Haus der Arbeitsfähigkeit zu den Stockwerken Gesundheit, Kompetenzen und Arbeitsaufgabe auf. Zwar handelt es sich hier nicht um einen proaktiven Ansatz der Gesundheitsförderung, jedoch um den Schutz der Gesundheit. Die Förderung des individuellen Wohlbefindens wird aber klar herausgestellt.

Zur Umsetzung der Ziele wurden sieben Humankriterien definiert, welche bei der Gestaltung der Arbeitsaufgabe zu berücksichtigen sind (vgl. Wittig-Goetz, 2018):

- Benutzerorientierung (Berücksichtigung der Erfahrungen und Fähigkeiten der Mitarbeitenden)
- Vielseitigkeit (Anwendung einer angemessenen Vielfalt von Fähigkeiten und Aktivitäten)
- Ganzheitlichkeit (Aufgaben sollen ganzheitliche Arbeitseinheiten bilden)
- Bedeutsamkeit (Aufgaben sollen einen bedeutsamen und erkennbaren Beitrag zur Gesamtaufgabe leisten)
- Handlungsspielraum (Arbeitnehmende sollen hinsichtlich Reihenfolge, Arbeitstempo und Vorgehensweise Einfluss nehmen dürfen)
- Rückmeldung (Feedback durch Kollegium und Vorgesetzte als Ausdruck sozialer Unterstützung)
- Entwicklungsmöglichkeiten (Aufgabe soll bestehende Fähigkeiten und Fertigkeiten weiterentwickeln und die Möglichkeit geben, neue Kompetenzen anzueignen)

Die Faktoren Handlungsspielraum und Vielseitigkeit beeinflussen dabei maßgeblich die erfolgreiche Erfüllung der Tätigkeiten und sollen daher im Folgenden näher erläutert werden. Als zentrales Merkmal einer menschen- und alternsgerechten Arbeitsgestaltung gilt der Handlungsspielraum, da dieser bestimmt, welchen Einfluss Arbeitnehmende auf die zeitliche Abfolge und Dauer der Tätigkeiten, die Arbeitsweise, die Arbeitsmittel und die Ziele der Arbeit nehmen können. Je stärker Mitarbeitende ihren Handlungsspielraum selbst bestimmen können, desto zufriedener, engagierter, leistungsfähiger und loyaler sind sie. Der Handlungsspielraum ermöglicht den Menschen, die Sinnhaftigkeit ihrer Ziele und Aufgaben zu erleben, wodurch die Selbstwirksamkeit und das Selbstvertrauen steigen (vgl. Mühlenbrock, 2017, S. 17; Wittig-Goetz, 2018). Mit zunehmendem Alter wird durch den Anstieg der kristallinen Intelligenz der Grad der Autonomie wichtiger, da das Erfahrungswissen genutzt wird, um die sinkende fluide Intelligenz zu kompensieren. Solche Entwicklungsprozesse werden durch das SOK-Modell von Baltes charakterisiert, welches bewusste Anpassungsprozesse im Alter durch die Merkmale „Selektion", „Optimierung" und „Kompensation" beschreibt und zu einer Verbesserung der Arbeitsfähigkeit, Wohlbefinden, Arbeitszufriedenheit und Leistung im Alter beiträgt (vgl. Donnellan, 2015).

Ein weiterer Faktor der Aufgabengestaltung ist der Faktor Abwechslungsreichtum, weil dadurch einseitige Anforderungen vermieden und die Fähigkeiten der Menschen erweitert werden. Insbesondere werden hierbei die Aufgaben- und Anforderungsvielfalt betrachtet. Zaniboni *et al.* haben in einer Studie herausgearbeitet, dass es insbesondere bei jüngeren Menschen einen positiven Zusammenhang zwischen der Aufgabenvielfalt und Arbeitszufriedenheit gibt, da diese durch unterschiedliche Aufgabenvarianten ihre beruflichen Kompetenzen erweitern wollen. Dies kann durch die Personalentwicklungsinstrumente *Job Enlargement* (Erweiterung der Aufgaben) oder *Job Rotation* (Wechsel des Arbeitsplatzes) erreicht werden. Bei älteren Menschen ist dabei das SOK-Modell zu berücksichtigen, da diese Instrumente nur unter altersbedingten Voraussetzungen greifen (vgl. Zaniboni *et al.*, 2014, S. 517). Die Anforderungsvielfalt bezieht sich auf die Anwendung von verschiedenen Fähigkeiten und Kompetenzen. Je mehr Kompetenzen mit zunehmendem Alter genutzt werden, desto stärker ist der Trainingseffekt und es wird sichergestellt, dass keine Fähigkeiten verloren gehen (vgl. Mühlenbrock, 2017, S. 18). Für Unternehmen bedeutet dies, dass sie älteren Arbeitnehmenden Aufgaben übertragen sollten, wo diese die Vielfalt ihrer Fähigkeiten und Kompetenzen ausnutzen können. Das können zum Beispiel Aufgaben als Mentor für jüngere Arbeitnehmende sein (vgl. Zaniboni *et al.*, 2014, S. 518).

6.2.4 Arbeitsbedingungen

Die Arbeitsbedingungen definieren den organisatorischen Rahmen, in welchem die Aufgaben erfüllt werden. Dazu gehören Arbeitszeiten und Anreizsysteme zur Vereinbarkeit von Privatleben und Beruf, Personalausstattung oder die individuelle Entwicklung und Unterstützung. Letzteres fällt in die Prozessfunktion Personalentwicklung und wurde in Kapitel 5 ausführlich betrachtet. Die Personalausstattung ist Teil der Personalplanung und wurde in Kapitel 3 diskutiert. Daher soll im Folgenden auf die Arbeitszeiten und Anreizsysteme in Bezug auf die jeweiligen privaten und beruflichen Lebensphasen fokussiert werden. Im Tenor steht die bessere Vereinbarkeit von Privat- und Berufsleben. Da die physische und psychische Leistungsfähigkeit mit zunehmendem Alter individueller wird, ist die logische Konsequenz, die Arbeitszeitgestaltung und Anreizsysteme so flexibel wie möglich an die Bedürfnisse der Arbeitnehmenden anzupassen, um den größtmöglichen Output in Bezug auf die Arbeitsfähigkeit zu generieren. Unter lebensphasenbezogenen Anreizsystemen wird in diesem Zusammenhang die Summe aller Anreize für Beschäftigte verstanden, welche angeboten werden, um ihre Leistungsfähigkeit und Leistungsbereitschaft in den individuellen Lebens- und Berufsphasen zu erhalten, zu steigern oder sie an das Unternehmen zu binden. Anreize implizieren materielle und immaterielle Anreize. Zu den materiellen Anreizen gehören das Entgelt genauso wie Kapitalbeteiligungen oder betriebliche Sozialleistungen. Immaterielle Anreize sind Leistungen, welche die Bedürfnisse der Beschäftigten befriedigen, welche im Zusammenhang mit der Selbstverwirklichung durch die Arbeitsaufgabe, mit der Arbeitsplatzgestaltung, Arbeitszeiten, Status, Kompetenzen und Übertragung Verantwortung stehen (vgl. Gmür & Thommen, 2019, S. 149). Den Gestaltungsmöglichkeiten in Bezug auf Arbeitszeiten und Anreize sind dabei keine Grenzen gesetzt und sollen entlang der vier Lebens- und Berufsphasen beispielhaft aufgezeigt werden.

Phase 1: Berufseinstieg und Entwicklung der Selbstständigkeit

Naturgemäß konzentrieren sich Berufseinsteiger auf die Einarbeitung und die Etablierung im Unternehmen, wobei häufig Präsenz im Unternehmen erforderlich ist. In dieser Phase sind flexible Arbeitszeiten insbesondere bei Pendler:innen wichtig, die lange Anreisezeiten haben. Ein ideales Arbeitszeitmodell kombiniert dabei einen festen Büroarbeitsplatz mit der Möglichkeit, im Homeoffice zu arbeiten (vgl. Hermann *et al.*, 2018, S. 9 ff.). Eine selbstbestimmte Entscheidung über Arbeitsbeginn und -ende oder Zeitkonten wirkt sich dabei positiv auf das persönliche Wohlempfinden aus.

Beim Berufseinstieg haben materielle Anreize einen hohen Stellenwert, da junge Menschen sich in dieser Phase vom Elternhaus lösen und ein Entgelt benötigen, welches ihnen den Schritt in die Selbstständigkeit ermöglicht. Eine leistungsabhängige Vergütung, Statussymbole wie Firmenwagen oder Handy, betriebliche Altersvorsorge sowie das Aufzeigen von Karrieremöglichkeiten sind in dieser Phase wichtige Anreize, um Mitarbeitende betrieblich zu integrieren und zu entwickeln (vgl. Hermann *et al.*, 2018, S. 10). Um das Bedürfnis nach Sicherheit zu befriedigen, können Unternehmen unbefristete Arbeitsverträge anbieten (vgl. Hermann *et al.*, 2018, S. 21).

Phase 2: Berufliche Entwicklung und Familiengründung

In dieser Phase werden Arbeitszeitmodelle in Bezug auf die Vereinbarkeit von Familie und Beruf wichtiger. Diese können eine Reduzierung von Arbeitszeiten oder Jobsharing-Modelle genauso wie die Möglichkeit von Homeoffice umfassen (vgl. Bruch, 2010, S. 223). Aber auch die Anpassung der täglichen Arbeitszeit an die externen Gegebenheiten wie Betreuungszeiten der Kinder in Kindertagesstätten können in diese Rubrik fallen. An dieser Stelle wird die Gestaltung der Elternzeit für Mütter und Väter zunehmend wichtiger. Insbesondere Väter wollen eine aktivere Rolle in der Kinderbetreuung übernehmen, wobei gleichzeitig Einbußen in der Karriereentwicklung befürchtet werden (vgl. Samtleben, 2019, S. 611). Hier ist es Aufgabe der Unternehmen, diesen Befürchtungen proaktiv entgegenzuwirken.

Die flexible Arbeitszeitgestaltung ist ein wichtiges Instrument, motivierte und qualifizierte Arbeitnehmende in dieser Lebensphase an das Unternehmen zu binden und zu halten (vgl. Mühlenbrock, 2017, S. 33 f.). Finanzielle Anreize müssen in dieser Phase gewährleisten, dass eine Familiengründung oder die Finanzierung von Wohnraum ermöglicht werden kann. Ein planbares Einkommen ist somit ein stärkerer Anreiz als ein variables, leistungsabhängiges Einkommen. Unternehmensbeteiligungen oder die Finanzierung von Kindergartenplätzen können dabei ein probates Mittel sein, in dieser Lebensphase zu unterstützen. Um die Arbeitnehmenden stärker an das Unternehmen zu binden, bieten sich Anreize zur betrieblichen Altersvorsorge oder sonstige betriebliche Sozialleistungen wie Tickets für den öffentlichen Personennahverkehr, Mitgliedschaft in Fitnesscentern etc. an. Für Arbeitnehmende mit kleinen Kindern stellt das Angebot eines Betriebskindergartens einen großen immateriellen Anreiz dar, der es Vätern und Müttern ermöglicht, unkompliziert die Frage der Kinderbetreuung zu klären, welcher die Nähe zum Arbeitsplatz sicherstellt, um für eventuelle Notfälle schnell verfügbar zu sein und dennoch weiterhin im Beruf aktiv zu bleiben (Bruch, 2010, S. 123; Hammermann & Stettes, 2014, S. 13 f.).

Die berufliche Entwicklung kann durch Personalentwicklungsanreize wie den Wechsel der Aufgabe (Job Rotation), die Übernahme komplexerer Aufgaben (Job Enrichment) oder die Übernahme größerer Aufgabenbereiche (Job Enlargement) gefördert werden (vgl. Mühlenbrock, 2017, S. 17). Dabei stellen die Handlungsräume zur Selbstverwirklichung in der Arbeitsaufgabe einen wichtigen immateriellen Anreiz dar.

Phase 3: Berufliche Standortbestimmung und Kindererziehung

Die in dieser Phase stattfindende Selbstreflexion führt zu einer Überprüfung des persönlichen und beruflichen Standorts. Häufig werden bisher gelebte berufliche Ideale und Ziele bewertet und neu definiert. Dabei wird die Standortbestimmung von vielfältigen Faktoren beeinflusst. Zum einen wird eine biologische Abnahme der körperlichen Leistungsfähigkeit spürbar, zum anderen können einschneidende Berufs- und Lebenserfahrungen die Einstellung zur Arbeit verändern. Während man früher dem Prinzip „Ich lebe, um zu arbeiten“ gefolgt ist, stellt man in der Phase der Neuorientierung fest, dass das Prinzip „Ich arbeite, um zu leben“ vielleicht das passendere ist. Häufig führen Standortbestimmungen zu einer beruflichen Neuorientierung. Ist diese im Interesse des Unternehmens, bietet das Angebot von Teilzeit oder Sabbaticals, also eine unbezahlte Freistellung, eine gute Möglichkeit, um Betroffene aktiv zu unterstützen. Darüber hinaus können Jahresarbeitszeitkonten eine gute Alternative darstellen, saisonale betriebliche Schwankungen aufzufangen und Freistellungen bei Bedarf der Arbeitnehmenden zu ermöglichen (vgl. Bruch, 2010, S. 226). Die Wichtigkeit von finanziellen Anreizen nimmt in dieser Phase ab und Anreize zur Work-Life-Balance gewinnen an Attraktivität. Dazu gehören Angebote zur Gesundheitsförderung in Form von Sportangeboten genauso wie Anleitungen zur gesunden Lebensführung zum Beispiel im Rahmen eines gesunden Kantinenessens oder Unterstützung bei der Ferienbetreuung von Schulkindern. Aber auch die enge Begleitung der Betroffenen durch entsprechende Personalentwicklungsinstrumente zur individuellen Standortbestimmung oder die Inanspruchnahme von Sozialberatungen sind wichtige immaterielle Anreize, um Arbeitnehmende in dieser Phase zu unterstützen.

Phase 4: Übergang Ruhestand und Betreuung Eltern

Der Pflege oder Betreuung der Eltern kommt in dieser Phase eine wichtige Rolle zu. Arbeitnehmende sind in einer solchen Situation einem hohen emotionalen privaten Stresslevel ausgesetzt, welcher sich direkt auf die Arbeitsfähigkeit auswirken kann. Befristete Teilzeitangebote bieten den Betroffenen die Möglichkeit, das berufliche Leben zu entschleunigen und eine stärkere innere Balance zwischen Privat- und Berufsleben herzustellen. Teilzeitoptionen in Bezug auf einen gleitenden Übergang in die Rente ermöglichen Arbeitnehmenden, sich mental auf den Ruhestand vorzubereiten und Aktivitäten und Routinen für den Ruhestand zu entwickeln. Gleichzeitig wird die körperliche Belastung reduziert, was sich ebenfalls positiv auf die Erhaltung der Arbeitsfähigkeit auswirken kann. Darüber hinaus ist es in Zeiten des Fachkräftemangels für Unternehmen zunehmend interessant, Arbeitnehmende im Rentenalter entweder weiterzubeschäftigen oder als externe Beratende zu engagieren, um das betriebliche Wissen nicht zu verlieren und die Arbeitsabläufe aufrechtzuerhalten (vgl. Mühlenbrock, 2017, S. 35; Bruch, 2010, S. 229 f.). In dieser Phase werden finanzielle Anreize zunehmend unwichtiger, weil Themen wie Wohnraumfinanzierung oder finanzielle Absicherung der Schulausbildung für Kinder häufig abgeschlossen sind. Da die persönliche Gesundheit in dieser Lebensphase einen hohen Stellenwert einnimmt, sind Anreize zur Gesundheitserhaltung und -förderung besonders attraktiv und können beispielsweise wie folgt gestaltet werden:

- Kooperationen mit Arztpraxen, welche kurzfristig Termine für die Beschäftigten bereithalten und dadurch Wartezeiten und Behandlungszeiten verkürzen
- Finanzierung von zusätzlichen Vorsorgeuntersuchungen
- Finanzielle Unterstützung bei Krankenhausaufenthalten

Auch in dieser Phase sind Sozialberatungen ein wichtiges Angebot, um den Umgang mit dem bevorstehenden Ruhestand oder private Sorgen in Bezug auf zum Beispiel pflegebedürftige Eltern zu erleichtern. Berufliche Anreize sind in dieser Phase Angebote, die den Betroffenen das Gefühl geben, „gebraucht zu werden", indem deren hohes Erfahrungswissen den jüngeren Mitarbeitenden zum Beispiel durch Mentoring oder Coachingprogramme zugänglich gemacht wird (vgl. Althauser, 2008, S. 65).

6.2.5 Arbeitsklima

In diesem Kapitel soll das soziale Miteinander in altersgemischten Teams und damit einhergehende Führungsherausforderungen im Fokus stehen, da die Zusammenarbeit und der menschliche Umgang einen unmittelbaren Einfluss auf das persönliche Wohlbefinden, die Gesundheit und Leistung haben. Ein negatives Arbeitsklima kann zu Konflikten am Arbeitsplatz führen, physisch belasten, die Motivation senken und Auslöser für Stress sein (vgl. Mühlenbrock, 2017, S. 41; von Rundstedt, 2018). Die werteorientierte Führung nimmt auch hier eine Schlüsselrolle ein und muss den negativen Auswirkungen eines schlechten Arbeitsklimas entgegenwirken bzw. ein positives Arbeitsklima fördern.

In den vorangegangenen Kapiteln wurde aus verschiedenen Perspektiven beleuchtet, wie alterssensible Prozesse vom nachhaltigen Personalmanagement gestaltet werden können. Dabei wurde deutlich, dass es keine pauschalen Handlungsempfehlungen für bestimmte Generationen oder Altersgruppen gibt, sondern dass die Arbeitsfähigkeit mit zunehmendem Alter von individuellen Entwicklungen im privaten und beruflichen Bereich abhängig ist. Aus diesem Grund haben Arbeitnehmende unabhängig vom Alter individuelle Bedürfnisse und unterschiedliche Erwartungshaltungen an Vorgesetzte. Diese Individualität stellt eine der größten Führungsherausforderungen und Potenziale für Konflikte dar, weil bestimmte Führungsverhaltensweisen von dem einen Arbeitnehmenden erwartet und vom anderen als Bevormundung angesehen werden können. An dieser Stelle ist emphatisches Vorgehen unumgänglich. Dafür müssen Vorgesetzte die Teammitglieder gut kennen und sich individuelle Präferenzen, Fertigkeiten und Fähigkeiten bewusst machen, um die Führungsinstrumente gezielt einsetzen zu können. Kenntnisse über altersbedingte Entwicklungen sind hilfreich, weil Einzelne dadurch effektiver und effizienter geführt werden können und sich das positiv auf die Arbeitsergebnisse und das Arbeitsklima auswirkt (vgl. Bruch, 2010, S. 128 f.).

Durch das Zusammentreffen der kognitiven Diversität in Form von fluider und kristalliner Intelligenz in altersgemischten Teams wird die Kreativität und Innovationsfähigkeit gesteigert, ein stärkeres Kundenverständnis erzielt, Wissen ausgetauscht und voneinander gelernt. Komplexe Aufgabenstellungen können in dieser Teamzusammenstellung effektiv gelöst werden und wirken sich dadurch positiv auf das Arbeitsklima aus. Diese rein kognitive Betrachtung beschreibt den Idealfall der Zusammenarbeit von altersgemischten Teams, welche häufig aber durch soziale Interaktionen gestört werden kann. Diese sind zum Beispiel auf altersbedingte Vorurteile, individuelle Unzufriedenheit oder

Kommunikationsprobleme zurückzuführen. Es besteht die Gefahr, dass sich Altersgruppen bilden, welche sich gegenüber anderen Altersgruppen abgrenzen und sich diesen überlegen fühlen. Dadurch werden Vorteile der kognitiven Diversität wie zum Beispiel die Weitergabe von Wissen und Erfahrungen nicht mehr generiert und es kommt zu verstärkten Kommunikationsproblemen, Zeitverzögerungen durch erhöhte Abstimmungsbedarfe und Produktivitätsverluste (vgl. Bruch, 2010, S. 143 ff.).

Das Wissen über mögliche Konflikte aufgrund von Altersunterschieden hilft Führungskräften, fachliche und soziale Schwierigkeiten oder Risiken in altersgemischten, aber auch in altershomogenen Teams zu identifizieren. Grundvoraussetzung für die erfolgreiche Führung von altersgemischten Teams ist daher die Schaffung und das Vorleben einer vorurteilsfreien und diskriminierungsfreien Arbeitsatmosphäre, in der alle Teammitglieder in jeder Lebens- und Arbeitsphase gleichberechtigt und fair behandelt werden und an Entscheidungen und Gestaltung der Arbeit partizipieren (vgl. Wegge *et al.*, 2012, S. 347). Da dieses Führungsverhalten altersunabhängig ist, werden die Attribute für das Arbeitsklima in Abbildung 15 gebündelt dargestellt.

Die soziale Analyse der nachhaltigen Personalerhaltung hat die starke Wechselwirkung zwischen dem Privat- und Berufsleben zum Ausdruck gebracht und dargestellt, wie diese die Arbeitsfähigkeit der Belegschaft beeinflussen kann. Aus diesem Grund ist eine lebens- und berufsphasenorientierte Personalerhaltung ein starkes Messkriterium für die Nachhaltigkeit dieses Personalprozesses.

6.3 Ökologische Nachhaltigkeitsanalyse der Personalerhaltung

Die ökologische Ausrichtung der Personalerhaltung basiert idealerweise auf einer unternehmerischen strategischen Grundsatzentscheidung, welche vorsieht, Umweltaspekte in den Maßnahmen zur Personalerhaltung zu berücksichtigen. Sie leiten sich dabei vom Ansatz des Green Human Resources Managements ab. Dieser beschreibt eine umweltorientierte Personalarbeit, deren Handlungsfelder systematisch auf den Umweltschutz ausgerichtet sind und dadurch zur Erhaltung der personalwirtschaftlichen Substanz des Unternehmens beitragen (vgl. Stein, 2012, S. 2 f.). Der ökologische Mehrwert von umweltorientierten Personalerhaltungsmaßnahmen generiert häufig auch einen ökonomischen und sozialen Nutzen, da die Übergänge vielfach fließend sind. Prinzipiell geht es bei der ökologischen Nachhaltigkeitsbetrachtung um die Frage, wie Maßnahmen zur Personalerhaltung in Bezug auf ein umweltbewusstes Verhalten weiterentwickelt werden können. Dies soll anhand der folgenden Themengebiete exemplarisch aufgezeigt werden.

Betriebliches Gesundheitsmanagement

- Beratungsangebote zur gesunden Ernährung können gleichzeitig die biologische Herstellung der Produkte miteinbeziehen.
- Die Kantine kocht gesunde Mahlzeiten und verwendet dazu Produkte aus biologischer Herstellung.
- Gesundheitsfördernde Sportangebote oder Fitnessräume können innerbetrieblich kostengünstiger sein und haben gleichzeitig einen positiven ökologischen Effekt, da Anreisen mit dem Auto zu einem außerbetrieblichen Training vermieden werden (siehe Kapitel 6.2.2 Beispiel Rückenschulung).

Werteorientiere Führung

- Führungskräfte räumen dem ökologischen Aspekt einen gleichberechtigten Stellenwert im Führungsalltag ein und schaffen ein Bewusstsein für umweltbewusstes Verhalten (vgl. Hoebel, 2020). Dazu kann beispielsweise die Vereinbarung von umweltbewussten Verhaltenszielen in Mitarbeitergesprächen gehören.
- Umweltbewusstes Verhalten sollte in diesem Zusammenhang mit Anreizen verknüpft und belohnt werden (vgl. Hoebel, 2020).

Arbeitsumgebung

- Die ökonomischen Vorteile des Homeoffice generieren gleichzeitig ökologische Vorteile, da die Anreise (mit dem Auto) zum Arbeitsplatz entfällt und dadurch die Umwelt nicht durch Emissionen belastet wird. Können durch das Homeoffice Büroarbeitsflächen eingespart werden, reduziert das die Energie- und Wasserverbräuche.

Arbeitsbedingungen

Bei den Arbeitsbedingungen bietet es sich an, die immateriellen Anreize nach ökologischen Gesichtspunkten auszuwählen. Dazu gehören zum Beispiel:

- Elektronische Firmenwagen
- Wahlmöglichkeit zwischen Fahrrädern/E-Bikes anstelle von monetären Prämien
- Job-Tickets für den öffentlichen Personennahverkehr
- Organisation einer ökologisch ausgerichteten Ferienbetreuung, um eine Diskussion zum umweltbewussten Verhalten anzuregen, welche auch die Eltern miteinbeziehen kann.

Dienstreisen

Betriebliche Grundsatzentscheidungen, etwa dass Dienstreisen mit der Bahn erfolgen sollen und auf das Auto verzichtet wird, haben einen hohen ökologischen Nutzen. Vor dem Hintergrund der betrieblichen Gleichbehandlung und der Vorbildfunktion von Führungskräften sollte dies für alle Hierarchieebenen gelten. Darüber hinaus sollten Dienstreisen generell kritisch hinterfragt und geprüft werden, ob sie nicht durch Videokonferenzen ersetzt werden können, was einer wirkungsvollen ökonomischen und ökologischen Maßnahme entsprechen würde (vgl. Hoebel, 2020).

Betriebsfeste/Teamevents

Betriebsfeste oder Teamevents können nicht nur einen hohen sozialen, sondern auch einen ökologischen Nutzen generieren, wenn sie den Schutz der Umwelt zum Beispiel als Mottothema definieren. Sie sollten entsprechend umweltschonend organisiert werden und ökologisches Verhalten erlebbar machen, wie die folgenden Beispiele zeigen:

- Anreise mit dem Fahrrad bewerben und positiv auf dem Event hervorheben
- Mitbringen von eigenen Tellern, Gläsern und Besteck
- Bäume pflanzen zur Kompensation von umweltschädigendem Verhalten
- Ökologische Verhaltensweisen im Unternehmen publizieren und feiern etc.

Die aufgeführten Beispiele zeigen, dass der operative Personalerhaltungsprozess zahlreiche Möglichkeiten eines umweltorientierten Verhaltens bietet und daher einen entsprechenden ökologischen Effekt erzielen kann.

Zusammenfassung Personalerhaltung

Die präventiven Maßnahmen der nachhaltigen Personalerhaltung richten sich vornehmlich nach den Erfordernissen des ersten Stockwerks „Gesundheit" und des vierten Stockwerks „Arbeitsumgebung, -klima, -aufgabe, -bedingungen und Führung" des Hauses der Arbeitsfähigkeit aus. In der ökonomischen Analyse wurde anhand des Arbeitsbewältigungsindex aufgezeigt, wie die Leistungsfähigkeit im Unternehmen gemessen werden und welchen ökonomischen Schaden eine Leistungszurückhaltung hervorrufen kann. Zum Erhalt der Leistungsfähigkeit und -bereitschaft spielt das Betriebliche Gesundheitsmanagement eine wichtige Rolle und es wurde der betriebswirtschaftliche Nutzen anhand einer werteorientierten Führung, eines individuellen Gesundheitsmanagements, eines Betriebsärztlichen Dienstes, einer Sozialberatung sowie des Arbeitsschutzes aufgezeigt. Die soziale Analyse der nachhaltigen Personalerhaltung wurde anhand von privaten und beruflichen Lebensphasen in Bezug auf die Arbeitsumgebung, Arbeitsaufgabe, Arbeitsbedingungen und Arbeitsklima durchgeführt. Es wurden insbesondere Situationen thematisiert, wo das Privat- und Berufsleben sich wechselseitig beeinflussen und besondere Herausforderungen für Arbeitnehmende darstellen. Dabei wurden die jeweiligen alterssensiblen Rahmenbedingungen mitberücksichtigt. Abschließend wurden in der ökologischen Analyse Ansätze aus dem Green Human Resources Management diskutiert, welche umweltorientierte Aspekte in der Personalerhaltung umfassen.

7 Nachhaltigkeitsanalyse der Personalfluktuation

In diesem Kapitel werden die betrieblichen Auswirkungen der Personalfluktuation diskutiert. In der personalwirtschaftlichen Literatur wird der letzte Baustein in der Kette der Personalprozesse häufig im Zusammenhang mit der Freistellung von Personal betrachtet. Üblicherweise werden im Personalfreistellungsprozess alle Aktivitäten subsumiert, welche auf die Vermeidung oder den Abbau von personellen Überkapazitäten in quantitativer, qualitativer, örtlicher und zeitlicher Hinsicht ausgerichtet sind. Diese Aktivitäten werden allgemeinhin als Personalfreistellung oder -freisetzung bezeichnet (vgl. Stock-Homburg, 2019, S. 338; Olfert, 2019, S. 509). Dabei wird klassisch nach unterschiedlichen Formen der Freistellung unterschieden.

Tabelle 12 stellt diese in der Übersicht dar und zeigt Beispiele für mögliche Maßnahmen.

Tabelle 12: Formen der Personalfreistellung

Formen	Erläuterung	Beispiele
Inhalt	Beendigungsfreistellung	- Arbeitsvertrag wird beendet
	Änderungsfreistellung	- Arbeitsvertrag wird mit anderen Konditionen neu abgeschlossen
Zeitpunkt	Reaktive Freistellung durch Reduzierung von Überkapazitäten	- Abbau von Überstunden - Kurzarbeit - Entlassungen - Outplacement - Versetzungen
	Antizipative Freistellung auf Basis der Personalplanung, damit Überkapazitäten frühzeitig identifiziert werden können	- Nutzung natürlicher Fluktuation - Auslaufen von Zeitverträgen - Aufhebungsverträge - Verleihung von Beschäftigten an andere Unternehmen (siehe Kapitel 4.2.1 „KIM“) - Langzeiturlaub - Förderung von Beschäftigten auf dem Weg in die Freiberuflichkeit - Reduzierung von Arbeitszeiten

(*Fortsetzung auf der nächsten Seite*)

Tabelle 12: Fortsetzung

Formen	Erläuterung	Beispiele
Ursache	**Verhaltensbedingt** Willentliche Störungen in der Leistungserbringung oder im betrieblichen sozialen Umgang	- Schlechtleistung - Unentschuldigtes Fehlen - Unterlassene Nachweispflicht bei Krankheit - Fehlverhalten
	Personenbedingt Gründe liegen in der Person, diese kann unschuldigerweise die Tätigkeit nicht ausführen	- Gesundheitliche Konstitution - Fähigkeiten und Fertigkeiten
	Betriebsbedingt Veränderungen in der betrieblichen Bedarfsstruktur (Rationalisierungen, Stilllegungen)	- Betriebliche Sozialauswahl - Betriebsbedingte Kündigungen
Richtung	**Externe Freistellung** Reduktion des Personalbestands durch Ausscheiden aus dem Unternehmen	- Aufhebungsverträge - Kündigungen
	Interne Freistellung Erhaltung des Personalbestands durch Anpassung existierender Arbeitsverträge an betriebliche Erfordernisse	- *Qualitativ:* Übernahme einer anders qualifizierten Stelle - *Zeitlich:* Reduzierung der Arbeitszeit - *Räumlich:* Versetzung an einen anderen Arbeitsplatz

Quelle: eigene Darstellung in Anlehnung an Stock-Homburg, 2019, S. 340 ff.; Olfert, 2019, S. 509 ff.; Drumm, 2008, S. 260 ff.

Tabelle 12 macht deutlich, dass die herkömmliche Personalfreistellung primär ökonomisch getrieben ist und das Ziel der Kosteneinsparung verfolgt. In der Praxis wird der Abbau von Personalkapazitäten vielfach aufgrund von Marktveränderungen durch zum Beispiel rückläufige Konjunkturentwicklungen, Änderung des Kundenverhaltens, saisonale Schwankungen oder aufgrund innerbetrieblicher Veränderungen durch Automatisierung oder Restrukturierungen initiiert (vgl. Olfert, 2019, S. 509). Es wird die ökonomisch ausgerichtete Annahme vertreten, dass die Personalfreistellung sich zum einen um eine Reduzierung von Überkapazitäten handelt und zum anderen, dass diese primär vom Arbeitgeber angestoßen wird.

Unberücksichtigt bleiben jedoch Kapazitätsreduzierungen, welche betrieblich nicht beabsichtigt sind. Dabei unterscheidet man zwischen ungewollten endgültigen und ungewollt befristeten Reduzierungen von Personalkapazitäten. Dem ersten Fall werden Ereignisse wie Kündigungen oder das Versterben von Arbeitnehmenden zugeordnet. Im zweiten Fall stehen Beschäftigte dem Unternehmen vorübergehend nicht zur Verfügung, beispielsweise aufgrund von Krankheiten, Eltern- oder Pflegezeiten, Sabbatical etc. Die ungewollten Kapazitätsreduzierungen werden in der personalwirtschaftlichen Literatur unterschiedlichen Personalprozessen zugeordnet. Krankheiten werden im Bereich Gesundheitsmanagement thematisiert, Sabbaticals können Maßnahmen der Personalentwicklung sein, Eltern- oder Pflegezeiten stehen häufig im Zusammenhang mit Teilzeitmodellen oder Homeoffice, Arbeitnehmerkündigungen werden als Form der freiwilligen Fluktuation (vgl. Olfert, 2019, S. 343) im Rahmen der Personalbeschaffung diskutiert.

Die gewollten und ungewollten Formen der Reduzierung von Personalkapazitäten, unabhängig davon, ob eine Überkapazität besteht oder nicht, haben in Bezug auf das zweite Stockwerk vom Haus der Arbeitsfähigkeit eine Gemeinsamkeit: In beiden Fällen verlieren Unternehmen auf Dauer oder vorübergehend Handlungskompetenzen und Berufserfahrungen. Aus diesem Grund greift die Begrifflichkeit „Personalfreistellung“ zu kurz, da sie zum einen ungewollte Kapazitätsreduzierungen nicht miteinbezieht und zum anderen den Kompetenz- und Wissensverlust an dieser Stelle nicht explizit berücksichtigt. Da das nachhaltige Personalmanagement eine ganzheitliche Betrachtung in Bezug auf die Erhaltung der Arbeitsfähigkeit verfolgt und somit auch das zweite Stockwerk vom Haus der Arbeitsfähigkeit in Bezug auf Kompetenzen und Berufserfahrungen miteinbezieht, müssen sowohl die ungewollten als auch die gewollten sowie die befristeten und dauerhaften Reduzierungen der Personalbestände mit den ökonomischen, sozialen und ökologischen Folgen in der personalwirtschaftlichen Nachhaltigkeitsdiskussion berücksichtigt werden. Vor diesem Hintergrund ist somit nicht von einer einseitigen Reduzierung von Personalbeständen zu sprechen, sondern von schwankenden personellen Kapazitäten. Diese können auf der einen Seite negative Auswirkungen auf das allgemeine Wohlbefinden und die Gesundheit durch Überlastung und Überforderung verursachen (erstes Stockwerk). Auf der anderen Seite bedeuten sie einen Kompetenz- und Erfahrungsverlust für Unternehmen (zweites Stockwerk). Daher wird in diesem Zusammenhang der Begriff „nachhaltige Personalfluktuation“ definiert, der dauerhafte oder vorübergehende personelle Kapazitätsschwankungen mit einhergehenden Kompetenz- und Wissensverlusten umfasst, welche von Unternehmen initiiert werden oder diese ungewollt treffen.

Die Analyse der nachhaltigen Personalfluktuation basiert somit auf zwei zentralen Fragestellungen.

1. Wie kann es Unternehmen gelingen, die *Handlungskompetenzen* in Bezug auf betriebliches Fach- und Erfahrungswissen von Mitarbeitenden im Unternehmen zu behalten, welches diesem dauerhaft oder vorübergehend nicht mehr zur Verfügung steht?
2. Wie kann eine *betriebliche Personalfreistellung* (Personalabbau, Veränderungen im Arbeitsverhältnis) vor ökonomischen, sozialen und ökologischen Gesichtspunkten so gestaltet werden, dass die Arbeitsfähigkeit der beteiligten Personen erhalten bleibt?

In der ersten Fragestellung sind Prozesse von mehreren Personalfunktionen involviert, welche in der ökonomischen Analyse der Personalfluktuation zusammengeführt werden. Dies soll durch die *Planung von Kapazitätsschwankungen* am Beispiel der Eintritte in den Ruhestand verdeutlicht werden. In der sozialen Betrachtung sind das zweite (Kompetenzen) und vierte Stockwerk (Arbeit und Arbeitsorganisation) vom Haus der Arbeitsfähigkeit besonders betroffen.

Die zweite Frage deckt in der ökonomischen Analyse zunächst die direkten und indirekten Kosten von Personalreduzierungsmaßnahmen auf. In der sozialen Diskussion wird die Art und Weise thematisiert, wie Unternehmen sich in Form eines Trennungsmanagements von Arbeitnehmenden trennen und gleichzeitig die Arbeitsfähigkeit der Beteiligten aufrechterhalten können. Dabei werden insbesondere Führungskräfte, ausscheidende Mitarbeitende und die im Unternehmen verbleibende Belegschaft betrachtet. Da Personalabbaumaßnahmen schwerwiegende negative physische und psychische Folgen nach sich ziehen können, fokussiert sich die soziale Analyse der nachhaltigen Personalfluktuation vorwiegend auf das erste Stockwerk (Gesundheit) vom Haus der Arbeitsfähigkeit.

Die abschließende ökologische Betrachtung der nachhaltigen Personalfluktuation bezieht sich vornehmlich auf die umweltbewusste Organisation der jeweiligen Prozesse.

Die hervorgehobenen Faktoren stellen die Messkriterien der Personalfluktuation in Bezug auf die Nachhaltigkeit dar und werden im Kapitel 8.5 bewertet.

7.1 Ökonomische Nachhaltigkeitsanalyse der Personalfluktuation

Die Messkriterien für eine ökonomisch nachhaltige Personalfluktuation folgen dem präventiven Ansatz der Nachhaltigkeit, dass Unternehmen grundlegende Voraussetzungen schaffen müssen, um einerseits Kapazitätsschwankungen zu planen bzw. zu prognostizieren und andererseits etwaige negative Folgen von Fluktuationen so gering wie möglich zu halten. Aus personalwirtschaftlicher Perspektive sind der Verlust von Wissen, Fähigkeiten und Fertigkeiten hohe betriebliche Risikofaktoren. Vor diesem Hintergrund werden in diesem Kapitel die betrieblichen Folgen von Kompetenzverlusten und Möglichkeiten zur Kompetenzsicherung in Unternehmen aufgrund von Kapazitätsschwankungen im Allgemeinen betrachtet und die ökonomischen Auswirkungen von Personalabbaumaßnahmen im Speziellen aufgezeigt.

7.1.1 Folgen von Kapazitätsschwankungen in Bezug auf Handlungskompetenzen

Die Basis für eine betrieblich gewollte Kapazitätsschwankung ist die Personalplanung (siehe). Dort wird die grundlegende Entscheidung getroffen, ob Überkapazitäten durch Personalfreistellungsmaßnahmen reduziert oder ob Bedarfe gedeckt werden müssen. Durch eine Altersstrukturanalyse wird in diesem Planungsschritt zum Beispiel deutlich, wann und wie viele Mitarbeitende in Rente gehen und welche Kompetenzen dem Betrieb zum Zeitpunkt des Renteneintritts nicht mehr zur Verfügung stehen werden. Austritte aufgrund von Rente sind für Unternehmen gut planbar und es können rechtzeitig Maßnahmen für die Nachfolgeplanung bzw. Umgestaltung der Aufgaben eingeleitet werden, um die Lücken zu kompensieren. Relativ gut planbar sind im Planungsprozess unbezahlte Freistellungen (zum Beispiel Sabbaticals) im Rahmen von persönlichen Weiterbildungen. Diese werden von Mitarbeitenden initiiert und der Zeitpunkt wird in Abstimmung mit den betrieblichen Interessen bestimmt. Offen bleibt an dieser Stelle, wie viel und welches betriebsinterne Wissen und welche betrieblich benötigten Kompetenzen in dieser Zeit nicht zur Verfügung stehen. Als Indikator für eine nachhaltige Personalfluktuation reicht die ökonomisch getriebene Personalplanung in Bezug auf die Reduzierung von Überkapazitäten und Personalkosten daher nicht aus. Stattdessen muss die Planung der Kapazitäten vor der Fragestellung erfolgen, welche Handlungskompetenzen zur langfristigen Existenzsicherung des Unternehmens benötigt werden (vgl. Kobi, 2012, S. 53). Dies geschieht durch die Formulierung von Anforderungsprofilen (siehe Kapitel 3).

Im nächsten Schritt ist zu überprüfen, ob diese Kompetenzen unabhängig von Personen dem Unternehmen zur Verfügung stehen. Die Prüfung erfolgt zum Beispiel anhand von betrieblichen Prozessdokumentationen oder Wissensdatenbanken. Sind die Kompetenzen nicht oder nur teilweise betrieblich abrufbar und für jeden zugänglich, werden in einem weiteren Schritt Personen den erforderlichen Kompetenzen zugeordnet. Darauf aufbauend kann eine Entscheidung hinsichtlich Personalüber- oder -unterkapazitäten getroffen werden. Das entscheidende Kriterium bei dieser Vorgehensweise ist die Zielsetzung: Bei der nachhaltigen Personalfluktuation steht das Ziel der langfristigen Existenzsicherung des Unternehmens durch den Zugriff auf Kompetenzen im Fokus und nicht die ökonomisch ausgerichtete kurzfristige Existenzsicherung durch Reduzierung von Personalkapazitäten. Zusammenfassend kann konstatiert werden, dass eine nachhaltige Personalfluktuation daran gemessen werden kann, inwieweit betrieblich benötigte Handlungskompetenzen in der Personalplanung berücksichtigt werden und wie detailliert diese dokumentiert sind.

Der Grad der Planbarkeit wird schwieriger in Bezug auf ungewollte Kapazitätsschwankungen, da diese von externen Ereignissen angestoßen werden, welche nicht betrieblich beeinflussbar sind. Dazu gehören zum Beispiel Eltern- oder Pflegezeiten, Krankheiten oder Kündigungen von Arbeitnehmenden. Um den Faktor der Unplanbarkeit prognostizierbar zu machen, behilft man sich mit dem Früherkennungsinstrument „Personalrisikomanagement". Mit diesem Instrument werden Personalrisiken in Bezug auf ungewollte Kapazitätsschwankungen erhoben, die Eintrittswahrscheinlichkeit bewertet und damit zusammenhängende Schäden bestimmt (vgl. Kobi, 2012, S. 39). Im Zusammenhang mit der Personalfluktuation stehen dabei insbesondere die Austrittsrisiken und die Engpassrisiken durch Krankheiten im Fokus. Je detaillierter die Personalrisiken an dieser Stelle identifiziert und minimiert werden können, desto stärker ist das Personalrisikomanagement als Nachhaltigkeitsindikator für die Personalfluktuation nutzbar.

Um die betrieblichen negativen Folgen des Kompetenzabflusses bei geplanten und ungeplanten Kapazitätsschwankungen zu minimieren, können Unternehmen unterschiedliche Schritte einleiten. Der Zugriff bzw. die betriebliche Sicherung von Handlungskompetenzen kann entweder durch Personen geschehen oder durch einen systematischen Wissensaustausch und -transfer kompensiert werden. In Bezug auf Personen kann man im Rahmen des Personalrisikomanagements in einem ersten Schritt identifizieren, welche Schlüsselfunktionen und damit einhergehende Schlüsselkompetenzen im Unternehmen vorhanden sind und welche betrieblichen Folgen es hätte, wenn diese Kompetenzträger dem Unternehmen nicht zur Verfügung stünden. *„Schlüsselfunktionen sind Funktionen/Fähigkeiten, die den Unternehmenserfolg stark beeinflussen und gleichzeitig komplexe Anforderungen zum Erwerb der notwendigen Fähigkeiten stellen und somit nur schwer verfügbar sind."* (Kobi, 2012, S. 55) Eine beispielhafte Übersicht über mögliche Schlüsselfunktionen und betriebliche Folgen stellt die Tabelle 13 dar.

Tabelle 13: Betriebliche Folgen im Zusammenhang mit Schlüsselfunktionen und -kompetenzen

Schlüsselfunktion/-kompetenzen	Betriebliche Folgen
Ein:e Arbeitnehmer:in ist alleinige:r Know-how-Träger:in für ein bestimmtes Produkt.	Fällt diese Person aus, kann das Produkt nicht weiterentwickelt und verkauft werden.
Eine Person ist maßgeblich für die Pflege eines systemimmanenten EDV-Programms zuständig.	Stürzt dieses EDV-Programm ab, gibt es keine Möglichkeit, um die abwesende Person zu vertreten und die Belegschaft wäre nicht arbeitsfähig.
Ein:e Kundenbetreuer:in hat sich so weit etabliert, dass Kunden nur ihn/sie als Ansprechparter:in akzeptieren.	Fällt der/die Kundenbetreuer:in aus, wandern Kunden womöglich zur Konkurrenz ab.
Eine Führungskraft hat alleinige Unterschriftsvollmacht für Kundenverträge.	Beim Ausfall dieser Führungskraft können keine Kundenverträge mehr abgeschlossen werden.
Ein:e Arbeitnehmer:in hat sich langjähriges betriebsinternes Prozesswissen angeeignet.	Bei Abwesenheit laufen die Prozesse aufgrund mangelnden Erfahrungswissens nicht reibungslos und es kann zu Verzögerungen oder Fehlern kommen.

Die personenorientierten Maßnahmen, welche einer solchen Risikoanalyse folgen, sind vielfältig. Vertretungsregelungen, Aufgaben- und Kompetenzverteilung auf mehrere Personen, Aufbau von Personalkapazitäten, Ausbildung und Schulung von Arbeitnehmenden oder Nachfolgeplanungen sind nur einige Beispiele. Mit der Benennung von Schlüsselfunktionen sind die Risiken identifiziert, welche dem Betrieb den höchsten Schaden zufügen würden.

Im nächsten Schritt wären Maßnahmen zu entwickeln, um betrieblich benötigte Kompetenzen auch während besonderer Lebenssituationen der Belegschaft für das Unternehmen verfügbar zu halten. Hierunter fallen zum Beispiel flexible Arbeitszeitmodelle oder das Homeoffice, um das Arbeiten während der Eltern- oder Pflegezeit zu ermöglichen. Aber auch Kinderbetreuungsmöglichkeiten in Form von Kitaplätzen, Eltern-Kind-Arbeitszimmer oder eine Notfallbetreuung helfen, um Handlungskompetenzen betrieblich weiterzunutzen. Kommt es trotzdem zu befristeten Abwesenheiten, weil die zuvor genannten Maßnahmen nicht in die Lebenssituation der Betroffenen passen, sollten Unternehmen Möglichkeiten schaffen, um die Kompetenzen während dieser Zeit aktuell zu halten, damit bei Rückkehr der Personen ein Wiedereinstieg erleichtert wird. Das können Qualifizierungsmaßnahmen genauso wie

Newsletter oder Einladungen zu Abteilungsmeetings sein. Dies sind ebenfalls positive wertschätzende Maßnahmen zur Steigerung der Mitarbeiterbindung. Zusätzlich ist eine aktive Beziehungspflege während der Abwesenheitszeit eine wichtige Option, um Betroffene über die Unternehmensgeschehnisse zu informieren und ihnen das Gefühl zu vermitteln, dass sie auch bei Abwesenheit ein Teil des Unternehmens sind. Dadurch kann die Identifikation zum Arbeitgeber erhöht werden und Mitarbeitende kehren motiviert an den Arbeitsplatz zurück (vgl. Althauser *et al.*, 2008, S. 131 ff.).

Eine weitere Möglichkeit, Kompetenzen im Unternehmen zu halten und betriebliche Störungen durch Engpässe und Austritte zu vermeiden, ist die Implementierung eines strukturierten Wissensmanagements. Es umfasst „*alle Aufgaben und Prozesse, die dazu dienen, das für eine Organisation relevante Wissen zu generieren, zu erfassen und zu speichern, zu verarbeiten, zu strukturieren und seinen Organisationsteilnehmern zur Verfügung zu stellen, um das Wissen für die Ziele und den Erfolg der Organisation möglichst umfassend nutzen zu können*“ (Kirschten, 2010, S. 232). Dabei werden das individuelle Wissen der Arbeitnehmenden sowie die kollektiven und organisationalen Wissensbestände des Unternehmens erhoben (vgl. Kirschten, 2010, S. 232). Das individuelle Wissen verkörpert die Handlungskompetenzen und ist zunächst nur im Kopf des Menschen verfügbar. In diesem Zusammenhang spricht man auch vom impliziten Wissen. Dieses teilt sich in mehrere Ebenen auf. Das bewusste Wissen steht für implizite Wissensteile, welche Menschen bewusst sind und über die man kognitiv verfügen und somit nach außen kommunizieren kann. Dieses sogenannte *Explizieren* zeigt sich zum Beispiel bei Erklärungen von Sachverhalten oder beim Abrufen von Wissen während einer Prüfung. Wissen, welches den Menschen nicht bewusst ist, aber potenziell aktiviert und expliziert werden kann, wird als *latentes Wissen* bezeichnet. Hierunter fallen kulturelle Verhaltensweisen oder gesellschaftliche Umgangsformen, welche nur „mitgelernt“ wurden. Die letzte Ebene des impliziten Wissens ist das stille Wissen, welches unbewusst über Erlebnisse, Erfahrungen oder Handlungen angeeignet wurde. Bei diesem Wissensteil wird unterschieden zwischen dem kognitiven stillen Wissen und dem operativen stillen Wissen. Ersteres umfasst mentale Modelle, die Menschen als selbstverständlich verinnerlicht haben und nicht als Wissen wahrnehmen. Dazu gehören Werte, Einstellungen, Überzeugungen, Denkmuster oder Glaubensrichtungen. Das operative stille Wissen impliziert jahrelang geübte Geschicklichkeiten, praktisches Können oder Fertigkeiten und kann gegebenenfalls durch Zeigen vermittelt werden (vgl. Hasler Roumois, 2013, S. 50 ff.).

Das Explizieren von bewussten impliziten Wissensteilen wird auch als *explizites Wissen* bezeichnet, welches mündlich weitergegeben, verschriftlicht oder visuell dargestellt werden kann (vgl. Kirschten, 2010, S. 235). Damit ist es eine Primärressource für Unternehmen, um betriebsrelevantes Wissen für die Belegschaft nutzbar zu machen, und stellt den ersten Schritt im Wissensmanagement dar. Die Dokumentation erfolgt im Zuge der Digitalisierung in der Regel mithilfe von Informationssystemen, in denen das Wissen in Bezug auf Aufgaben und Prozesse gespeichert und zugänglich gemacht wird. Der zeitliche und monetäre Aufwand zur Implementierung eines diesbezüglichen Systems ist relativ hoch, aber realisierbar. Mit dieser Vorgehensweise können Unternehmen negative betriebliche Folgen durch ungeplante und geplante Austritte oder Engpässe verringern bzw. abschwächen.

Schwieriger hingegen ist das Explizieren und Dokumentieren von operativem stillem Wissen der Arbeitnehmenden, da jahrelang praktizierte Fertigkeiten und Erfahrungen kaum verschriftlicht werden können. Häufig ist es aber genau dieses Wissen, welches für einen reibungslosen Arbeitsablauf benötigt wird und betriebliche Prozesse verzögern oder stoppen kann, wenn die Wissensträger geplant oder ungeplant dem Unternehmen nicht mehr zur Verfügung stehen. Da die ungeplanten Kapazitätsschwankungen im Bereich des Personalrisikomanagements nur als mögliche Risiken erkannt werden können, erscheint es unmöglich, das operative stille Wissen von der gesamten Belegschaft erfassen zu wollen. Daher ist es zielführender, sich auf Ereignisse zu konzentrieren, die für Unternehmen planbar sind. Zum Beispiel der Eintritt in den Ruhestand, unbezahlte Freistellungen wie Eltern- und Pflegezeiten, Sabbaticals oder abgeschlossene Projekte sowie komplexe Aufgabenstellungen. Hier können verschiedene Strategien angewendet werden, um insbesondere unternehmensrelevantes Erfahrungswissen für das Unternehmen zu bewahren. Da Erfahrungswissen mit zunehmendem Alter aufgebaut wird, spielt die Gruppe der älteren Arbeitnehmenden dabei eine wichtige Rolle, da diese mit dem Eintritt in den Ruhestand dieses Wissen mitnehmen und für Betriebe unzugänglich machen.

Im Folgenden sollen exemplarisch mögliche Strategien als Teil eines betrieblichen Wissensmanagements zur Dokumentation von bewusstem und operativem stillem Wissen vorgestellt werden.

Tandem-Modell

Das Tandem-Modell ist eine gute Möglichkeit, um bewusstes und operativ stilles Wissen von einem älteren Arbeitnehmenden auf einen Jüngeren zu übertragen. Häufig wird dies im Rahmen der Personalplanung im Zuge einer Nachfolgeregelung festgelegt. Dabei lernt der Nachfolger nicht nur das spezifische Fachwissen der Aufgabe, sondern baut auch praxistaugliches Erfahrungswissen und Problemlösungsstrategien auf. Dies impliziert zum Beispiel auch Wissen in Bezug auf den Umgang mit Menschen, mit denen beruflich zusammengearbeitet wird. Das können externe Kunden oder Lieferanten genauso wie Kolleg:innen aus anderen Abteilungen oder Unternehmensbereichen sein (vgl. Kirschten, 2010, S. 272).

Strukturierte Übergabegespräche

Durch vorstrukturierte Fragebögen können im Rahmen von Übergabegesprächen spezifische Aufgaben- und Wissensbereiche erhoben und dokumentiert werden. Je wissensintensiver die Position ist, desto detaillierter muss die Dokumentation erfolgen. Dabei werden bearbeitete Projekte genauso umrissen wie Beziehungen zu Kunden, Lieferanten oder sonstigen Beteiligten. Idealerweise nimmt der Nachfolgende aktiv an der Übergabe teil, um aus einer anderen Sichtweise die Übergabe zu beleuchten. Ein konstruktiver und wertschätzender Umgang mit dem Wissensgebenden fördert in diesem Zusammenhang die Bereitschaft, das Wissen zu teilen (vgl. Kirschten, 2010, S. 273).

Zusammenarbeit mit Rentner:innen

Haben Arbeitnehmende eine wertschätzende Begleitung in die Rente erfahren, sind sie häufig offen, dem Unternehmen in unterschiedlichen Formen nach wie vor zur Verfügung zu stehen. Diese können zum Beispiel befristete Teilzeitarbeitsverhältnisse oder Beratungsverträge sein. Hierbei nehmen die Betroffenen vielfach eine neue Position ein als vorher. Sie werden als Berater, Experte, Trainer oder Coach eingesetzt und können auch bei unternehmenskritischen Situationen oder Aufgaben herangezogen werden (vgl. Kirschten, 2010, S. 273).

MikroArtikel

Der *MikroArtikel* von Willke ist *„die dokumentierte Beschreibung einer Lernerfahrung im Sinne einer komprimierten Fallstudie. Er geht über Daten und Informationen hinaus, indem er den Erfahrungskontext darstellt, in dem eine Einsicht gewonnen wurde.“* (Willke, 2009, S. 97) Damit wird betriebliches Lehr- und Lernmaterial in einer strukturierten Grundform (siehe Abbildung 16) generiert, welches organisationales Lernen ermöglicht.

Abbildung 16: Basisdesign MikroArtikel nach Willke (Quelle: eigene Darstellung in Anlehnung an Willke, 2009, S. 98)

Der MikroArtikel eignet sich als geeignete Struktur, um Aufgaben oder Probleme zu reflektieren und Einsichten für die Zukunft abzuleiten (*Lessons Learned*). Durch eine systematische Dokumentation steht dieses Erfahrungswissen dem Unternehmen zur Verfügung und kann jederzeit abgerufen werden.

Der MikroArtikel erweist sich vor allem dann als gute Methode, wenn es darum geht, die Folgen von ungeplanten Austritten und Engpässen zu minimieren. Voraussetzung ist ein permanenter Wissenstransfer und -austausch im Rahmen eines intergenerativen Dialogs. Bedingt durch immer wissensintensivere Arbeitsprozesse, ergänzen sich altersgemischte Teams durch die individuellen Kompetenzen. Es wird nicht mehr einseitig das Wissen auf andere übertragen, sondern Alt und Jung werden zu gegenseitigen Wissensvermittlern. Die einen bringen das Fachwissen stärker ein (häufig die jüngeren Teammitglieder), während die anderen mögliche fachliche Defizite durch Erfahrungswissen kompensieren (häufig die älteren Arbeitnehmenden). Durch diese interaktive Vorgehensweise wird es den verschiedenen Generationen ermöglicht, nicht nur gemeinsame Lernprozesse zu initiieren, in welchen die

Beteiligten zwischen den Rollen Wissensgeber und Wissensnehmer wechseln, sondern darüber hinaus auch das Wissen zu dokumentieren (vgl. Seitz, 2008, S. 187 f.; Bruch *et al.*, 2010, S. 132).

Eine nachhaltige ökonomische Personalfluktuation in Bezug auf Kapazitätsschwankungen lässt sich zusammenfassend daran messen, inwieweit betrieblich benötigte Handlungskompetenzen (insbesondere Fach- und Erfahrungswissen) dem Unternehmen unabhängig von Personen zur Verfügung stehen. Die Personalplanung fokussiert sich in diesem Zusammenhang auf die planbaren und das Personalrisikomanagement auf die ungewollten Kapazitätsschwankungen. Darüber hinaus dient das strukturierte Wissensmanagement als Grundlage, Kompetenzen im Unternehmen zu dokumentieren. Dieses Instrument ist umso erfolgreicher und nützlicher, je regelmäßiger es im betrieblichen Arbeitsalltag angewendet wird und nicht nur anlassbezogen, etwa bei bevorstehenden Renteneintritten. Je mehr personenunabhängige Kompetenzen für die störungsfreie Erfüllung von Aufgaben betrieblich zur Verfügung stehen, desto geringer sind die Auswirkungen von gewollten und ungewollten Personalfluktuationen.

7.1.2 Ökonomische Effekte der Planung von Personalfreistellungsmaßnahmen

Personalabbau ist eine schwierige Herausforderung für Unternehmen, die mit komplexen innerbetrieblichen und außerbetrieblichen Auswirkungen einhergeht. In der Außenwirkung können Kunden verunsichert werden, ob bestehende Aufträge noch abgewickelt werden können, oder Banken könnten Kreditausfälle befürchten. Gerüchte über Schwierigkeiten des Unternehmens können zu externen Imageverlusten und zur Senkung der Arbeitgeberattraktivität führen (vgl. Euchner *et al.*, 2016, S. 14).

Innerbetrieblich kann die Glaubwürdigkeit der Unternehmensleitung und der einzelnen Führungskräfte angezweifelt werden und zu einer sinkenden Loyalität und Arbeitsmotivation der Beschäftigten führen. Die Bereitschaft steigt, schlechte Arbeitgeberbewertungen über Social Media zu veröffentlichen (vgl. von Rundstedt, 2020). Die Unternehmenskrise kann sich negativ auf die Produktivität auswirken, da Mitarbeitende den Personalabbau als Krise empfinden und dadurch von ihrer Arbeitsaufgabe abgelenkt werden oder das Unternehmen verlassen (vgl. Andrzejewski, 2014, S. 686). Ein unstrukturierter Personalabbau oder ein unprofessioneller Trennungsversuch können jedoch hohe Folgekosten in Form von indirekten, versteckten, ungeplanten oder direkten Kosten verursachen, welche Unternehmen zusätzlich belasten.

Die indirekten Kosten implizieren Zeiten für Meetings, in denen Problemfälle diskutiert und notwendige Maßnahmen abgestimmt werden. Dazu summieren sich unproduktive Zeiten, in denen Beteiligte die geplanten Maßnahmen in Gesprächen und Telefonaten zusätzlich besprechen, kommentieren oder bewerten. Weiterhin können Zeiten für Abstimmungen mit Betriebsräten oder Anwälten hinzugerechnet werden. Sinkende Effizienz und Produktivität als Folge von Kündigungen drücken sich als versteckte Kosten aus. Konfusion und Apathie im verbleibenden Team kann zu Fehlern, Ausbleiben von Innovationen und verminderter Kreativität führen. Dadurch werden Entwicklungen zeitlich verzögert, Kunden können abwandern und Neuakquisitionen unterbleiben. Unterstellt man eine Minderleistung im Team während der Kündigungsphase von 33 %, so ist der Schadenserwartungswert für versteckte Kosten zügig berechnet (vgl. Kobi, 2012, S. 75, vgl. Kapitel 6.1.3).

Ungeplante Kosten werden durch Kündigungen von Arbeitnehmenden verursacht, welche im Unternehmen verbleiben und die betriebliche Zukunft sichern sollten (vgl. Andrzejewski, 2014, S. 687 f.). Nicht selten kann mit diesen Austritten ein Abwerbungsprozess beobachtet werden, der zu weiteren ungewollten Fluktuationen führen kann (vgl. Kobi, 2012, S. 3 f.). Die Wiederbesetzungskosten dieser Stellen sind, wie in Kapitel 6.1.3 dargestellt, immens. Direkte Kosten entstehen im unmittelbaren Zusammenhang mit der Kündigung. Darunter fallen Abfindungszahlungen, Gerichtskosten oder auch Sozialpläne. Wird an dieser Stelle unprofessionell gearbeitet, können diese Kosten durch Eskalationen am Arbeitsgericht, nachverhandelte Abfindungen oder Freistellungskosten steigen und eine enorme betriebliche finanzielle Belastung darstellen (vgl. Andrzejewski, 2014, S. 688).

Die Kostenbeispiele haben die wirtschaftlichen Dimensionen bei Personalfreistellungen aufgezeigt. Eine strukturierte Planung von Personalabbaumaßnahmen dient daher als wichtiger Indikator für die nachhaltige Personalfluktuation in Bezug auf die betriebliche Freistellung von Arbeitnehmenden.

7.2 Soziale Nachhaltigkeitsanalyse der Personalfluktuation

Im Mittelpunkt der sozialen Analyse der nachhaltigen Personalfluktuation steht die Art und Weise, wie Unternehmen mit gewollten und ungewollten Kapazitätsschwankungen umgehen. Ungewollte Kapazitätsschwankungen aufgrund von Fehlzeiten wurden in Kapitel 6.1.4 umfassend erläutert. Gewollte Kapazitätsschwankungen in Form von Personalbedarfen sind Inhalte der Kapitel 4 und Kapitel 5. Daher wird in diesem Kapitel auf die gewollten

Kapazitätsschwankungen in Form von Personalfreistellungen aufgrund personeller Überkapazitäten fokussiert.

Da sich das nachhaltige Personalmanagement durch die Erhaltung der Arbeitsfähigkeit definiert, werden im Folgenden die sozialen Auswirkungen eines Personalabbaus auf die Handlungsbeteiligten Führungskräfte, ausscheidende Arbeitnehmende und im Unternehmen verbleibende Beschäftigte diskutiert.

Führungskräfte

Wenn Führungskräfte eine Kündigung aussprechen müssen, befinden sie sich häufig in einer komplexen emotionalen Gemengelage, wie die Abbildung 17 verdeutlicht.

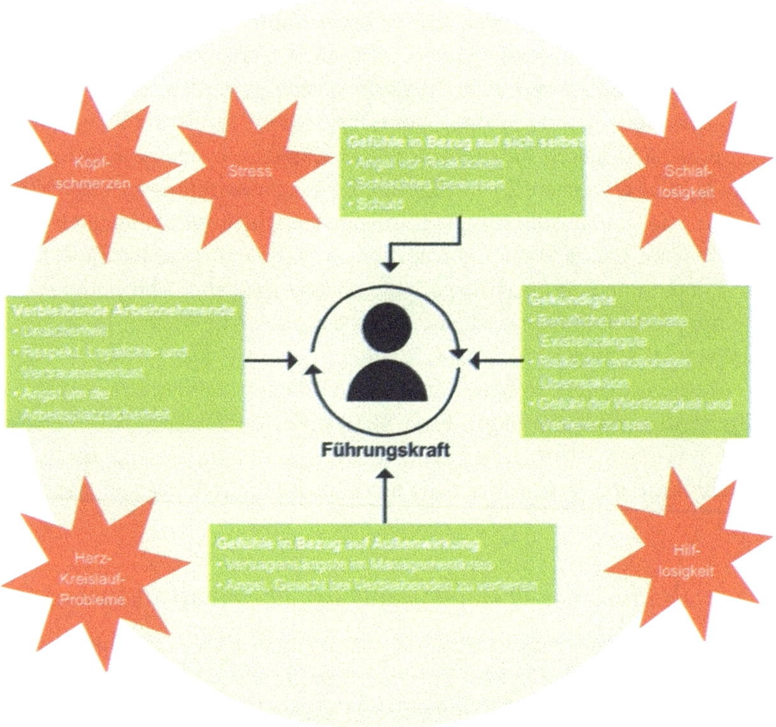

Abbildung 17: Kündigungsgespräche: Ängste und Folgen (Quelle: eigene Darstellung, Stressfolgen in Anlehnung an Andrzejewski, 2014, S. 690 f.)

Auf der einen Seite beziehen sich die Gefühle der Führungskräfte auf die eigene Person und das Handeln. Es wird ihnen bewusst, dass sie einen Menschen in einen beruflichen und finanziellen Notstand versetzen, was sich in einem schlechten Gewissen und Schuldgefühlen ausdrücken kann. Dies kann zu Zweifeln an der Richtigkeit der Entscheidung führen und die Loyalität der Führungskraft zum Unternehmen senken. Führungskräfte werden darüber hinaus mit Ängsten konfrontiert, da sie nicht wissen, wie Betroffene auf die Kündigung reagieren und welche Folgen sich aus einer Kündigung ergeben könnten, wofür die Führungskraft dann zur Verantwortung gezogen werden könnte. Sie wissen, dass ein harmonischer Ausgang bei dieser Art des Mitarbeitergesprächs schwierig bis unmöglich sein wird und sie kaum unternehmensinterne Anerkennung für ihr Führungsverhalten erhalten werden. Auf der anderen Seite entstehen Emotionen in Bezug auf die Außenwirkung des eigenen Handelns. Das können zum einen Ängste sein, in diesem schwierigen Gesprächsanlass zu versagen und sich dadurch vor der Geschäftsleitung oder dem Führungskreis bloßzustellen und Schwächen zu zeigen. Zum anderen geht es um Ängste, wie die verbleibenden Teammitglieder auf die Kündigung reagieren und man als Führungskraft auch vor ihnen noch das Gesicht wahren kann, um zukünftig noch als Vorgesetzter anerkannt zu bleiben (vgl. Andrzejewski, 2014, S. 686). Diese emotionale Gemengelage bei Führungskräften stellt einen hohen Stressfaktor dar, der kurzfristige und langfristige psychische und physische Beeinträchtigungen nach sich ziehen kann. Stressbedingte körperliche Folgen können sich zum Beispiel durch Kopfschmerzen, Verdauungsstörungen oder Herz-Kreislauf-Probleme ausdrücken. Psychische Folgen können Gefühle der Hilflosigkeit, Überforderung oder soziale Isolation sein oder sich in Form von mentalen Erschöpfungszuständen ausdrücken (vgl. Brinkmann, 2014, S. 189 f.).

Gekündigte Mitarbeitende

Menschen, welche von einer Kündigung betroffen sind, befinden sich häufig in einem emotionalen Ausnahmezustand. Auf der einen Seite ist es die persönliche Betroffenheit, welche sich häufig in Gefühlen des Versagens oder in Wut über unfaires Behandeln ausdrückt (von Rundstedt, 2020). Darüber hinaus entstehen existenzielle Ängste, dass fehlende finanzielle Mittel zu Versorgungslücken oder Reduzierung von Lebensqualität führen können (vgl. Voßemer *et al.*, 2018, S. 70). Psychische Erkrankungen aufgrund des Arbeitsplatzverlustes sind häufige negative gesundheitliche Folgen (vgl. Rennert *et al.*, 2020, S. 102). Die Art und Weise, wie Kündigungsgespräche geführt werden, hat enormen Einfluss auf die Intensität der Emotionen und Ängste der Betroffenen. Eine humane, faire und professionelle Behandlung der Gekündigten ist notwendig, um eine Gesichtswahrung und Erhaltung des Selbstwertgefühls zu ermöglichen. Dazu gehört eine offene Transparenz des Prozesses, eine ehrliche Begründung der Kündigung genauso wie eine gut vorbereitete und professionelle Gesprächsführung der Führungskräfte (vgl. von Rundstedt, 2020; Andrzejewski, 2014, S. 692).

Verbleibende Mitarbeitende

Bei einem unprofessionellen Personalabbau kommt es häufig zu einem Survivor-Syndrom bei den verbleibenden Mitarbeitenden, das geprägt ist von Ängsten, Trauer, Demotivation oder innerer Kündigung. Die „Überlebenden" werden konfrontiert mit Schuldgefühlen („Warum musste der Kollege gehen und nicht ich?"), Ängsten vor dem eigenen Arbeitsplatzverlust, Arbeitsunzufriedenheit, Vertrauensverlust, sinkender Risikobereitschaft oder Wut auf die Geschäftsleitung und Führungskräfte (vgl. von Rundstedt, 2020, Andrzejewski, 2014, S. 693).

Da die Auswirkungen von Personalabbaumaßnahmen für alle Beteiligten einen hohen Stressfaktor bedeuten und somit die Arbeitsfähigkeit stark gefährden, sollte es das Ziel bei der Trennung von Arbeitnehmenden sein, die sozialen negativen Folgen so gering wie möglich zu halten. Unvorbereitete Trennungsaktionen sollten daher vermieden werden, da sie der Komplexität dieses Themas nicht gerecht werden und dem Unternehmen nur oberflächlich und kurzfristig nutzen, aber tatsächlich tiefgreifende langfristige soziale und ökonomische Schäden anrichten, welche zuvor beschrieben wurden. Eine in der Praxis bewährte Methode zum Personalabbau ist das Trennungsmanagement, welches alle Regeln und Maßnahmen impliziert, die zu einer fairen, humanen und professionellen Auflösung eines Arbeitsvertrags und Veränderung im Arbeitsverhältnis führen. Die Aufhebung von Arbeitsverhältnissen bezieht dabei den betriebsbedingten Personalabbau genauso wie Einzelkündigungen mit ein. Veränderungen im Arbeitsverhältnis implizieren Versetzungen, Arbeitszeitänderungen, befristete unbezahlte Freistellungen oder auch Vorruhestandsregelungen. Anhand der Definition lässt sich erkennen, dass das Trennungsmanagement ein betriebliches Instrument ist, welches nicht nur bei akuten Personalabbaumaßnahmen greift, sondern fester Bestandteil einer Trennungskultur von Unternehmen ist, welche auch bei Trennungen von einzelnen Mitarbeitenden aufgrund persönlicher oder verhaltensbedingter Gründe angewendet wird. Darüber hinaus ist es ein professionelles Instrument, wenn bei Personalplanungen oder im Rahmen von Feedbackgesprächen festgestellt wird, dass Arbeitnehmende nicht mehr für Positionen geeignet sind und innerbetriebliche Veränderungen herbeigeführt werden müssen. Ein professionelles Trennungsmanagement setzt sich aus acht Elementen zusammen (vgl. Abbildung 18), die eine reflektierte und ganzheitliche Betrachtung und Gestaltung von Trennungsprozessen zum Ziel haben (vgl. Andrzejewski, 2014, S. 689).

Abbildung 18: Acht Elemente eines Trennungsmanagements (Quelle: eigene Darstellung in Anlehnung an Andrzejewski, 2014, S. 689)

Aus diesen acht Elementen sind die Qualifizierung von Führungskräften in Bezug auf das Trennungsmanagement, die Behandlung und Unterstützung der Gekündigten und der Umgang mit den verbleibenden Mitarbeitenden die wesentlichen Elemente für eine nachhaltige soziale Trennung von Arbeitnehmenden. Sie repräsentieren die Unternehmenskultur des dritten Stockwerks vom Haus der Arbeitsfähigkeit und wirken sich auf alle weiteren Stockwerke aus.

Das Trennungsgespräch ist der sozial kritischste Zeitpunkt im Trennungsmanagement, da hier das Unausweichliche ausgesprochen wird. Die Professionalität der Gesprächsführung sowie betriebliche Maßnahmen, die Betroffenen in dieser Situation aufzufangen, sind der Wirkungsschlüssel in Bezug auf die Arbeitsfähigkeit und die Schwere möglicher gesundheitlicher Folgen. Vor diesem Hintergrund müssen Führungskräfte in Bezug auf die Trennung von Arbeitnehmenden ganzheitlich qualifiziert werden und es muss Raum für die Ängste und Sorgen der Vorgesetzten eingeräumt werden. Schulungsinhalte umfassen dabei idealerweise die folgenden Punkte (vgl. Andrzejewski, 2014, S. 691):

- Vorbereitung von Trennungen (Auswahl, Gründe, Rahmenbedingungen, Unterstützungsangebote für Betroffene)
- Rhetorische Schulung und Führung von Trennungsgesprächen (Umgang mit Reaktionen und Emotionen, klare Trennungsbotschaften)
- Selbstreflexion der eigenen Rolle als Führungskraft und Erkennen von Verdrängungsmechanismen
- Umgang mit persönlichen Ängsten
- Umgang mit verbleibenden Mitarbeitenden

Eine Studie in Zusammenhang mit Kündigungsgesprächen der Universität Saarland zeigt, dass für Trennungsgespräche geschulte Führungskräfte eine höhere Akzeptanz der Kündigung seitens der betroffenen Person erzielen können als ungeschulte. Gründe hierfür waren die wahrgenommene Fairness und die sachliche Nachvollziehbarkeit der Kündigungsgründe (vgl. Richter *et al.*, 2016, S. 16). Darüber hinaus war das Wutempfinden oder das Bedürfnis, den Arbeitgeber zu verklagen, weniger ausgeprägt (vgl. Richter *et al.*, 2016, S. 22). Qualifizierte Führungskräfte im Umgang mit Trennungsprozessen sind somit eine unabdingbare Personalentwicklungsmaßnahme für eine nachhaltige soziale Trennung von Mitarbeitenden, welche eine Beeinträchtigung der Arbeitsfähigkeit reduzieren kann.

Damit eine Trennung oder innerbetriebliche Veränderung human und fair umgesetzt werden kann, ist es für Betroffene wichtig, betriebliche Unterstützung im Trennungsprozess zu erhalten, damit sie spüren, dass sie mit dem Verlust des Arbeitsplatzes oder der Änderung im Arbeitsverhältnis nicht allein gelassen werden. Dem Unternehmen bieten sich in dieser Hinsicht vielfältige Möglichkeiten:

- Finanzierung und Organisation von Qualifizierungs- oder Umschulungsmaßnahmen, um neue Aufgaben innerhalb oder außerhalb des Unternehmens zu übernehmen (vgl. Alewell *et al.*, 2013, S. 253).
- Bereitstellung einer psychologischen Betreuung unmittelbar nach dem Trennungsgespräch bei Auflösung des Arbeitsvertrags (vgl. Alewell *et al.*, 2013, S. 253).
- Engagement eines Karrierecoaches zur Initiierung einer beruflichen Neuorientierung, um neue Aufgaben innerhalb oder außerhalb des Unternehmens zu übernehmen (vgl. Euchner *et al.*, 2016, S. 26).
- Vermittlung und Weiterempfehlung an Kooperationsinitiativen, wenn der Arbeitsvertrag aufgelöst wurde oder dies geplant wird (vgl. KIM, 2021).
- Sozialversicherungsrechtliche Beratung, wenn der Arbeitsvertrag aufgelöst wurde oder dies geplant wird (vgl. Alewell *et al.*, 2013, S. 253).

Es ist zu konstatieren, dass die Qualität und Ernsthaftigkeit der Unterstützungsangebote die negativen Auswirkungen auf die Arbeitsfähigkeit reduzieren, da sie den Betroffenen nach dem Schockmoment im Trennungsgespräch persönliche zukunftsorientierte Perspektiven aufzeigen können. Somit sind sie Bestandteile einer sozialen Trennung, welche die Nachhaltigkeitsfaktoren erfüllen.

Es sei an dieser Stelle der Vollständigkeit halber erwähnt, dass solche Unterstützungsangebote auch für Unternehmen einen hohen Nutzen aufweisen (vgl. Alewell *et al.*, 2013, S. 247; Bartscher *et al.*, 2012, S. 331):

- Wahrung des sozialen Friedens
- Vermeidung von langwierigen und kostenintensiven Arbeitsgerichtsprozessen
- Positive Innenwirkung und Festigung des Arbeitgeberimages in der Außenwirkung im Sinne der Fürsorgepflicht, Fairness und Menschlichkeit
- Erfüllung des psychologischen Vertrags, wonach sich Arbeitnehmende auch in schwierigen Zeiten auf den Arbeitgeber verlassen können

Das dritte Element eines nachhaltigen sozialen Trennungsmanagements ist der Umgang mit den verbleibenden Mitarbeitenden. Eine transparente und aktive Informations- und Kommunikationspolitik hilft, dass die Verbleibenden die Gründe für die Trennung oder die Veränderungen verstehen und dass sie mit ihren Ängsten und Sorgen von ihren Führungskräften gehört und ernstgenommen werden (vgl. Alewell *et al.*, 2013, S. 255). Es muss Zeit und Raum für Betroffenheit und Trauer geben und in Gesprächen sollte die Trennung nicht tabuisiert werden. Bei besonders einschneidenden Veränderungen oder Personalreduzierungen können diese Trauerprozesse psychologisch begleitet werden und in die Phase der Neuorientierung mit Zukunftsworkshops überleiten (vgl. Andrzejewski, 2014, S. 696 f.). Gelingt es dem Management, den verbleibenden Arbeitnehmenden die Ängste zu nehmen, die Folgen des Survivor-Syndroms aufzufangen und durch eine betriebliche Neuausrichtung die Arbeitsfähigkeit in Form von Gesundheit, Arbeitszufriedenheit, Stärkung der betrieblichen Werte Fairness und Humanität, persönliche Entwicklungsmöglichkeiten, Anerkennung, aber auch Arbeitsplatzsicherheit wiederherzustellen, hat man eine betrieblich soziale Trennung umgesetzt, welche den Nachhaltigkeitskriterien entspricht.

7.3 Ökologische Nachhaltigkeitsanalyse der Personalfluktuation

Die ökologische Analyse von Maßnahmen zur Personalfluktuation in Bezug auf die Personalplanung, Personalbeschaffung, Personalentwicklung und Personalerhaltung wurde in den vorherigen Kapiteln erläutert. Für die verbleibenden Themen im Rahmen der Personalfluktuation ist vornehmlich auf die umweltbewusste Organisation der Prozesse zu fokussieren. Im Bereich Wissensmanagement reduziert beispielsweise die digitale Dokumentation von Wissen den Papierverbrauch. Im Trennungsmanagement können vorzugsweise Angebote unterbreitet werden, welche im Einklang mit der ökologischen Ausrichtung des Unternehmens stehen. Beispielsweise wären die folgenden Maßnahmen denkbar:

- Zur Unterstützung bei der Arbeitsplatzsuche können Monatskarten für öffentliche Verkehrsmittel angeboten werden.
- Das Karrierecoaching wird kombiniert mit digitalen Treffen.
- Qualifizierungsmaßnahmen werden zusätzlich auch in digitaler Form angeboten.

Es ist zu konstatieren, dass in diesem Prozess ökologische Handlungen vornehmlich von der individuellen Haltung der handelnden Personen bestimmt werden, wenn keine umweltorientierte Strategieausrichtung vorhanden ist.

Zusammenfassung Personalfluktuation

Die nachhaltige Personalfluktuation berücksichtigt auf der einen Seite dauerhafte oder vorübergehende Kapazitätsschwankungen und auf der anderen Seite die damit einhergehenden Kompetenz- und Wissensverluste. Begründet ist diese Sichtweise durch die ganzheitliche Betrachtung vom Haus der Arbeitsfähigkeit. Kompetenz- und Wissensverluste beziehen sich auf das zweite Stockwerk und wurden im Rahmen der ökonomischen Nachhaltigkeitsanalyse thematisiert. Insbesondere wurden Möglichkeiten zur Planbarkeit von Kompetenzverlusten und zum Management von Wissen aufgezeigt. In Bezug auf das Wissensmanagement ist zu konstatieren, dass die Personalplanung im ersten Schritt die Kapazitäten nach den erforderlichen Handlungskompetenzen erheben sollte, um danach eine Analyse der bereits im Unternehmen vorhandenen Kompetenzen vorzunehmen. Anschließend werden Personen den erforderlichen Anforderungen zugeordnet und geprüft, ob die fehlenden Kompetenzen durch Personalentwicklungsmaßnahmen erworben werden können oder ob sie vom externen Arbeitsmarkt rekrutiert werden müssen. Das Personalrisikomanagement unterstützt in diesem Prozess, um mögliche Engpass- oder Austrittsrisiken zu erheben und abzuleiten, wie hoch das Risiko von fehlendem Wissen im Unternehmen ist. Darauf aufbauend können vorbeugende Maßnahmen geplant werden.

Weiterhin wurden in diesem Kapitel negative ökonomische Effekte durch unvorbereitete Personalabbaumaßnahmen diskutiert. Die in diesem Zusammenhang auftretenden gesundheitsgefährdenden Stressfaktoren betreffen das erste Stockwerk des Hauses der Arbeitsfähigkeit und waren Thema der sozialen Nachhaltigkeitsanalyse. Das Trennungsmanagement hat einen hohen Einfluss auf die Arbeitsfähigkeit der am Trennungsprozess Beteiligten. Führungskräfte, Gekündigte und im Unternehmen verbleibende Mitarbeitende sind bei Personalabbaumaßnahmen oder Veränderungen einer hohen psychischen und physischen Belastung mit entsprechenden gesundheitlichen Folgen ausgesetzt. Um diese Folgen zu reduzieren, wurde dargestellt, wie ein Trennungsmanagement im Rahmen der Werte Fairness und Humanität versuchen kann, die Arbeitsfähigkeit so minimal wie möglich zu beeinträchtigen. Dabei können insbesondere drei Faktoren für eine nachhaltige soziale Umsetzung herangezogen werden. Diese umfassen die Qualifizierung von Führungskräften in Bezug auf Trennungsprozesse, betriebliche Unterstützungsmaßnahmen und Transparenz für die Gekündigten sowie den Umgang und die Kommunikation mit den verbleibenden Mitarbeitenden.

Die ökologische Betrachtung der nachhaltigen Personalfluktuation bezog sich auf die umweltbewusste Organisation der jeweiligen Prozesse.

8 Bewertung der Untersuchungsergebnisse

Nachdem die Personalprozesse anhand der drei Nachhaltigkeitsfaktoren betrachtet wurden, sollen in diesem Kapitel die Ergebnisse bezüglich der These bewertet werden. Diese lautete:

> *Ein nHRM generiert eine ökonomische, soziale und ökologische Win-win-Situation für Unternehmen, Arbeitnehmende und die Umwelt, wenn das personalwirtschaftliche Handeln auf die Erhaltung der Arbeitsfähigkeit der Mitarbeitenden ausgerichtet wird mit dem Ziel, den Erfolg des Unternehmens langfristig zu sichern unter Einbeziehung ökologischer Aspekte.*

Die These soll anhand der folgenden Forschungsfragen untersucht werden:

Forschungsfrage 1 (FF 1):

Wie kann ein nHRM eine betriebswirtschaftliche und soziale Win-win-Situation für Unternehmen und Arbeitnehmende herstellen, wenn es sich konsequent auf die Erhaltung der Arbeitsfähigkeit mit dem Ziel der langfristigen Sicherung des Unternehmenserfolgs fokussiert?

Forschungsfrage 2 (FF 2):

Wie können die Personalprozesse alle drei Nachhaltigkeitsfaktoren berücksichtigen, um nachzuweisen, dass es sich um einen nachhaltigen Prozess im Sinne der Definition handelt und somit auch eine Win-win-Situation für die Umwelt generiert wird?

Die langfristige Unternehmenssicherung wird in der Bewertung dem ökonomischen Nachhaltigkeitsfaktor zugeordnet, da sie die wirtschaftliche Leistungsfähigkeit einer Firma impliziert. Die Bewertung gewichtet die unmittelbaren wirtschaftlichen Effekte, identifizierbare mittelbare ökonomische Auswirkungen und/oder die Anzahl der betroffenen Arbeitnehmenden. Die Gewichtung erfolgt anhand der Skala 1 (niedrige ökonomische Effekte = 0–24 % oder geringe Kosten), 2 (weniger hohe ökonomische Effekte = 25–49 % oder weniger hohe Kosten), 3 (hohe ökonomische Effekte = 50–74 % oder hohe Kosten) und 4 (sehr hohe ökonomische Effekte = 75–100 % oder sehr hohe Kosten). Die Anzahl der betroffenen Mitarbeitenden wird entweder auf Basis der Altersgruppen aus dem DAK Gesundheitsreport 2020 (Tabelle 14) abgeleitet oder anhand von Kennzahlen ermittelt, auf ein Beispielunternehmen mit 1.000 Mitarbeitenden übertragen und entsprechend gewichtet (Tabelle 15).

Tabelle 14: Altersgruppen DAK Gesundheitsreport 2020

Altersgruppe DAK Gesundheitsreport (Marschall *et al.*, 2020, S. 2)	Summe in %	Aggregierte Lebensphasen in %
20–24-Jährige	7,4 %	
25–29-Jährige	9 %	
30–34-Jährige	10,9 %	
35–39-Jährige	11,2 %	38,5 %
40–44-Jährige	10,2 %	
45–49-Jährige	10,7 %	
50–54-Jährige	13,4 %	34,3 %
55–59-Jährige	13,5 %	
60-Jährige und älter	11,3 %	24,8 %

Quelle: eigene Darstellung, Datenbasis aus Marschall *et al.*, 2020, S. 2.

Tabelle 15: Kennzahlen zur Bewertung von ökonomischen Effekten

Kennzahlen	Übertragung Unternehmen 1.000 Beschäftigte
Krankenstand BKK-Mitglieder 2019 5,1 % (Knieps & Pfaff, 2020, S. 77)	51 Beschäftigte
Elternzeit 2019 unter 3 Jahre 20,9 % (Statistisches Bundesamt, 2021), Eintrittswahrscheinlichkeit: 38,5 % Altersgruppe 20–39, davon 20,9 % = 8 %	80 Beschäftigte
Eintritt Ruhestand Altersgruppe 55 bis 60+ 24,8% (Storm, 2020, S. 3)	248 Beschäftigte
Fluktuationsrate Deutschland 13,4 % (Crößmann *et al.*, 2018, S. 33), Eintrittswahrscheinlichkeit Neueinstellung durch Kündigungen = 50 %	67 Beschäftigte
Summe:	**446 Beschäftigte**
Gewichtung Anzahl der betroffenen Belegschaft	
0–249 Beschäftigte	niedrige ökonomische Effekte (= 1)
250–499 Beschäftigte	weniger hohe ökonomische Effekte (= 2)
500–749 Beschäftigte	hohe ökonomische Effekte (= 3)
750–1000 Beschäftigte	sehr hohe ökonomische Effekte (= 4)

Durch dieses Vorgehen sind exemplarische Messfaktoren entwickelt worden, welche eine Abgrenzung zum Pauschalargument vollziehen, dass sich jedes menschliche Handeln grundsätzlich auch ökonomisch auswirkt.

Der soziale Nachhaltigkeitsfaktor wird exemplarisch daran gemessen, in welcher Form das Haus der Arbeitsfähigkeit im Prozess tangiert wird. Auch hier werden lediglich die unmittelbaren und mittelbar identifizierbaren sozialen Effekte berücksichtigt. Jedes Stockwerk wird mit jeweils einem Punkt gewertet.

Da gemäß der allgemeinen Nachhaltigkeitsdefinition die Realisierung der jeweiligen Nachhaltigkeitsfaktoren nur unter Berücksichtigung der jeweils anderen erfolgt, was die Analyse der –7 in dieser Form umgesetzt hat, werden bezüglich der Forschungsfrage 1 keine ökonomischen Effekte auf Kosten von sozialen Faktoren und umgekehrt generiert. Aus diesem Grund entsteht generell eine Win-win-Situation, sobald bei ökonomischen und sozialen Faktoren die Bewertungen > null sind. Die Höhe der Bewertungen wird dabei die zu erwartenden Effekte beziffern.

Darüber hinaus werden die unmittelbaren und mittelbar identifizierbaren ökologischen Auswirkungen (Skala 1 = niedrige ökologische Auswirkungen) bis 4 (= sehr hohe ökologische Auswirkungen) beispielhaft in Bezug auf die Prozessanalyse gewichtet.

In den folgenden Kapiteln werden die Messkriterien der Personalprozesse bewertet und in Bezug auf die These und Forschungsfragen 1 und 2 überprüft.

Es sei an dieser Stelle explizit darauf hingewiesen, dass sich die folgende Bewertung ausschließlich auf die für diese Studie festgelegten Rahmenbedingungen und Bewertungsfaktoren bezieht. Sie erhebt nicht den Anspruch der Allgemeingültigkeit, sondern soll ein theoretisches und pragmatisches Forschungsmodell aufzeigen, wie Personalprozesse nachhaltiger gestaltet und messbar gemacht werden könnten.

8.1 Nachhaltigkeitsbewertung der Personalplanung

Aufgrund des aufgabenimmanenten Planungsschwerpunktes dieses Prozesses sind die ökologischen und sozialen Effekte tendenziell als mittelbar zu bewerten. Es werden Vorbereitungen für Folgeprozesse getroffen, die jedoch auch in diesem Stadium unmittelbare ökonomische Auswirkungen aufweisen können. Vor dem Hintergrund der langfristigen Unternehmenssicherung hat die Analyse gezeigt, dass die vornehmlich praktizierte Personalbedarfsplanung nicht mehr ausreichend ist, da diese Form der Planung auf zahlenmäßige Entwicklungen fokussiert und das Potenzial der Belegschaft unberücksichtigt lässt. Das

Wissen um das Leistungspotenzial und Entwicklungspotenzial der Menschen ist jedoch zentraler Faktor für eine langfristige Unternehmensausrichtung und wirtschaftlich sinnvolles Handeln. Eine Metapher soll dies verdeutlichen: Wer im Supermarkt einkaufen geht und vorher geprüft hat, was noch im Vorratsschrank vorhanden ist, wird nur die Dinge in den Einkaufswagen packen, die tatsächlich benötigt werden. Das ist wirtschaftlich sinnvoll. Wer ohne dieses Wissen einkaufen geht, wird feststellen, dass einerseits Produkte eingekauft werden, die gar nicht benötigt werden, da sie in der Vorratskammer vorhanden sind, und andererseits Lebensmittel in der Vorratskammer verkümmern, ablaufen und gegebenenfalls nicht verwertet den Haushalt verlassen. Das ist Verschwendung.

Eine nachhaltige Personalplanung ist vor diesem Hintergrund daran erkennbar, wenn sie zuerst analysiert, welche Anforderungen und Kompetenzen für das Unternehmen in der Zukunft bedeutsam sind. Im nächsten Schritt erfolgt eine Bestandsanalyse über die Altersstruktur sowie das Leistungs- und Entwicklungspotenzial der Belegschaft. Aus dem Abgleich dieser Informationen ergeben sich die Handlungserfordernisse. Damit diese vom Unternehmen priorisiert werden können, bedarf es einer Personalrisikoanalyse, welche insbesondere die Altersstruktur und die Leistungs- und Entwicklungspotenziale bewertet und mögliche Risiken daraus ableitet. Diese Risikobewertung bestimmt die Reihenfolge der unternehmerischen Handlungen. Mit diesem Prozessvorgehen wird eine detaillierte Personalplanung durchgeführt, welche sich konsequent an dem langfristigen Erfolg des Unternehmens orientiert. Der zeitliche und finanzielle Aufwand dieses Prozesses erscheint hoch, doch der Nutzen übersteigt bei Weitem diese Kosten, wie die Berechnungen in Kapitel 3 gezeigt haben. Da diese vier Messkriterien für die gesamte Belegschaft gelten und die Grundlage für eine langfristige Unternehmenssicherung darstellen, wird diesen ein sehr hoher ökonomischer Effekt mit der entsprechenden Gewichtung (= 4) zugewiesen. Das Messkriterium alterssensible Positionen wird mit einem niedrigen Wert (= 1) gewichtet, da sich dieses nicht auf die gesamte Belegschaft bezieht, sondern lediglich auf einen kleineren Anteil von Betroffenen (vgl. Tabelle 14). Aufgrund der mittelbaren Partizipation der Mitarbeitenden am Planungsprozess wird der ökonomische Effekt dieses Messkriteriums als niedrig (= 1) gewichtet. Ähnliches gilt für die Digitalisierung des Personalplanungsprozesses und die Schaffung neuer ökologisch ausgerichteter Stellen.

Wie die Tabelle 16 zeigt, werden alle Stockwerke des Hauses der Arbeitsfähigkeit durch die Planung tangiert, teilweise mehrere Stockwerke pro Messkriterium. Die Anforderungsprofile und Stellenbeschreibung planen, wie die unternehmerischen Aufgaben (viertes Stockwerk) in der Zukunft erfüllt werden sollen. Die Altersstrukturanalyse wirkt sich auf die alterssensible Organisation der Arbeit aus (viertes Stockwerk) und lässt Rückschlüsse auf die Gesundheit (erstes Stockwerk) und die Kompetenzstruktur (zweites Stockwerk) zu. Beim Kriterium Leistungspotenziale wird die Ist-Aufnahme von Kompetenzen (zweites Stockwerk) erhoben und kann Aufschlüsse über gesundheitliche Auswirkungen (erstes Stockwerk) geben. Beispielsweise wenn Abweichungen von vorhandenen Kompetenzen zu notwendigen Anforderungen deutlich werden und eine Überforderung/Unterforderung der Betroffenen zu erwarten ist. Die Entwicklungspotenziale beziehen sich ebenfalls auf die Kompetenzen (zweites Stockwerk). Bei der mittelbaren Partizipation von Mitarbeitenden durch die Anwendung von regelmäßigen Personalinstrumenten wie Mitarbeiter- oder Personalentwicklungsgespräche werden die Unternehmenskultur und das Werteverständnis zum Ausdruck gebracht und gelebt, welche im dritten Stockwerk verankert sind. Die Erhebung oder Schaffung von alterssensiblen Positionen wirkt sich auf die Arbeitsorganisation und -umgebung aus (viertes Stockwerk) und drückt die wertschätzende Haltung des Unternehmens gegenüber altersbedingten Veränderungen bei Mitarbeitenden aus, was wiederum motivierend wirkt (drittes Stockwerk). Darüber hinaus wird ein positiver Effekt auf die Gesundheit (erstes Stockwerk) erzielt, da diese Positionen auf die physischen und psychischen Bedürfnisse und Kompetenzen der Betroffenen ausgerichtet sind. Digitale Prozesse betreffen die Arbeitsorganisation (viertes Stockwerk). Das letzte Messkriterium Schaffung neuer ökologisch ausgerichteter Arbeitsplätze tangiert ebenfalls das vierte Stockwerk Arbeit, bezieht aber auch das zweite Stockwerk Kompetenzen mit ein, da an dieser Stelle neue Anforderungsprofile mit entsprechenden Handlungskompetenzen entstehen.

Die ökologische Nachhaltigkeitsbewertung tangiert vornehmlich die Messkriterien digitale Planungsprozesse und neue ökologisch ausgerichtete Stellen. Dies ist der Aufgabenstellung des Prozesses geschuldet, da es sich um eine reine Planungstätigkeit handelt. Von daher werden die digitalen Prozesse in Bezug auf den Umwelteinfluss als sehr hoch (= 4) eingestuft, da sie sich kaum negativ auf die Umwelt auswirken, und die ökologischen Positionen als niedrig (= 1), da es sich hierbei tendenziell eher um wenige Stellen im Vergleich zur Gesamtbelegschaft handelt.

Tabelle 16: Nachhaltigkeitsbewertung der Personalplanung

Messkriterien	**Instrumente**	**Haus der Arbeitsfähigkeit**	**Ökonomisch**	**Sozial**	**Ökologisch**	**Summe/ Messkriterium (max. 12)**
Anforderungsprofile/ Stellenbeschreibungen	Personalbedarfsplanung	Arbeit	4	1		**5**
Altersstrukturanalyse	Personalrisikomanagement	Arbeit Kompetenzen Gesundheit	4	3		**7**
Leistungspotenzial	Personalrisikomanagement	Kompetenzen Gesundheit	4	2		**6**
Entwicklungspotenzial	Personalrisikomanagement	Kompetenzen	4	1		**5**
Partizipation	Mitarbeitergespräche/ Entwicklungsgespräch	Kultur	1	1		**2**
Alterssensible Positionen	Personalbedarfsplanung	Arbeit Kultur Gesundheit	1	3		**4**
Digitale Planungsprozesse	Workflows	Arbeit	1	1	4	**6**
Neue ökologisch ausgerichtete Stellen	Stellenbeschreibungen Anforderungsprofile	Arbeit Kompetenzen	1	2	1	**4**
Summe Messkriterien FF 1 (32 Maximalpunkte/ Faktor)			**20/32 63 %**	**14/32 44 %**		**34/64 53 %**
Summe Messkriterien FF 2 (32 Maximalpunkte/ Faktor)			**20/32 63 %**	**14/32 44 %**	**5/32 16 %**	**39/96 41 %**

Die relativ hohe Punktzahl in Bezug auf die ökonomischen Effekte macht den hohen Nutzen der Personalplanung in Bezug auf die langfristige Sicherung des Unternehmens deutlich. Auch wenn der soziale Effekt unter 50 % liegt, werden dennoch alle Stockwerke des Hauses der Arbeitsfähigkeit in der Personalplanung tangiert, sodass auch hier von einem positiven sozialen Effekt ausgegangen werden kann. Die ökologischen Ergebnisse fallen zwar aufgrund der Planungsaufgabe deutlich ab, dennoch können sie erzielt werden.

Vor diesem Hintergrund kann in Bezug auf die Personalplanung die These gestützt werden, dass eine Fokussierung auf den Erhalt der Arbeitsfähigkeit und die gleichzeitige langfristige Sicherung des Unternehmenserfolgs keinen Widerspruch darstellen und eine ökonomische und soziale Win-win-Situation generiert werden könnte.

Auch wenn die drei Nachhaltigkeitsfaktoren ökonomisch, sozial und ökologisch nicht in einem gleichberechtigten Verhältnis stehen, könnten trotzdem in allen Kategorien positive Effekte erzielt werden. Daher zeigt ein Personalplanungsprozess in der dargestellten Form dieser Studie ein eindeutiges Nachhaltigkeitspotenzial auf.

8.2 Nachhaltigkeitsbewertung der Personalbeschaffung

Die ökonomischen Effekte auf die wirtschaftliche betriebliche Leistungsfähigkeit hängen beim Beschaffungsprozess stark davon ab, ob der zuvor beschriebene nachhaltige Personalplanungsprozess durchgeführt wurde. Zur Sicherung des langfristigen Unternehmenserfolgs ist es essenziell, dass dem Unternehmen die benötigten Kompetenzen bei Bedarf zur Verfügung stehen. Ist das Wissen über Leistungs- und Entwicklungspotenziale vorhanden, baut der erste Schritt einer Stellenbesetzung darauf auf und prüft, ob interne Mitarbeitende für die zu besetzende Position infrage kämen. Dies ist eine wirtschaftlich sinnvolle Lösung, wie in Kapitel 4 erläutert wurde, da diese nur ca. ein Drittel der Kosten verursacht, welche im Vergleich zu einer externen Einstellung entstehen würden. Durch die finanziellen Einsparungen in Höhe von ca. 66 % kann diesem Messkriterium eine ökonomisch hohe (= 3) Bewertung zugeschrieben werden.

In Bezug auf das Haus der Arbeitsfähigkeit fällt die interne Stellenbesetzung noch höher ins Gewicht, da alle vier Stockwerke gleichzeitig betroffen sind. Durch den Wissensvorsprung von internen Mitarbeitenden in Bezug auf Unternehmensabläufe kann die Einarbeitungszeit verkürzt werden, da dieses Wissen nicht mehr vermittelt werden muss. Dadurch wird die Produktivität schneller erreicht und die Arbeitsprozesse laufen ungestörter (viertes Stockwerk). Eine Priorisierung von internen Arbeitnehmenden ist Zeugnis der gelebten Unternehmenskultur und fördert die Motivation (drittes Stockwerk). Betroffene werden beruflich weiterentwickelt und erfahren dadurch eine Wertschätzung (zweites Stockwerk). Insgesamt wird das persönliche Wohlbefinden der Betroffenen gefördert, was die individuelle Gesundheit positiv beeinflusst (erstes Stockwerk). Vergleicht man die ökologischen Auswirkungen einer externen Stellenbesetzung aus dem Kapitel 4.3 mit einer internen, so erzielt die interne Personalbeschaffung sehr hohe ökologische Effekte (= 4), da keine Umweltbelastungen im Zusammenhang mit zum Beispiel Vorstellungsgesprächen entstehen.

Der Grad der Automatisierung des Personalbeschaffungsprozesses wurde als starker ökonomischer und ökologischer Indikator in der Nachhaltigkeitsdiskussion im Kapitel 4 identifiziert. Der ökonomische Nutzen stützt sich vor allem auf die Reduzierung von administrativen Risikofaktoren in Zusammenhang mit Verzögerungen durch manuelle Sichtungen und die digitale Verknüpfung mit den Anforderungsprofilen und den Leistungs- und Entwicklungspotenzialen der Belegschaft. Ein digitaler Prozess wirkt sich darüber hinaus positiv auf die Umwelt aus, da automatisierte Workflows papierlos erfolgen. Da die Einführung eines automatisierten Personalbeschaffungsprozesses mit hohen Anfangsinvestitionen verbunden ist, wird der wirtschaftliche Effekt nur als hoch (= 3) bewertet, auch wenn der automatisierte Abgleich der Leistungs- und Entwicklungspotenziale über die gesamte Belegschaft erfolgt und die Gewichtung demnach höher ausfallen müsste. Im Rahmen der Arbeitsfähigkeit verändert ein automatisierter Prozess vornehmlich die Arbeitsorganisation (= viertes Stockwerk) und kann durch Zeiteinsparungen die Arbeitsbelastung reduzieren, was sich wiederum positiv auf die Gesundheit (= erstes Stockwerk) auswirkt. Da sich die Automatisierung der Personalbeschaffung durch die Reduzierung bzw. Vermeidung von Papier auszeichnet, wird der ökologische Effekt als sehr hoch (= 4) gewichtet.

Die Passgenauigkeit eines Anforderungsprofils zum Profil einer/eines Bewerbenden ist Grundvoraussetzung für eine erfolgreiche Stellenbesetzung. Es vermeidet eine intuitive Personaleinstellung und bewirkt eine professionelle und weitestgehend objektive Besetzungsentscheidung anhand von messbaren und nachvollziehbaren Kriterien. Eine alterssensible Besetzungsentscheidung erhöht dabei die Erfolgsquote. Dieses Vorgehen wird mit einem hohen ökonomischen Effekt bewertet (= 3), da es der langfristigen Unternehmenssicherung dient, indem die Wahrscheinlichkeit erhöht wird, den geeignetsten Bewerbenden zu finden und im Unternehmen langfristig zu halten. Abgeleitet wird diese Gewichtung aus der Kennzahl einer Studie aus 2016, wonach 47 % der befragten Unternehmen keine verbindlichen Kriterien zur Bewertung von

Bewerbungsunterlagen festgelegt haben (vgl. Kanning, 2016, S. 22). Der Erfolg einer Einstellung ist bei einer solchen Vorgehensweise vom „Bauchgefühl" der Einstellenden abhängig, woraus man eine 50 %ige Erfolgswahrscheinlichkeit ableiten kann. Der Gewichtungsdefinition dieser Studie folgend, liegt die Wahrscheinlichkeit einer erfolgreichen Einstellung dadurch bei 50 % (= 3) *und* wird durch die Anforderungsprofile gesteigert, woraus sich der hohe ökonomische Effekt rechtfertigen lässt. Darüber hinaus tangiert dieses Messkriterium drei Stockwerke vom Haus der Arbeitsfähigkeit. Zum einen werden die Anforderungen zur Stelle und die dazugehörigen Aufgaben definiert, was die Arbeit (viertes Stockwerk) an sich betrifft. Darüber hinaus definiert es die erforderlichen Kompetenzen (zweites Stockwerk) für die interne bzw. externe Stellenbeschaffung und deckt potenzielle Personalentwicklungsbedarfe auf. Durch die Anforderungsprofile wird Transparenz in Bezug auf die Stelle geschaffen und die Bewerbenden erhalten alle nötigen Informationen, welche sie zu einer Selbsteinschätzung und Bewertung der Position benötigen. Da sie dadurch wissen, welche Erwartungen an sie gestellt werden, können negative gesundheitsbelastende Stresssituationen durch fehlende Informationen vermieden werden (erstes Stockwerk). Der Umwelteffekt ist mittelbar abhängig von einer strategischen ökologischen Ausrichtung des Unternehmens und wird daher in diesem Zusammenhang als niedrig (= 1) bewertet.

Die strategische Personalbeschaffung in Form von Unternehmenskooperationen ist hingegen ein sehr starker Nachhaltigkeitsindikator in allen drei Bereichen (= 4) und betrifft die gesamte Belegschaft. Durch die Personalausleihe kann zügig und günstig Personal beschafft werden, die Arbeitsorganisation wird so minimal wie möglich belastet (viertes Stockwerk), Unternehmen zeigen eine wertschätzende Haltung gegenüber der Belegschaft (drittes Stockwerk), Kompetenzen bleiben erhalten und werden in Form von Synergien genutzt (zweites Stockwerk), gesundheitsgefährdender Stress und Ängste hinsichtlich möglicher Arbeitsplatzverluste werden minimiert (erstes Stockwerk). Darüber hinaus wird die Umweltbelastung reduziert, da Auswahlgespräche entfallen.

Die ethischen Aspekte der Personalbeschaffung haben tendenziell jeweils einen niedrigen mittelbaren ökonomischen Effekt (= 1), da es sich hierbei schwerpunktmäßig um die Innen- und Außenpräsentation der Unternehmenskultur und die Vermittlung von gelebten Werten handelt (drittes Stockwerk). Dabei geht es insbesondere um Themen wie menschliches Miteinander, Gleichberechtigung, Rechtskonformität und Transparenz. Die Arbeit selbst (viertes Stockwerk) ist mittelbar betroffen, da die ethischen Kriterien nach innen wirken und das tägliche Miteinander und das Führungsverhalten prägen. Der Umwelteffekt ist auch hier mittelbar abhängig von einer strategischen ökologischen

Ausrichtung des Unternehmens und wird daher in diesem Zusammenhang als niedrig (= 1) bewertet.

Die wirtschaftliche Leistungsfähigkeit von neuen Mitarbeitenden während der Einarbeitungsphase ist stark davon abhängig, wie gut der Onboarding-Prozess geplant wird und die neuen Kolleg:innen während dieser Zeit technisch und personell unterstützt werden. Die Gallup-Workplace-Studie aus dem Jahr 2017 hat offengelegt, dass 88 % der Arbeitnehmenden glauben, dass die eigene Firma keinen guten Onboarding-Prozess praktiziert (Gallup, 2017, S. 36).

Die Gründe dafür können vielfältig sein, wie andere Studien zeigen. Viele Firmen beenden den Onboarding-Prozess nach einer Woche. Dieser kurze Zeitraum ist unzureichend, um neue Mitarbeitende in die neue Aufgabe und die Unternehmenskultur einzuführen. 58 % der befragten Unternehmen reduzieren das Onboarding auf Prozesse und die Erledigung von Formalitäten. Ein negatives Onboarding-Erlebnis führt dazu, dass neue Mitarbeitende zweimal häufiger nach neuen Arbeitgebern suchen (vgl. Dewar, 2021).

Die Bewertung des ökonomischen Effekts des Onboardings gemäß den aufgestellten Gewichtungsdefinitionen läuft somit diametral auseinander. Auf der einen Seite ist die Anzahl der von Onboarding Betroffenen, also die neuen Mitarbeitenden, gespiegelt am Beispielunternehmen in dieser Studie im Vergleich zur Gesamtbelegschaft eher gering (< 25 %) einzuschätzen und daher mit einem niedrigen ökonomischen Effekt zu bewerten. Tritt jedoch der Fall einer Kündigung während des Einarbeitungsprozesses ein, werden erneut hohe Personalbeschaffungskosten mit einem entsprechend hohen ökonomischen Effekt generiert. Vor diesem Hintergrund wird die Durchschnittsbewertung aus beiden Ansätzen herangezogen und der ökonomische Effekt des Onboardings wird in dieser Studie als weniger hoch (= 2) gewichtet.

Im Gegensatz dazu hat der Einarbeitungsprozess einen sehr starken sozialen Effekt (= 4), da alle vier Stockwerke des Hauses der Arbeitsfähigkeit betroffen sind. Zum einen wird die Arbeit (viertes Stockwerk) maßgeblich durch eine gute Organisation der Einarbeitung beeinflusst. Dazu gehören neben der Bereitstellung der Technik und Büroausstattung auch die Einweisung in Aufgaben und Arbeitsprozesse. Kompetenzdefizite werden in dieser Zeit ermittelt und durch Qualifizierungsmaßnahmen behoben (zweites Stockwerk). Die Art und Weise der Einarbeitung spiegeln die Werte und Kultur des Unternehmens wider und wirkt sich dadurch auf die Motivation des Betroffenen aus (drittes Stockwerk). Je stressfreier und reibungsloser die Einarbeitungszeit verläuft, desto stärker wird das persönliche Wohlbefinden und damit auch die Gesundheit gestärkt (erstes Stockwerk). Der Grad der Automatisierung bestimmt an dieser Stelle den ökologischen Effekt und ist davon abhängig, ob Einarbeitungsunterlagen zum Beispiel digital zur Verfügung stehen, ob eine Wissensdatenbank existiert oder ob Personalentwicklungsmaßnahmen online durchgeführt werden. Aus diesem Grund wird der Umwelteinfluss als weniger hoch (= 2) bewertet.

Eine ökologisch ausgerichtete Unternehmenskultur ist abhängig von einer strategischen umweltorientierten Ausrichtung des Unternehmens und spiegelt die Kultur der Firma wider. Daher kann dieser Punkt nur spekulativer Gegenstand dieser Analyse sein, was zu einer jeweiligen niedrigen (= 1) Nachhaltigkeitsbewertung führt.

Die Wirtschaftlichkeit bezüglich der Qualität des Beschaffungsprozesses ist zum einen vom Grad der Automatisierung und zum anderen von der Präzision des Anforderungsprofils abhängig. Darüber hinaus wird er durch die Passgenauigkeit der Auswahl und die Anwendung der eignungsdiagnostischen Verfahren bestimmt. Diese sind zeitlich und finanziell stark von der zu besetzenden Position abhängig und sollten im Verhältnis zum erwarteten Erfolg stehen. Vor diesem Hintergrund beeinflusst die Qualität eines Personalbeschaffungsprozesses die erfolgreiche Kandidatensuche und wirkt sich somit unmittelbar auf die langfristige Sicherung des Unternehmens aus. Ausgehend von den hohen Kosten einer externen Stellenbesetzung (ca. 45.000 €, siehe Kapitel 6.1.3) gepaart mit den zu erwartenden Personalkosten der Folgejahre, welche der neue Mitarbeitende im Unternehmen verbringen soll (zum Beispiel 50.000 €/Jahr, 5 Jahre), können vorsichtig kalkuliert 295.000 € Investitionskosten budgetiert werden. Aus diesem Grund wird der ökonomische Effekt dieses Messkriteriums als sehr hoch (= 4) eingeschätzt. Dieser wird zusätzlich noch verstärkt, wenn ein Unternehmen sich entschließt, die durch eine Personalbesetzung produzierte Umweltbelastung zum Beispiel durch das Pflanzen von Bäumen zu kompensieren, wie es im Kapitel 4.3 diskutiert wurde. Da im Beschaffungsprozess die Unternehmenskultur gelebt und präsentiert wird, ist vornehmlich das dritte Stockwerk vom Haus der Arbeitsfähigkeit betroffen. Der Prozess an sich ist dem vierten Stockwerk Arbeit und Arbeitsorganisation zuzuordnen. Die ökologische Analyse hat gezeigt, dass die Durchführung einer Stellenbesetzung eine hohe Umweltbelastung darstellt und dass ca. acht Bäume ein Jahr benötigen, diesen Umwelteinfluss zu kompensieren. Die größten Umweltauswirkungen wurden in Bezug auf die Anreise mit dem Auto zu einem Vorstellungsgespräch herausgearbeitet. An dieser Stelle verfügen Unternehmen über eine große Stellschraube, um die Umweltbelastungen während der Personalbeschaffung zu reduzieren. Aus diesem Grund wird der ökologische Effekt des Personalbeschaffungsprozesses als sehr hoch (= 4) bewertet.

Tabelle 17: Nachhaltigkeitsbewertung der Personalbeschaffung

Messkriterien	**Instrumente**	**Haus der Arbeitsfähigkeit**	**Ökonomisch**	**Sozial**	**Ökologisch**	**Summe/ Messkriterium (max. 12)**
Prüfung der internen Besetzung	Personalplanung	Arbeit Kultur Kompetenzen Gesundheit	3	4	4	**11**
Automatisierungsgrad des Beschaffungsprozesses	Workflows	Arbeit Gesundheit	3	2	4	**9**
Anforderungsprofil/ Stellenbeschreibung	Beschaffungsplanung	Arbeit Kompetenzen Gesundheit	3	3	1	**7**
Strategische Personalbeschaffung	Unternehmenskooperationen	Arbeit Kultur Kompetenzen Gesundheit	4	4	4	**12**
Ethische Aspekte der Personalbeschaffung						
– Menschliches Miteinander	Employer Branding Personalmarketing	Arbeit Kultur	1	2	1	**4**
– Gleichbehandlungsgrundsätze	Stellenbeschreibung	Arbeit Kultur	1	2	1	**4**
– Rechtskonformität	Einstellungsprozess (Antidiskriminierungsgesetz, Wahrung der Grundrechte, Datenschutz)	Arbeit Kultur	1	2	1	**4**

– Transparenz	Informationspolitik Partizipation der Bewerbenden Gerechtigkeitsprinzipien	Arbeit Kultur	1	2	1	**4**
Einarbeitungsphase	Onboarding	Arbeit Kultur Kompetenzen Gesundheit	2	4	2	**8**
Ökologisch ausgerichtete Unternehmenskultur	Umweltstrategie	Kultur	1	1	1	**3**
Qualität des Beschaffungsprozess	Durchführung Eignungsdiagnostische Instrumente	Arbeit Kultur	4	2	4	**10**
Summe Messkriterien FF 1 (44 Maximalpunkte/Faktor)			**24/44 55 %**	**28/44 64 %**		**52/88 59 %**
Summe Messkriterien FF 2 (44 Maximalpunkte/Faktor)			**24/44 55 %**	**28/44 64 %**	**24/44 55 %**	**76 von 132 58 %**

Es fällt auf, dass die Prozentzahlen der Nachhaltigkeitsfaktoren zwischen 55 % und 64 % liegen. Das ist auf die Definition der Gewichtung dieser Studie zurückzuführen, welche sich unter anderem auf die Anzahl der Betroffenen stützt. Da der Personalbeschaffungsprozess aufgrund der Aufgabenstellung tendenziell nicht die gesamte Belegschaft betrifft, können die Auswertungsergebnisse in diesem Prozess nur teilweise die höchste Gewichtung erreichen. Trotz dieses Umstands wird mit 55 % die hohe ökonomische Bedeutung der Personalbeschaffung in Bezug auf die langfristige Sicherung des Unternehmens deutlich. Die soziale Bewertung liegt bei 64 % und zeigt, welchen hohen Einfluss die Rekrutierung auf die Erhaltung der Arbeitsfähigkeit ausübt. Darüber hinaus sind die ökologischen Effekte mit 55 % ein starker Indikator in Bezug auf das Potenzial, welches umweltbewusstes Verhalten im Personalbeschaffungsprozess für Unternehmen bietet.

Vor diesem Hintergrund kann in Bezug auf die Personalbeschaffung die These gestützt werden, dass eine Fokussierung auf den Erhalt der Arbeitsfähigkeit und die gleichzeitige langfristige Sicherung des Unternehmenserfolgs keinen Widerspruch darstellt und eine ökonomische und soziale Win-win-Situation generiert werden könnte.

Darüber hinaus stehen alle drei Nachhaltigkeitsfaktoren in einem fast ausgewogenen Verhältnis zueinander, sodass ein Personalbeschaffungsprozess in der dargestellten Form dieser Studie ein eindeutiges Nachhaltigkeitspotenzial aufzeigt.

8.3 Nachhaltigkeitsbewertung der Personalentwicklung

Wie in den Kapiteln 5 und 7 herausgearbeitet wurde, ist die langfristige Sicherung eines Unternehmens davon abhängig, ob die erforderlichen Kompetenzen zur Erfüllung der Unternehmensaufgaben zur Verfügung stehen. Daher kommt der Personalentwicklung eine bedeutende Rolle im Rahmen der wirtschaftlichen Leistungsfähigkeit eines Betriebes zu. Sie soll gewährleisten, dass die Kompetenzen der Belegschaft sich den Unternehmensbedarfen entsprechend entwickeln. Durch diese zentrale Aufgabenstellung ist das zweite Stockwerk Kompetenzen vom Haus der Arbeitsfähigkeit bei allen Messkriterien gleichermaßen betroffen.

Die Ermittlung des Anpassungsrisikos stellt eine Planungsvoraussetzung für die Personalentwicklungsbedarfe dar, damit darauf aufbauend nicht nur die Entwicklungsmaßnahmen geplant, sondern auch priorisiert werden können. Da die Ermittlung des Anpassungsrisikos eine Planungsaufgabe verkörpert, welche die gesamte Belegschaft betrifft, ist ein sehr hoher wirtschaftlicher

Effekt (= 4) zu erwarten. Durch die Ableitung der Anpassungsrisiken aus den Anforderungen der Stellen (viertes Stockwerk) im Vergleich mit den vorhandenen Qualifikationen und Veränderungsfähigkeiten der Belegschaft (zweites Stockwerk) sind zwei Stockwerke vom Haus der Arbeitsfähigkeit unmittelbar involviert. Der ökologische Effekt dieser Aufgabe wird aufgrund des Planungscharakters als mittelbar und schlecht identifizierbar betrachtet und wird daher nicht bewertet.

Das Messkriterium Anforderungsprofil im digitalen Zeitalter ist abhängig vom Grad der Digitalisierung und Automatisierung im Unternehmen. Eine diesbezügliche Betrachtung sollte in der Personalplanung und im Personalrisikomanagement erfolgen. Da es sich hierbei eher um einen mittelbaren ökonomischen Effekt handelt, welcher stark von der strategischen Ausrichtung zum einen und der Umsetzung der Digitalisierung im Betrieb zum anderen abhängt, wird dieses Kriterium in dieser Prozessanalyse als ökonomisch niedrig (= 1) bewertet. Würden sich diese Parameter ändern und die Digitalisierung erfordert eine maßgebliche Änderung der Anforderungen, würde sich die Bewertung gemäß den Anforderungsprofilen im Kapitel 8.1 verändern und höher ausfallen. In der sozialen Betrachtung tangiert dieses Messkriterium zwei Stockwerke vom Haus der Arbeitsfähigkeit. Zum einen werden die Anforderungen zur Stelle und die dazugehörigen Aufgaben definiert, welche das vierte Stockwerk betreffen. Darüber hinaus ermittelt es die erforderlichen Kompetenzen (zweites Stockwerk) und deckt potenzielle Personalentwicklungsbedarfe auf. Der Umwelteffekt ist mittelbar abhängig von einer strategischen ökologischen Ausrichtung des Unternehmens und wird daher in diesem Zusammenhang als niedrig (= 1) bewertet.

Die alterssensible Personalentwicklung hat nach dieser Analyse einen weniger hohen (= 2) wirtschaftlichen Effekt, da sich die Fähigkeiten zum Lernen individuell sehr voneinander unterscheiden und von unterschiedlichen individuellen Voraussetzungen abhängen. Von daher ist der wirtschaftliche Erfolg einer altersunabhängigen Qualifizierungsmaßnahme mit einer hohen Wahrscheinlichkeit nicht optimiert, jedoch wird sie dennoch zu einem akzeptablen Grad erfolgreich sein. Darüber hinaus bildeten sich 54 % aller deutschen Beschäftigten 2018 weiter (Bilder & Strauß, 2019, S. 13), davon waren 72 % betriebliche Weiterbildungsmaßnahmen (Bilder & Strauß, 2019, S. 20). Überträgt man diese Zahlen auf das Beispielunternehmen, wären hiervon 389 Beschäftigte betroffen und fallen somit ebenso in die Kategorie des weniger hohen wirtschaftlichen Effekts. In Bezug auf die Erhaltung der Arbeitsfähigkeit wird ein hoher (= 3) sozialer Effekt erwartet, da alterssensible Qualifizierungen nicht nur Zeichen einer menschenorientierten Unternehmenskultur sind (drittes Stockwerk) und Kompetenzen entwickeln (zweites Stockwerk), sondern darüber hinaus auch einen positiven Einfluss auf die Gesundheit (erstes Stockwerk) durch vermindertes Stressempfinden ausüben. Der ökologische Effekt dieses Messkriteriums wird als mittelbar und schlecht identifizierbar betrachtet und wird daher nicht bewertet.

Die Bewertung der Erfolgsmessung läuft durch die Gewichtungsdefinition dieser Studie auseinander. Gewichtet man dieses Messkriterium anhand der Anzahl der Betroffenen, so wäre es analog zur alterssensiblen Personalentwicklung (389 Beschäftigte) in die Kategorie weniger hohe wirtschaftliche Effekte (= 2) einzuordnen. Die Diskussion in Kapitel 5.1 hat jedoch den hohen Nutzen eines Qualifizierungscontrollings aufgezeigt, welcher die Kosten einer Personalentwicklungsmaßnahme deutlich übersteigen kann. Dadurch erhält die Erfolgsmessung von Personalentwicklungsmaßnahmen einen sehr hohen (= 4) ökonomischen Effekt in Bezug auf die langfristige Sicherung des Unternehmenserfolgs, weil dadurch sichergestellt wird, dass die getätigten Investitionen die Fähigkeiten und Fertigkeiten der Belegschaft erfolgreich weiterentwickelt haben und sich dies positiv auf die Arbeitsleistung und somit auf den unternehmerischen Erfolg auswirkt. Aus diesem Grund wird in dieser Studie zur Bewertung der Erfolgsmessung der Mittelwert herangezogen und ein hoher ökonomischer Effekt (= 3) definiert. In Bezug auf die sozialen Effekte erfolgt eine sehr hohe (= 4) Bewertung, da alle vier Stockwerke vom Haus der Arbeitsfähigkeit tangiert sind. Zum einen ist die Arbeitsaufgabe unmittelbar betroffen, da die Erfüllung dergleichen durch eine Qualifizierungsmaßnahme optimiert werden soll (viertes Stockwerk). Darüber hinaus ist ein strukturierter Gesprächsprozess ein starkes Führungsinstrument und Ausdruck der Unternehmenskultur, der durch die Gespräche den Teilnehmenden Wertschätzung und Interesse entgegenbringt und eine Gleichbehandlung innerhalb des Unternehmens transparent ermöglicht (drittes Stockwerk). Neben der Weiterentwicklung der Kompetenzen (2. Stockwerk) trägt dieser Prozess zum persönlichen Wohlempfinden bei den Betroffenen mit einem positiven Effekt auf die Gesundheit (erstes Stockwerk) bei, da die Arbeitnehmenden zum einen den Gleichbehandlungsansatz im Prozess erkennen und zum anderen die Gespräche als persönliche Anerkennung ihrer Leistungen empfinden. Ein unmittelbarer ökologischer Effekt dieses Messkriteriums wird erzielt, wenn dieser Prozess in digitaler Form erfolgt. Orientiert man sich an der zuvor erhobenen Anzahl der an betrieblichen Weiterbildungen teilnehmenden Arbeitskräfte (389) aus dem Beispielunternehmen, so lässt sich ein weniger hoher ökologischer Effekt (= 2) ableiten.

Die langfristige Wirtschaftlichkeit eines Unternehmens hängt von den Kompetenzen der Belegschaft ab, welche durch die Schnelllebigkeit der Märkte einer ständigen Veränderung unterliegen und einer permanenten Aktualisierung bedürfen. Die Kompetenzanpassung ist dabei von der Fähigkeit und Motivation zum lebenslangen Lernen abhängig. Wenn Menschen eine Entwicklung der persönlichen Kompetenzen nicht können oder nicht wollen, sind Qualifizierungsmaßnahmen ökonomisch und sozial gefährdet. Ökonomisch, weil nicht das gewünschte Ergebnis nach der Maßnahme erzielt wurde und man somit Investitionen verschwendet hat. Sozial, weil fehlende Fertigkeiten und Motivation sich negativ auf die Gesundheit bei Betroffenen auswirken können (erstes Stockwerk). Dies kann sich beispielsweise durch persönliche Überforderung und ein damit einhergehendes Stressempfinden (nicht können) oder Unterforderung mit einhergehender Langeweile und Demotivation (nicht wollen) ausdrücken. Neben dem verfehlten Versuch, Kompetenzen weiterzuentwickeln (zweites Stockwerk), kann auch eine gewisse Oberflächlichkeit in der Unternehmenskultur (drittes Stockwerk) diagnostiziert werden, da die individuellen Voraussetzungen nicht im Fokus stehen. Darüber hinaus finden die erwarteten positiven Effekte in Bezug auf die Optimierung der Arbeitsleistung (viertes Stockwerk) nicht statt. Vor diesem Hintergrund und weil darüber hinaus die gesamte Belegschaft in Form von nonformaler Bildung (zum Beispiel betriebliche Weiterbildungsmaßnahmen) oder informelles Lernen (zum Beispiel Lesen von Fachzeitungen) betroffen ist, wird ein sehr hoher (= 4) unmittelbarer ökonomischer und sozialer Effekt im Zusammenhang mit der Fähigkeit und der Motivation zum lebenslangen Lernen gesehen, welche sehr stark die langfristige Wirtschaftlichkeit und die Erhaltung der Arbeitsfähigkeit beeinflussen. Da es sich bei diesem Messkriterium um Fähigkeiten handelt, kann ein unmittelbarer ökologischer Effekt in diesem Zusammenhang nicht bewertet werden. Dieser wird mittelbar zu einem späteren Zeitpunkt durch das aktive Handeln erzielt.

Eine ökologisch ausgerichtete Unternehmenskultur (drittes Stockwerk) ist abhängig von einer strategischen umweltorientierten Ausrichtung des Unternehmens und spiegelt die Kultur der Firma wider. Daher kann dieser Punkt nur spekulativer Gegenstand dieser Analyse sein und führt daher zu einer ökonomisch und ökologisch niedrigen (= 1) Nachhaltigkeitsbewertung. Die Erhaltung der Arbeitsfähigkeit bezieht in der sozialen Bewertung die Kompetenzen (zweites Stockwerk) jedoch mit ein, da die Personalentwicklung eine wichtige Rolle in Bezug auf die Schulung von umweltbewusstem Verhalten einnehmen kann.

Virtuelle Lernformen werden mit einem hohen langfristigen ökonomischen Effekt (= 3) in Zusammenhang gebracht, da sie vielfach kostengünstiger als Präsenzseminare sind, auf die zeitlichen Erfordernisse der Arbeitsorganisation abgestimmt werden können und asynchrone Lerneinheiten wiederholbar sind. Dadurch kann ein langfristiger Wissenstransfer und ein erfolgreicher Abschluss der Maßnahme optimaler gewährleistet werden. Durch diese positiven Rahmenbedingungen und Kosteneffekte wird es Unternehmen leichter gemacht, die Anzahl an Arbeitnehmenden in Bezug auf betriebliche Weiterbildungsmaßnahmen zu erhöhen und dadurch den Unternehmenserfolg zu steigern. Dadurch erscheint die hohe ökonomische Bewertung als gerechtfertigt. Weiterhin wird ein sehr hoher Effekt ebenfalls nicht erzielt, da nicht alle Kompetenzen gleichermaßen effektiv online geschult werden können wie zum Beispiel Sozialkompetenzen. In Bezug auf die Arbeitsfähigkeit haben virtuelle Lernformen einen sehr hohen sozialen Effekt, da alle Stockwerke vom Haus der Arbeitsfähigkeit positiv betroffen sind. Die flexible Zeiteinteilung berücksichtigt Erfordernisse der Arbeitsorganisation (viertes Stockwerk) und des Privatlebens, da die virtuellen Lernformen an die beruflichen und privaten Bedürfnisse angepasst werden können. Das führt zu einem sinkenden Stressempfinden, da die Organisation der Qualifizierungsmaßnahme selbstständig organisiert werden kann, was sich wiederum positiv auf das persönliche Wohlempfinden und die Gesundheit (erstes Stockwerk) auswirkt. Das Lerntempo wird den individuellen Bedürfnissen angepasst, wodurch die Kompetenzen erfolgreicher entwickelt (zweites Stockwerk) und auf die Arbeitsaufgabe transferiert werden können (viertes Stockwerk). Virtuelle Lernformen sind darüber hinaus Ausdruck einer vertrauensbasierten Unternehmenskultur (drittes Stockwerk), da die Arbeitnehmenden die Verantwortung für ihre persönliche Kompetenzentwicklung und Organisation der Maßnahmen übernehmen. Die digitalen Lernformen haben einen sehr hohen (= 4) ökologischen Effekt, da Papierverbrauch und Umweltbelastungen durch Anfahrten zu Präsenzseminaren entfallen.

Tabelle 18: Nachhaltigkeitsbewertung der Personalentwicklung

Messkriterien	Instrumente	Haus der Arbeitsfähigkeit	Ökonomisch	Sozial	Ökologisch	Summe/ Messkriterium (max. 12)
Anpassungsrisiko	Personalrisikomanagement	Arbeit Kompetenzen	4	2		**6**
Anforderungsprofile im digitalen Zeitalter	Personalplanung	Arbeit Kompetenzen	1	2	1	**4**
Alterssensible Personalentwicklung	Personalplanung Altersstrukturanalyse	Kultur Kompetenzen Gesundheit	2	3		**5**
Erfolgsmessung	Qualifizierungscontrolling	Arbeit Kultur Kompetenzen Gesundheit	3	4	2	**9**
Fähigkeit zum lebenslangen Lernen	Personalentwicklungsplanung Personalentwicklungs-Maßnahmen	Arbeit Kultur Kompetenzen Gesundheit	4	4		**8**
Motivation zum lebenslangen Lernen	Personalentwicklungsplanung Personalentwicklungsmaßnahmen	Arbeit Kultur Kompetenzen Gesundheit	4	4		**8**
Ökologisch ausgerichtete Unternehmenskultur	Unternehmensstrategie	Kultur Kompetenzen	1	2	1	**4**

(Fortsetzung auf der nächsten Seite)

Tabelle 18 Fortsetzung

Messkriterien	Instrumente	Haus der Arbeitsfähigkeit	Ökonomisch	Sozial	Ökologisch	Summe/ Messkriterium (max. 12)
Virtuelle Lernformen	Personalentwicklungsmaß-nahmen	Arbeit Kultur Kompetenzen Gesundheit	3	4	4	**11**
Summe Messkriterien FF 1 (32 Maximalpunkte/Faktor)			**22/32 69 %**	**25/32 78 %**		**47/64 73 %**
Summe Messkriterien FF 2 (32 Maximalpunkte/Faktor)			**22/32 69 %**	**25/32 78 %**	**8/32 25 %**	**55 von 96 57 %**

Die hohe Punktzahl hinsichtlich der ökonomischen Effekte spiegelt den starken Einfluss der Personalentwicklung in Bezug auf die langfristige wirtschaftliche Sicherung des Unternehmens wider. Deutlich werden darüber hinaus die sehr hohen sozialen Effekte der Personalentwicklung, welche mit ca. 78 % zur Erhaltung der Arbeitsfähigkeit beitragen. Auch wenn die ökologischen Effekte abfallen, können sie dennoch mit 25 % erzielt werden.

Vor diesem Hintergrund kann in Bezug auf die Personalentwicklung die These gestützt werden, dass eine Fokussierung auf den Erhalt der Arbeitsfähigkeit und die gleichzeitige langfristige Sicherung des Unternehmenserfolgs keinen Widerspruch darstellt und eine ökonomische und soziale Win-win-Situation generiert werden könnte.

Auch wenn die drei Nachhaltigkeitsfaktoren ökonomisch, sozial und ökologisch nicht in einem gleichberechtigten Verhältnis stehen, könnten trotzdem in allen Kategorien positive Effekte erzielt werden. Daher zeigt ein Personalentwicklungsprozess in der dargestellten Form dieser Studie ein eindeutiges Nachhaltigkeitspotenzial auf.

8.4 Nachhaltigkeitsbewertung der Personalerhaltung

Die Leistungsfähigkeit und -bereitschaft der Arbeitnehmenden sind Grundvoraussetzungen für die wirtschaftliche Leistung und langfristige Sicherung eines Unternehmens. Wie die Analyse in Kapitel 6.1 gezeigt hat, kann ein sehr hoher ökonomischer Schaden entstehen, wenn diese beiden Faktoren nicht zu 100 % dem Unternehmen zur Verfügung stehen. Dabei wurden weitere betriebswirtschaftliche Schäden in Bezug auf Prozessverzögerungen, Auftragsrückgänge, Kundenabwanderung etc. in dieser Berechnung nicht berücksichtigt. Aus diesem Grund und weil diese Messkriterien naturgemäß die gesamte Belegschaft implizieren, wird der ökonomische Effekt für beide Kriterien als sehr hoch (= 4) bewertet. Die Gründe für eine fehlende Leistungsfähigkeit und -bereitschaft können vielfältig sein und schließen alle Stockwerke vom Haus der Arbeitsfähigkeit mit ein. Die Ermittlung der Arbeitsfähigkeit durch den Arbeitsbewältigungsindex sowie die Identifizierung des Motivationsrisikos stellen wichtige Instrumente dar, um die Ursachen für eine eingeschränkte Leistungsfähigkeit und -bereitschaft zu ermitteln und diese den Stockwerken zuzuordnen. In Abhängigkeit davon kann die Personalerhaltung entsprechende Maßnahmen initiieren. Die sozialen Effekte sind vor diesem Hintergrund als sehr hoch (= 4) einzuschätzen, da sich zum einen die Gründe aus den Themen der vier Stockwerke ergeben und zum anderen im Umkehrschluss die negativen Auswirkungen auf alle vier Stockwerke zurückwirken können. An dieser Stelle kann sich ein Teufelskreis für Unternehmen und Arbeitnehmende ergeben, der möglicherweise hohe negative ökonomische und soziale Folgen nach sich zieht. Die ökologischen Effekte sind bei diesen Messkriterien mittelbarer Natur und werden als niedrig (= 1) eingestuft, da physische und psychische Voraussetzungen von menschlichem Handeln betroffen sind, welche in Folge, je nach der ökologischen Ausrichtung des Unternehmens, in betriebliches ökologisches Handeln transferiert wird.

Wie die Untersuchung in Kapitel 6.1.4.1 gezeigt hat, nimmt die werteorientierte Führung eine Schlüsselrolle für die langfristige Sicherung des Unternehmens und die Erhaltung der Arbeitsfähigkeit ein und tangiert die gesamte Belegschaft. Dadurch rechtfertigt sich eine ökonomisch und sozial sehr hohe (= 4) Bewertung. Das Management beeinflusst durch das gelebte Führungsverhalten unmittelbar alle vier Stockwerke vom Haus der Arbeitsfähigkeit und übt direkten Einfluss aus. Die werte- und alterssensible Führung bestimmt dabei die Arbeitsfähigkeit maßgeblich, wie Studien gezeigt haben. Da die Arbeitsfähigkeit wiederum die langfristige betriebliche Wirtschaftsfähigkeit sichert, ist an dieser Stelle der sehr hohe ökonomische Effekt zu manifestieren. Die ökologischen Auswirkungen sind abhängig von der Umweltausrichtung des Unternehmens. Wird ein umweltorientiertes Handeln strategisch implementiert, können Führungskräfte einen sehr hohen (= 4) ökologischen Einfluss nehmen, da diese das ökologische Handeln bestimmen. Aber auch ohne Umweltstrategie kann das Management im operativen Berufsalltag umweltbewusstes Handeln einfordern und vorleben, sodass hier ein weniger hoher (= 2) ökologischer Effekt realistisch erscheint und in die Bewertung mit aufgeführt wird.

Das individuelle Gesundheitsmanagement wird bestimmt durch die Fehlzeiten der Arbeitnehmenden. Krankheitsbedingte Abwesenheiten verursachen hohe Personalkosten und weitere betriebswirtschaftliche Schäden wie beispielsweise Prozessverzögerungen oder Mehrbelastungen von Kolleg:innen. Dadurch wird die langfristige Wirtschaftlichkeit gefährdet und es können sehr hohe (= 4) negative ökonomische Folgen entstehen. Aus diesem Grund würde die ökonomische Bewertung in Bezug auf die Anzahl der Betroffenen (Beispielunternehmen Fehlzeitenquote 5 %) an dieser Stelle irreführend sein und sie kann bei diesem Kriterium nicht berücksichtigt werden. Instrumente wie die Fehlzeitenstrukturanalyse oder das Check-up-Gespräch helfen, Ursachen für Fehlzeiten zu identifizieren und Maßnahmen zur Reduzierung einzuleiten. Den Kosten dieser Instrumente steht ein sehr hoher wirtschaftlicher Nutzen gegenüber und sichert den langfristigen Unternehmenserfolg. Da das individuelle Gesundheitsmanagement sich auf die Wiederherstellung der Gesundheit fokussiert, ist das erste Stockwerk vom Haus der Arbeitsfähigkeit unmittelbar betroffen. Betriebsbedingte Krankheiten können dabei durch die Arbeit (viertes Stockwerk) oder durch ein belastendes Betriebsklima (drittes Stockwerk) ausgelöst werden. Unmittelbare ökologische Effekte lassen sich in diesem Zusammenhang nicht bewerten.

Der Betriebsärztliche Dienst stützt sich auf Vorschriften des Arbeitssicherheitsgesetzes, die Sozialberatung ist ein freiwilliges Angebot von Unternehmen. Beide Rollen fokussieren auf Krankheiten und Probleme sowie die damit einhergehend beeinträchtigte Arbeitsfähigkeit. Da in der Regel nur ein kleinerer Teil der Belegschaft diese Dienste prophylaktisch oder reaktiv in Anspruch nimmt, werden die ökonomischen Folgen auf die langfristige Sicherung des Unternehmenserfolgs als weniger hoch eingestuft (= 2), auch wenn der kurzfristig erzielte Nutzen bei Weitem die Kosten dieser Angebote übersteigt. Die sozialen Effekte sind an dieser Stelle als hoch einzuschätzen (= 3), da insgesamt drei Stockwerke vom Haus der Arbeitsfähigkeit betroffen sind. Betriebsärzte arbeiten eng mit Arbeitsschutzbeauftragten zusammen und sind Teil von Betriebsbegehungen, um Arbeitsplätze in Bezug auf Sicherheit und Gesundheitsschutz zu begutachten (viertes Stockwerk). Bieten Firmen freiwillig eine Sozialberatung an, ist dies Ausdruck einer menschenorientierten Unternehmenskultur (drittes Stockwerk). Das Ziel beider Dienste ist die Erhaltung der Gesundheit (erstes Stockwerk). Die Aufgabe von Betriebsärzten impliziert die Diagnostik von umweltbedingten Gesundheitsschäden. Werden solche erkannt, werden die schädigenden Umwelteinflüsse eliminiert und es kann nicht nur ein positiver Effekt auf die Gesundheit, sondern auch auf die Umwelt erzielt werden. Somit wirkt sich die Arbeit von Betriebsärzten prophylaktisch und reaktiv positiv für die Umwelt aus. Da dies in der Regel in Zusammenarbeit mit Arbeitsschutzbeauftragten geschieht, deren Tätigkeitsschwerpunkt die Bewertung von Umwelteinflüssen miteinbezieht, wird den Betriebsärzten diesbezüglich ein kleinerer Anteil zugeordnet, sodass ein weniger hoher (= 2) ökologischer Effekt realistisch erscheint.

Der betriebliche Arbeitsschutz basiert auf gesetzlichen Vorgaben, um die Sicherheit (viertes Stockwerk) und Gesundheit (erstes Stockwerk) von Mitarbeitenden zu gewährleisten. Die Maßnahmen beziehen sich auf Technik, Arbeitsorganisation, Arbeitsbedingungen, soziale Beziehungen sowie Einflüsse der Umwelt auf den Arbeitsplatz. Da die Umwelteffekte unmittelbar durch den Arbeitsschutz identifiziert und behoben werden, kann der ökologische Effekt als sehr hoch (= 4) bewertet werden. Das Gleiche gilt auch für die ökonomischen Auswirkungen (= 4). Das Praxisbeispiel in Kapitel 6.1.4.4 hat gezeigt, wie hoch ein wirtschaftlicher Schaden durch Betriebsunfälle und damit einhergehende Fehlzeiten sein kann. Aus diesem Grund würde die ökonomische Bewertung in

Bezug auf die Anzahl der Betroffenen (Beispielunternehmen Fehlzeitenquote 5 %) an dieser Stelle irreführend sein und sie kann bei diesem Kriterium nicht berücksichtigt werden.

Die beruflichen und privaten Lebensphasen stellen in Bezug auf die Personalerhaltung ein komplexes System dar. Die Analyse der sozialen Nachhaltigkeit der Personalerhaltung in Kapitel 6.2 hat im Ergebnis gezeigt, dass je ausgeglichener die Balance zwischen den beiden Phasen ist, desto größer sind die ökonomischen und sozialen Effekte für Unternehmen. Damit eine Ausgewogenheit zwischen Berufs- und Privatleben betrieblich aktiv und vorausschauend geplant werden kann, bedarf es einer strategischen Entscheidung der Unternehmensleitung. Die Sicherung des Unternehmenserfolgs wird dadurch erzielt, dass wechselseitige betriebliche und private Probleme und Herausforderungen durch betriebliche Angebote und Unterstützungsmaßnahmen gelöst werden und dadurch die individuelle Leistungsfähigkeit dem Unternehmen zu 100 % zur Verfügung steht. Die Steigerung des wirtschaftlichen Nutzens unter diesen Rahmenbedingungen ist schwierig zu evaluieren und kann lediglich mittelbar durch die sehr hohen sozialen Effekte abgeleitet und unterstellt werden. Berücksichtigt man jedoch den Umstand, dass die gesamte Belegschaft betroffen ist, kann vor diesem Hintergrund dem Kriterium berufliche und private Lebensphasen eine sehr hohe (= 4) wirtschaftliche Auswirkung zugeschrieben werden. Da die beruflichen und privaten Lebensphasen alle Stockwerke vom Haus der Arbeitsfähigkeit tangieren können, sind die sozialen Effekte ebenfalls sehr hoch. Die ökologischen Auswirkungen werden in diesem Zusammenhang nicht bewertet, da das Kriterium „Balance zwischen dem Berufs- und Privatleben" zunächst auf einer strategischen Ebene diskutiert wird, welche erst danach in der operativen Umsetzung ökologische Effekte nach sich ziehen kann.

Physikalische und physische Merkmale der Arbeitsumgebung, unabhängig ob es sich dabei um einen Arbeitsplatz im Unternehmen oder Homeoffice handelt, haben einen unmittelbaren Einfluss auf die physische und psychische Leistungsfähigkeit der Menschen und betreffen daher die gesamte Belegschaft. Unternehmen können sehr hohe ökonomische Effekte (= 4) zur Sicherung des langfristigen Unternehmenserfolgs erzielen, wenn die Arbeitsumgebung alterssensibel erfolgt und einer physischen Defizitentwicklung entgegenwirkt. Diese lassen sich anhand von sinkenden Fehlzeiten und an einer hundertprozentigen Leistungsfähigkeit messen, wie das Rechenbeispiel in Kapitel 6.2.2 in Bezug auf die Rückenschulung und die Studien zur Produktivität im Homeoffice gezeigt haben. Die Gestaltung der Arbeitsumgebung betrifft naturgemäß unmittelbar die Arbeit (viertes Stockwerk) vom Haus der Arbeitsfähigkeit. Eine alterssensible Gestaltung und verbesserte Vereinbarkeit von Berufs- und Privatleben durch ein Homeoffice ist Ausdruck einer wertschätzenden Unternehmenskultur (drittes Stockwerk) und drückt sich in kontinuierlichen Trainings und selbstgesteuerten Personalentwicklungsmaßnahmen aus (zweites Stockwerk). Oberstes Ziel ist die Verzögerung von physischen und psychischen Defizitentwicklungen zur langfristigen Erhaltung der Gesundheit (erstes Stockwerk). Da die physikalischen und physischen Merkmale der Arbeitsumgebung vornehmlich durch die Bestimmungen des Arbeitsschutzes definiert werden, können die ökologischen Effekte analog zum Messkriterium Arbeitsschutz auch in diesem Zusammenhang als sehr hoch (= 4) angenommen werden. Diese Einschätzung wird untermauert durch den Wegfall von Wegezeiten im Homeoffice.

Die ökonomischen Effekte der Gestaltung der Arbeitsaufgabe können gesteigert werden, wenn diese zum einen gemäß den Faktoren Handlungsspielraum und Vielseitigkeit und zum anderen alterssensibel gestaltet werden. Die Steigerung der wirtschaftlichen Effekte ist unter diesen Rahmenbedingungen anhand von Kennzahlen (Beispiel Produktivität) schwierig zu messen und kann lediglich mittelbar durch die hohen sozialen Effekte abgeleitet und unterstellt werden. Berücksichtigt man jedoch den Fakt, dass alle Arbeitnehmenden naturgemäß eine Arbeitsaufgabe ausführen, wird diesem Messkriterium eine sehr hohe (= 4) wirtschaftliche Auswirkung zugeschrieben. Die Identifikation der sehr hohen sozialen Auswirkungen in Bezug auf die Erhaltung der Arbeitsfähigkeit ist hingegen offensichtlicher. Die Faktoren Handlungsspielraum und Vielseitigkeit bestimmen unmittelbar die Gestaltung der Arbeit (viertes Stockwerk). Eine menschen- und alternsgerechte Arbeitsgestaltung spiegelt eine wertschätzende Unternehmenskultur wider (drittes Stockwerk). Durch die eigenverantwortlichen Anpassungsprozesse im Alter sowie die Anforderungsvielfalt der Aufgaben werden die individuellen Kompetenzen (zweites Stockwerk) an die Arbeitsaufgabe angepasst und weiterentwickelt. Durch die Sinnhaftigkeit der Arbeitsaufgabe wird das persönliche Wohlbefinden gefördert und dadurch die Gesundheit (erstes Stockwerk) gestärkt. Die ökologischen Effekte sind aufgrund der breiten Streuung und Abhängigkeiten von den Tätigkeiten als niedrig (= 1) zu bewerten. Dabei wird angenommen, dass die Arbeitsaufgaben umweltbewusst erfüllt werden und sich dieses in alltäglichen Verhaltensweisen wie Einsparungen von Strom, Papier und Wasser ausdrückt.

Die langfristige Sicherung des Unternehmenserfolgs ist beim Messkriterium Arbeitsbedingungen in dieser Analyse davon abhängig, ob sich betriebliche Anreiz- und Arbeitszeitkonzepte an den beruflichen und privaten Lebensphasen der Arbeitnehmenden orientieren. Auch hier gilt, dass je stärker die Anreiz- und Arbeitszeitkonzepte auf die Bedarfe der jeweiligen Phasen eingehen, desto größer sind die ökonomischen und sozialen Effekte für Unternehmen. Die ökonomischen Erfolge werden dadurch erzielt, dass wechselseitige betriebliche und private Probleme und Herausforderungen durch betriebliche Anreiz- und Arbeitszeitkonzepte gelöst werden. Dadurch steht die individuelle Leistungsfähigkeit dem Unternehmen zu 100 % zur Verfügung und wird langfristig stabilisiert. Die Steigerung des wirtschaftlichen Nutzens unter diesen Rahmenbedingungen ist jedoch schwierig zu messen und kann lediglich mittelbar durch die hohen sozialen Effekte abgeleitet und unterstellt werden. Berücksichtigt man allerdings den Umstand, dass sich alle Arbeitnehmenden naturgemäß im Rahmen von Arbeitsbedingungen bewegen, wird diesem Messkriterium eine sehr hohe (= 4) wirtschaftliche Auswirkung zugeschrieben. Die sozialen Effekte können als hoch (= 3) bewertet werden, da drei Stockwerke vom Haus der Arbeitsfähigkeit tangiert werden. Materielle und immaterielle Anreize sowie Arbeitszeitmodelle sind der Kategorie Arbeit (viertes Stockwerk) zuzuordnen. Lebensphasenorientierte Anreiz- und Arbeitszeitkonzepte sind Ausdruck einer wertschätzenden Unternehmenskultur (drittes Stockwerk). Durch die bessere Vereinbarkeit von Berufs- und Privatleben wird das persönliche Wohlbefinden gefördert und das persönliche Stressempfinden reduziert. Das wirkt sich wiederum positiv auf die Gesundheit (erstes Stockwerk) aus. Die ökologischen Effekte bei diesem Messkriterium stehen eher in einem indirekten Zusammenhang und werden daher nicht bewertet.

Beim Messkriterium Arbeitsklima ist der langfristige wirtschaftliche Erfolg in dieser Analyse davon abhängig, wie das soziale Miteinander von altersgemischten Teams gestaltet wird und wie sensibel Führungskräfte in der Lage sind, die unterschiedlichen Bedürfnisse der Mitarbeitenden zu identifizieren und damit umzugehen. Mehrfach wurde in dieser Studie auf die Schlüsselrolle des Managements hingewiesen und aus unterschiedlichen Perspektiven erläutert. Auch hier gilt: Je emphatischer, alterssensibler und situativer eine Führungskraft agiert, desto größer sind die ökonomischen und sozialen Effekte für Unternehmen. Positive betriebswirtschaftliche Ergebnisse werden dadurch erzielt, dass die Aufgaben alterssensibel verteilt und die Stärken von altersgemischten Teams genutzt werden. Dadurch steht die individuelle Leistungsfähigkeit dem Unternehmen zu 100 % zur Verfügung und wird langfristig stabilisiert. Die Steigerung des wirtschaftlichen Nutzens unter diesen Rahmenbedingungen ist jedoch schwierig zu messen und kann lediglich mittelbar durch die hohen sozialen Effekte abgeleitet und unterstellt werden. Da jedoch auch bei diesem Messkriterium die gesamte Belegschaft betroffen ist, kann dem Kriterium Arbeitsklima eine sehr hohe (= 4) wirtschaftliche Auswirkung zugeschrieben werden. In Bezug auf das Haus der Arbeitsfähigkeit lassen sich drei Stockwerke zur Bewertung heranziehen. Eine alterssensibel und situativ führende emphatische Führungskraft ist im Haus der Arbeitsfähigkeit dem Punkt Arbeit (viertes Stockwerk) zugeordnet. Die gelebte Führungskultur repräsentiert gleichzeitig die Unternehmenskultur (drittes Stockwerk). Das soziale Miteinander wirkt sich direkt auf das persönliche Wohlempfinden und die Gesundheit aus (erstes Stockwerk). Ist es durch Vorurteile, Diskriminierung oder Konflikte gestört, wirkt sich das unmittelbar negativ auf die Leistungsfähigkeit und die Gesundheit aus und wurde mehrfach in dieser Studie ausführlich diskutiert. Die ökologischen Effekte bei diesem Messkriterium stehen eher in einem indirekten Zusammenhang und werden daher nicht bewertet.

Das Green Human Resources Management basiert auf einer strategischen unternehmerischen Grundsatzentscheidung. Diese betrifft in der Umsetzung die gesamte Belegschaft und alle vier Stockwerke vom Haus der Arbeitsfähigkeit. Die ökologischen Auswirkungen sind die Zielausrichtung dieser Entscheidung. Vor diesem Hintergrund ist zu konstatieren, dass sehr hohe ökonomische, soziale und ökologische Effekte mit einer umweltorientierten Strategievorgabe einhergehen können. Da sich diese Studie schwerpunktmäßig auf operative Personalprozesse fokussiert und strategische Vorgaben nur eingeschränkt in die Analyse miteinbezieht, erfolgt die Bewertung für die ökonomischen und ökologischen Nachhaltigkeitsfaktoren als niedrig (= 1) anhand der aufgeführten Beispiele in Kapitel 6.3. Diese lassen mittelbare Auswirkungen erkennen und können operativ ohne ökologische Unternehmensstrategie umgesetzt werden. In Bezug auf das Haus der Arbeitsfähigkeit betreffen die Beispiele werteorientierte Führung, Arbeitsumgebung, Arbeitsbedingungen und Dienstreisen das vierte Stockwerk Arbeit und das Betriebliche Gesundheitsmanagement sowie Betriebsfeste/Teamevents das erste Stockwerk Gesundheit.

Tabelle 19: Nachhaltigkeitsbewertung der Personalerhaltung

Messkriterien	**Instrumente**	**Haus der Arbeitsfähigkeit**	**Ökonomisch**	**Sozial**	**Ökologisch**	**Summe/ Messkriterium (max. 12)**
Leistungsfähigkeit	Arbeitsbewältigungs-Index	Arbeit Kultur Kompetenzen Gesundheit	4	4	1	**9**
Leistungsbereitschaft/ Motivationsrisiko	Motivationsrisikoanalyse	Arbeit Kultur Kompetenzen Gesundheit	4	4	1	**9**
Betriebliches Gesundheitsmanagement						
– Werteorientierte Führung	Führungs- und Planungsinstrumente	Arbeit Kultur Kompetenzen Gesundheit	4	4	2	**10**
– Individuelles Gesundheitsmanagement	Fehlzeitenstrukturanalyse Check-up-Gespräch	Arbeit Kultur Gesundheit	4	3		**7**
– Betriebsärztlicher Dienst/Sozialberatung	Arbeitssicherheitsgesetz	Arbeit Kultur Gesundheit	2	3	2	**7**
– Arbeitsschutz/Prävention	Arbeitsschutzgesetz	Arbeit Gesundheit	4	2	4	**10**

Lebens-/Berufsphasen	Balance zwischen beiden Phasen	Arbeit Kultur Kompetenzen Gesundheit	4	4		**8**
Arbeitsumgebung	Physikalische und physische Merkmale, Homeoffice	Arbeit Kultur Kompetenzen Gesundheit	4	4	4	**12**
Arbeitsaufgabe	Handlungsspielraum, Vielseitigkeit, alternsgerechte Gestaltung	Arbeit Kultur Kompetenzen Gesundheit	4	4	1	**9**
Arbeitsbedingungen	Lebensphasenorientierte Anreiz- und Arbeitskonzepte	Arbeit Kultur Gesundheit	4	3		**7**
Arbeitsklima	Altersgemischte Teams Diskriminierungsfreie Arbeitsatmosphäre	Arbeit Kultur Gesundheit	4	3		**7**
Green Human Resources Management	Unternehmensstrategie	Arbeit Gesundheit	1	2	1	**4**
Summe Messkriterien FF 1 (48 Maximalpunkte/ Faktor)			**43/48 90 %**	**40/48 83 %**		**83/96 86 %**
Summe Messkriterien FF 2 (48 Maximalpunkte/ Faktor)			**43/48 90 %**	**40/48 83 %**	**16/48 33 %**	**99/ 144 69 %**

Die sehr hohen ökonomischen Effekte (90 %) machen deutlich, dass trotz der grundsätzlichen Problematik der schwierigen monetären Messbarkeit der humanen Leistungsfähigkeit und Produktivität sehr hohe positive betriebswirtschaftliche Auswirkungen durch Maßnahmen der Personalerhaltung zu erwarten sind. Die sehr hohe Prozentzahl lässt sich zum einen durch die mittelbaren Effekte aufgrund der sehr hohen sozialen Auswirkungen von Personalerhaltungsmaßnahmen (83 %) auf die Erhaltung der Arbeitsfähigkeit ableiten, welche im Umkehrschluss zur langfristigen wirtschaftlichen Sicherung des Unternehmens beiträgt. Zum anderen wird der Wert erzielt, weil in der Regel die gesamte Belegschaft von Maßnahmen der Personalerhaltung betroffen ist. Auch wenn die ökologischen Effekte deutlich abfallen, können sie dennoch erzielt werden.

Vor diesem Hintergrund kann in Bezug auf die Personalerhaltung die These gestützt werden, dass eine Fokussierung auf den Erhalt der Arbeitsfähigkeit und die gleichzeitige langfristige Sicherung des Unternehmenserfolgs keinen Widerspruch darstellt und eine ökonomische und soziale Win-win-Situation generiert werden könnte.

Auch wenn die drei Nachhaltigkeitsfaktoren ökonomisch, sozial und ökologisch nicht in einem gleichberechtigten Verhältnis stehen, könnten trotzdem in allen Kategorien positive Effekte erzielt werden. Daher zeigt ein Personalerhaltungsprozess in der dargestellten Form dieser Studie ein eindeutiges Nachhaltigkeitspotenzial auf.

8.5 Nachhaltigkeitsbewertung Personalfluktuation

Die Bewertung der ökonomischen Effekte des Messkriteriums Handlungskompetenzen erfolgt anhand der angenommenen Anzahl der möglichen Arbeitnehmenden des Beispielunternehmens mit 1.000 Beschäftigten (Tabelle 15), welche ein Risiko für unbeabsichtigte Kapazitätsschwankungen und damit einhergehende fehlende Handlungskompetenzen darstellen könnten. Durch gewollte und ungewollte Fluktuationen entstehen unmittelbare und messbare Personalkosten für Firmen. Zur Ermittlung der Personenkapazitäten (vgl. Tabelle 20) werden die folgenden Kennzahlen herangezogen:

- Der durchschnittliche Krankenstand der Betrieblichen Krankenkassen ist Indikator für die Anzahl der ungewollten Kapazitätsschwankungen durch Fehlzeiten, in diesem Fall 5,1 %. Dies entspricht 51 Personenkapazitäten pro Jahr.
- Die deutschlandweite Prozentzahl der Elternzeit (20,9 %, Statistisches Bundesamt, 2021) wird genutzt, um eine Eintrittswahrscheinlichkeit für unbeabsichtigte Kapazitätsschwankungen für Unternehmen abzuleiten, indem

man diese für die infrage kommende Altersgruppe 20–39-Jährige (Tabelle 14) anwendet, in diesem Fall 8 %. Für das Beispielunternehmen bedeutet dies, dass wahrscheinlich 80 Mitarbeitende durch die Inanspruchnahme von Elternzeit temporär dem Betrieb nicht zur Verfügung stehen.

- Die Altersstrukturanalyse der DAK (Tabelle 14) liefert den Indikator, wie viele Arbeitnehmende innerhalb von zehn Jahren in den Ruhestand eintreten werden und dadurch Kompetenzen und Wissen für Unternehmen nicht mehr zur Verfügung stehen. In unserem Beispielunternehmen wären das rund 25 % der Belegschaft, also 250 Personenkapazitäten.
- Die Fluktuationsrate für Deutschland in Höhe von 13,4 % liefert einen Indikator, wie viele neue Arbeitnehmende eingestellt werden. Diese Zahl impliziert Neueinstellungen durch zusätzlichen neuen Personalbedarf und Einstellungen, welche durch Kündigungen notwendig geworden sind. Aus diesem Grund wird eine Eintrittswahrscheinlichkeit von 50 % für Kapazitätsschwankungen aufgrund von Eigenkündigungen angenommen, was einer Anzahl von 67 Positionen entspricht.

Addiert man die Anzahl der jeweiligen Kennzahlen, lässt sich feststellen, dass 446 Arbeitnehmende in die Gruppe der ungewollten Kapazitätsschwankungen fallen und ein entsprechendes Personalrisiko verkörpern. Der Gewichtungsdefinition dieser Studie folgend, wird dem Messkriterium Handlungskompetenzen daher ein weniger hoher ökonomischer Effekt (= 2) zugeordnet.

Tabelle 20: Bewertung des ökonomischen Effekts von ungewollten Kapazitätsschwankungen

Kennzahlen ungewollte Kapazitätsschwankungen	**Übertragung Unternehmen 1.000 Beschäftigte**
Krankenstand BKK-Mitglieder 2019 5,1 % (Knieps & Pfaff, 2020, S. 77)	51 Beschäftigte
Elternzeit 2019 unter 3 Jahre 20,9 % (Statistisches Bundesamt, 2021), Eintrittswahrscheinlichkeit: 38,5 % Altersgruppe 20–39, davon 20,9 % = 8 %	80 Beschäftigte
Eintritt Ruhestand Altersgruppe 55 bis 60+ 24,8 % (Storm, 2020, S. 3)	248 Beschäftigte
Fluktuationsrate Deutschland 13,4 % (Crößmann *et al.*, 2018, S. 33), Eintrittswahrscheinlichkeit Neueinstellung durch Kündigungen = 50 %	67 Beschäftigte
Summe:	**446 Beschäftigte**

Die sozialen Effekte werden als hoch (= 3) bewertet, da die Handlungskompetenzen naturgemäß das zweite Stockwerk Kompetenzen vom Haus der Arbeitsfähigkeit betreffen und durch diese maßgeblich die Ausführung der Arbeit (viertes Stockwerk) beeinflussen. Da die Handlungskompetenzen auch Sozialkompetenzen implizieren, welche sich auf die Art und Weise der Zusammenarbeit beziehen, wird an dieser Stelle auch das dritte Stockwerk Unternehmenskultur miteinbezogen. Da es sich bei Kompetenzen um Fähigkeiten und Fertigkeiten handelt, werden bei diesem Messkriterium die ökologischen Effekte nicht bewertet.

Ungewollte Kapazitätsschwankungen können nur schwer geplant werden. Es lassen sich in diesem Zusammenhang lediglich die Folgen durch proaktive Maßnahmen minimieren. Diese wurden in den Kapiteln nachhaltige Personalentwicklung und -erhaltung ausführlich erläutert. Eine verlässlichere Planungsgröße dieses Messkriteriums ist lediglich die Anzahl der zu erwartenden Austritte in den Ruhestand. Gemäß Tabelle 14 sind rund 25 % der Belegschaft (248 Beschäftigte) des Beispielunternehmens betroffen, wodurch sich analog der Gewichtungsdefinition ein niedriger ökonomischer Effekt (= 1) ableiten lässt. Da es sich bei diesem Messkriterium um eine Planungsaufgabe handelt, sind vom Haus der Arbeitsfähigkeit vornehmlich das zweite Stockwerk Kompetenzen betroffen. Insbesondere geht es dabei um die Fragestellung, wie die Kompetenzen der potenziellen Ruheständler dem Unternehmen erhalten bleiben. Dadurch wird gleichermaßen betrachtet und geplant, welchen Einfluss fehlende Kompetenzen auf die Erfüllung der Arbeit (erstes Stockwerk) haben könnte. Die ökologischen Effekte bei diesem Messkriterium werden auch hier mittelbar im Zusammenhang mit der digitalen Organisation eines Wissensmanagements gesehen. Vor diesem Hintergrund wird der mittelbare ökologische Effekt als niedrig (= 1) bewertet.

Die Planungen von betrieblichen Freistellungen haben, wie das Kapitel 7.1.2 zeigte, einschneidende ökonomische Auswirkungen. Handelt es sich um umfassende betriebliche Änderungen mit erheblichen Personalabbaumaßnahmen, sind alle Arbeitnehmende betroffen. Die gekündigten Arbeitnehmenden verlieren ihren Arbeitsplatz, die verbleibenden Kolleg:innen müssen mit den erlebten Verlusten und Unsicherheiten ihre Tätigkeiten weiterführen und von den Führungskräften wird erwartet, dass sie diese Form des Personalabbaus umsetzen. Gemäß der Gewichtungsdefinition sind demnach sehr hohe ökonomische Effekte (= 4) abzuleiten. Die Professionalität der Planung und Umsetzung des Trennungsmanagements wird die Intensität der wirtschaftlichen Auswirkungen bestimmen. Die sozialen Effekte sind ebenfalls sehr hoch (= 4), da alle Stockwerke vom Haus der Arbeitsfähigkeit in der Planung betrachtet werden müssen sind. Die fehlenden Personalkapazitäten werden die Arbeits- und Aufgabenorganisation verändern (viertes Stockwerk). Die Art und Weise, wie der Personalabbau geplant wird, spiegelt die Unternehmenskultur (drittes Stockwerk) wider und der Verlust von Kompetenzen muss in die Überlegungen miteinbezogen werden (zweites Stockwerk). Darüber hinaus sollte im Vorfeld reflektiert werden, wie die gesundheitlichen, insbesondere psychischen Belastungen, von betriebsbedingten Kündigungen aufgefangen und reduziert werden können (erstes Stockwerk). Da es sich hierbei um einen Planungsprozess handelt, bleiben die ökologischen Effekte bei diesem Messkriterium unberücksichtigt.

Tabelle 21: Nachhaltigkeitsbewertung der Personalfluktuation

Messkriterien	**Instrumente**	**Haus der Arbeitsfähigkeit**	**Ökonomisch**	**Sozial**	**Ökologisch**	**Summe/ Messkriterium (max. 12)**
Handlungskompetenzen	Personalplanung Personalrisikomanagement Wissensmanagement	Arbeit Kultur Kompetenzen	2	3		**5**
Planung von Kapazitätsschwankungen	Personalrisikomanagement Wissensmanagement	Arbeit Kompetenzen	1	2	1	**4**
Planung und Umsetzung betriebliche Personalfreistellung	Trennungsmanagement Qualifizierung Führungskräfte Betriebliche Unterstützung der Gekündigten Umgang mit verbleibenden Mitarbeitenden	Arbeit Kultur Kompetenzen Gesundheit	4	4		**8**
Summe Messkriterien FF 1 (12 Maximalpunkte/ Faktor)			**7/12 58 %**	**9/12 75 %**		**16/24 67 %**
Summe Messkriterien FF 2 (12 Maximalpunkte/ Faktor)			**7/12 58 %**	**9/12 75 %**	**1/12 8 %**	**17/36 47 %**

Die ökonomischen Effekte spiegeln mit 58 % den hohen Einfluss der nachhaltigen Personalfluktuation in Bezug auf die langfristige wirtschaftliche Sicherung des Unternehmens wider. Sehr deutlich werden darüber hinaus die sehr hohen sozialen Effekte, welche mit 75 % in Zusammenhang mit der Erhaltung der Arbeitsfähigkeit stehen. Auch wenn die ökologischen Effekte deutlich abfallen, können sie dennoch erzielt werden.

Vor diesem Hintergrund kann in Bezug auf die nachhaltige Personalfluktuation die These gestützt werden, dass eine Fokussierung auf den Erhalt der Arbeitsfähigkeit und die gleichzeitige langfristige Sicherung des Unternehmenserfolgs keinen Widerspruch darstellt und eine ökonomische und soziale Win-win-Situation generiert werden könnte.

Auch wenn die drei Nachhaltigkeitsfaktoren ökonomisch, sozial und ökologisch nicht in einem gleichberechtigten Verhältnis stehen, könnten trotzdem in allen Kategorien positive Effekte erzielt werden. Daher zeigt der Prozess der Personalfluktuation in der dargestellten Form dieser Studie ein eindeutiges Nachhaltigkeitspotenzial auf.

Zusammenfassung

Das exemplarische Bewertungsmodell dieser Studie für nachhaltige Personalprozesse diente der Validierung der These, dass ein operatives prozessorientiertes nHRM eine ökonomische, soziale und ökologische Win-win-Situation für Unternehmen, Arbeitnehmende und die Umwelt generieren könnte, wenn das personalwirtschaftliche Handeln auf die Erhaltung der Arbeitsfähigkeit der Mitarbeitenden ausgerichtet wird mit dem Ziel, den Erfolg des Unternehmens langfristig zu sichern und umweltorientierte Gesichtspunkte zu berücksichtigen. Hierzu wurden die folgenden Forschungsfragen formuliert:

Forschungsfrage 1 (FF 1):

Wie kann ein nHRM eine betriebswirtschaftliche und soziale Win-win-Situation für Unternehmen und Arbeitnehmende herstellen, wenn es sich konsequent auf die Erhaltung der Arbeitsfähigkeit mit dem Ziel der langfristigen Sicherung des Unternehmenserfolgs fokussiert?

Forschungsfrage 2 (FF 2):

Wie können die Personalprozesse alle drei Nachhaltigkeitsfaktoren berücksichtigen, um nachzuweisen, dass es sich um einen nachhaltigen Prozess im Sinne der Definition handelt und somit auch eine Win-win-Situation für die Umwelt generiert wird?

Die Ergebnisse der Forschungsfrage 1 und 2 werden in Tabelle 22 und Tabelle 23 zusammengefasst.

Tabelle 22: Ergebnisse Forschungsfrage 1: Win-win-Situation Personalprozesse

Personalprozesse	Ökonomisch	Sozial	Durchschnitt FF 1 Win-win	FF 1: Win-win	FF 1: Ranglistenplatz
Personalplanung	63 %	44 %	**53 %**	✓	**5**
Personalbeschaffung	55 %	64 %	**59 %**	✓	**4**
Personalentwicklung	69 %	78 %	**73 %**	✓	**2**
Personalerhaltung	90 %	83 %	**86 %**	✓	**1**
Personalfluktuation	58 %	75 %	**67 %**	✓	**3**

Die hohen bis sehr hohen Prozentwerte der ökonomischen und sozialen Faktoren der jeweiligen Personalprozesse verdeutlichen die Sinnhaftigkeit und Notwendigkeit, dass es sich für Unternehmen wirtschaftlich „lohnen" kann, die jeweiligen operativen Personalprozesse auf die Erhaltung der Arbeitsfähigkeit nach dem Modell vom Haus der Arbeitsfähigkeit abzustimmen. In jedem nachhaltig gestalteten operativen Personalprozess im Rahmen dieser Studie konnte aufgezeigt werden, wie eine eindeutige Win-win-Situation für Unternehmen in Bezug auf die langfristige Sicherung des Unternehmenserfolgs und Arbeitnehmende in Bezug auf die Erhaltung der Arbeitsfähigkeit generiert werden könnte. Bedeutend ist an dieser Stelle, dass die Studie die möglichen sehr hohen ökonomischen (90 %) und sozialen (83 %) Effekte einer nachhaltigen Personalerhaltung aufgezeigt hat. Gelingt es Arbeitgebern, ein nachhaltiges Gesamtkonzept zu implementieren, welches alterssensible Faktoren sowie die privaten und beruflichen Lebensphasen berücksichtigt, so sind die Weichen für die langfristige Sicherung des Unternehmenserfolgs gestellt. Die Potenziale der Belegschaft werden optimal ausgeschöpft bei einer gleichzeitigen Erhaltung der individuellen Arbeitsfähigkeit. An zweiter Stelle konnten in dieser Studie die denkbaren hohen ökonomischen (69 %) und sehr hohen sozialen (78 %) Effekte einer nachhaltigen Personalentwicklung verdeutlicht werden. Auch hier wird das Potenzial der Personalentwicklung zur Einflussnahme auf die

Erhaltung der Arbeitsfähigkeit im Kontext vom Haus der Arbeitsfähigkeit und des langfristigen Unternehmenserfolgs deutlich. An dieser Stelle soll noch einmal hervorgehoben werden, wie wichtig die in der Praxis häufig unterschätzten Planungsaufgaben in Zusammenhang mit menschlichen Ressourcen sind. Dies zeigen die möglichen hohen ökonomischen Effekte (63 %) im Personalplanungsprozess, aber auch im Bereich der Personalfluktuation (58 %). Die Folgen einer ungenügenden Planung könnten einen direkten Einfluss auf die Arbeitsfähigkeit ausüben, was insbesondere bei der Personalfluktuation (75 %) exemplarisch sehr deutlich geworden ist.

Tabelle 23: Ergebnisse Forschungsfrage 2: Nachhaltigkeitsbewertung der Personalprozesse

Personalprozesse	**Ökonomisch**	**Sozial**	**Ökologisch**	**Durchschnitt FF 2 Nachhaltigkeit**	**FF 2: Nachhaltigkeit**	**FF 2: Ranglistenplatz**
Personalplanung	63 %	44 %	16 %	**41 %**	✓	**5**
Personalbeschaffung	55 %	64 %	55 %	**58 %**	✓	**2**
Personalentwicklung	69 %	78 %	25 %	**57 %**	✓	**3**
Personalerhaltung	90 %	83 %	33 %	**69 %**	✓	**1**
Personalfluktuation	58 %	75 %	8 %	**47 %**	✓	**4**

Die Studie hat gezeigt, dass es grundsätzlich möglich sein kann, bei allen operativen Personalprozessen positive Effekte gemäß der Nachhaltigkeitsdefinition zu generieren. Auch wenn die ökologischen Effekte geringer erscheinen als die ökonomischen und sozialen, so könnten sie dennoch erzielt werden. Insbesondere sind zwei Variablen Gründe für die geringeren ökologischen Prozentwerte: Zum einen ist die Höhe des ökologischen Effekts stark von der ökologischen Ausrichtung der Unternehmensstrategie abhängig. Je umweltorientierter diese ist, desto höher sind auch die ökologischen Effekte im Personalmanagement zu erwarten. Dieser Punkt wurde in den jeweiligen Kapiteln erläutert. Zum anderen ist sie abhängig von der umweltbewussten individuellen Einstellung der verantwortlichen Human Resources Manager:innen. Ist diese ausgeprägt, können auch *bottom-up* umweltorientierte Vorgaben, Regeln oder Prozesse aufgestellt werden. Ein prädestiniertes Beispiel hierfür ist der Personalbeschaffungsprozess. Würde die Regel aufgestellt werden, die ersten Vorstellungsgespräche grundsätzlich virtuell zu führen, könnte dieses Prozessvorgehen einen sehr hohen positiven ökologischen Effekt erzielen, ohne dass dafür eine Unternehmensstrategie nötig wäre. Gleiches gilt für die Teilnahme an Online-Schulungen. Auch hier könnten Vorgesetzte ein umweltbewusstes Statement setzen. Da sich diese Studie auf die operativen Personalprozesse beschränkt hat, wurden Unternehmensstrategien in der Untersuchung nur beispielhaft erwähnt, aber nicht weiter vertieft. Die ökologische Bewertung der Messkriterien wurde daher primär nach dem Bottom-up-Ansatz vorgenommen. Vor diesem Hintergrund ermutigen die Prozentzahlen des ökologischen Nachhaltigkeitsfaktors, im operativen Personalalltag die umweltorientierten Gesichtspunkte mitzuberücksichtigen, zumal sie im Einklang mit den ökonomischen und sozialen Faktoren stehen und nicht auf deren Kosten erzielt werden.

Die Zusammenfassung der Bewertungsergebnisse macht deutlich, dass die in dieser Studie dargestellten Personalprozesse ein personalwirtschaftliches Nachhaltigkeitskonzept in Bezug auf ökonomische, soziale und ökologische Faktoren vorstellt, welches in der personalwirtschaftlichen Praxis pragmatisch umsetzbar wäre. Gleichzeitig könnte dieses Konzept eine ökonomische und soziale Win-win-Situation für Unternehmen und Arbeitnehmende generieren, wenn das personalwirtschaftliche Handeln dabei auf die Erhaltung der Arbeitsfähigkeit der Mitarbeitenden ausgerichtet wird mit dem Ziel, den Erfolg des Unternehmens langfristig zu sichern. Die These dieser exemplarischen Untersuchung kann somit mit einer hohen Wahrscheinlichkeit als validiert betrachtet werden.

9 Implementierung nachhaltiger Personalprozesse

In dieser Studie wurde aufgezeigt, dass sich operative Personalprozesse nachhaltig gestalten lassen könnten, indem sie auf die Erhaltung der Arbeitsfähigkeit fokussieren, ohne dass dabei die ökonomischen Interessen des Unternehmens vernachlässigt werden. Die wirtschaftliche Ausrichtung wird in der Nachhaltigkeitsdiskussion in Bezug auf die langfristige Sicherung des Unternehmenserfolgs definiert und kehrt sich somit vom Gewinnmaximierungsansatz ab. Gleichzeitig könnten positive ökologische Effekte erzielt werden. Die Frage, wie sich ein Personalprozess nachhaltig gestalten lässt, könnte anhand der Messkriterien aus dieser Studie abgeleitet werden, welche gleichzeitig eine Checkliste für die operative Umsetzung darstellen würden.

Tabelle 24: Rangreihe ökonomische/soziale Effekte und Nachhaltigkeit Personalplanung

Messkriterien	**Instrumente**	**Rangreihe Win-win-Situation (max. 8)**	**Rangreihe Nachhaltigkeit (max. 12)**	**Priorisierung nach Durchschnitt**
Altersstrukturanalyse	Personalrisikomanagement	7	7	**7**
Leistungspotenzial	Personalrisikomanagement	6	6	**6**
Entwicklungspotenzial	Personalrisikomanagement	5	5	**5**
Anforderungsprofile/ Stellenbeschreibungen	Personalbedarfsplanung	5	5	**5**
Digitale Planungsprozesse	Workflows	2	6	**4**
Alterssensible Positionen	Personalbedarfsplanung	4	4	**4**
Neue ökologisch ausgerichtete Stellen	Stellenbeschreibungen Anforderungsprofile	3	4	**3,5**
Partizipation	Mitarbeitergespräche/Entwicklungsgespräch	2	2	**2**

Im Personalplanungsprozess wurde die Wichtigkeit einer Altersstrukturanalyse sowie die Erfassung der Leistungs- und Entwicklungspotenziale deutlich herausgearbeitet, welche unmittelbaren Einfluss auf die Erstellung der Anforderungsprofile und Stellenbeschreibungen ausüben. Vor diesem Hintergrund ist die Empfehlung auszusprechen, die Personalplanung um diese Messkriterien im ersten Schritt zu erweitern und das Personalrisikomanagement zu nutzen, entsprechende Priorisierungsschritte abzuleiten.

Tabelle 25: Rangreihe ökonomische/soziale Effekte und Nachhaltigkeit Personalbeschaffung

Messkriterien	**Instrumente**	**Rangreihe Win-win-Situation (max. 8)**	**Rangreihe Nachhaltigkeit (max. 12)**	**Priorisierung nach Durchschnitt**
Strategische Personalbeschaffung	Unternehmenskooperationen	8	12	**10**
Prüfung der internen Besetzung	Personalplanung	7	11	**9**
Qualität des Beschaffungsprozesses	Durchführung Eignungsdiagnostische Instrumente	6	10	**8**
Einarbeitungsphase	Onboarding	6	8	**7**
Automatisierungsgrad des Beschaffungsprozesses	Workflows	5	9	**7**
Anforderungsprofil/ Stellenbeschreibung	Beschaffungsplanung	6	7	**6,5**
Ethische Aspekte der Personalbeschaffung Menschliches Miteinander	Employer Branding Personalmarketing	3	4	**3,5**
Ethische Aspekte der Personalbeschaffung/ Gleichbehandlungsgrundsätze	Stellenbeschreibung	3	4	**3,5**
Ethische Aspekte der Personalbeschaffung Rechtskonformität	Einstellungsprozess (Antidiskriminierungsgesetz, Wahrung der Grundrechte, Datenschutz)	3	4	**3,5**
Ethische Aspekte der Personalbeschaffung Transparenz	Informationspolitik Partizipation der Bewerbenden Gerechtigkeitsprinzipien	3	4	**3,5**
Ökologisch ausgerichtete Unternehmenskultur	Umweltstrategie	2	3	**2,5**

Die Messkriterien interne Stellenbesetzung und strategische Personalbeschaffung durch Kooperationen wären aufgrund ihrer starken positiven nachhaltigen Effekte im Personalbeschaffungsprozess zu priorisieren. Dabei sollte die Prüfung der internen Personalbeschaffung sich nicht auf die formale Eignung beschränken, sondern die Leistungs- und Entwicklungspotenziale miteinbeziehen. Es bietet sich an, den Prüfungsprozess zu formalisieren, damit dieser mit einer entsprechenden Glaubwürdigkeit im Unternehmen praktiziert werden kann. Die Unternehmenskooperationen sind für die Nutzung von Synergieeffekten in Bezug auf die Personalbeschaffung prädestiniert, stellen jedoch einen Seitenpfad der Personalbeschaffung dar, welcher nicht vom Personalmanagement autark organisiert werden kann. Der Unternehmensleitung obliegt an dieser Stelle die Verantwortung, diese Form der Kooperation zu unterstützen und zu organisieren. Die weitere Gestaltung eines nachhaltigen Personalbeschaffungsprozesses lässt sich anhand der Priorisierung der Messkriterien im Durchschnittswert ableiten, welche aufgrund der Ergebnisse dieser Studie ermittelt wurde. Es ist ratsam, die Messkriterien individuell und nacheinander zu entwickeln, um diese Maßnahmen mit einem angemessenen zeitlichen und finanziellen Aufwand zum Erfolg zu führen.

Tabelle 26: Rangreihe ökonomische/soziale Effekte und Nachhaltigkeit Personalentwicklung

Messkriterien	**Instrumente**	**Rangreihe Win-win-Situation (max. 8)**	**Rangreihe Nachhaltigkeit (max. 12)**	**Priorisierung nach Durchschnitt**
Virtuelle Lernformen	Personalentwicklungsmaßnahmen	7	11	**9**
Fähigkeit zum lebenslangen Lernen	Personalentwicklungsplanung Personalentwicklungsmaßnahmen	8	8	**8**
Motivation zum lebenslangen Lernen	Personalentwicklungsplanung Personalentwicklungsmaßnahmen	8	8	**8**

Tabelle 26: Fortsetzung

Messkriterien	Instrumente	Rangreihe Win-win-Situation (max. 8)	Rangreihe Nachhaltigkeit (max. 12)	Priorisierung nach Durchschnitt
Erfolgsmessung	Qualifizierungs-controlling	7	9	**8**
Anpassungsrisiko	Personalrisiko-management	6	6	**6**
Alterssensible Personal-entwicklung	Personalpla-nung Altersstruktur-analyse	5	5	**5**
Anforderungsprofile im digitalen Zeitalter	Personalpla-nung	3	4	**3,5**
Ökologisch ausgerichtete Unternehmenskultur	Unternehmens-strategie	3	4	**3,5**

In Bezug auf den Personalentwicklungsprozess erscheint das Messkriterium „Virtuelle Lernformen“ als das nachhaltigste und sollte daher eine entsprechende Bedeutung in der nachhaltigen Personalentwicklung erfahren. Auch wenn die Fähigkeit und Motivation zum lebenslangen Lernen auf Platz zwei in der Priorisierung im Durchschnitt steht, sind dort die maximalen ökonomischen und sozialen Effekte zu erwarten. Vor diesem Hintergrund sollten diese Messkriterien als gleichwertig in der Rangfolge betrachtet und bei der Gestaltung einer nachhaltigen Personalentwicklung entsprechend berücksichtigt werden. Im Ergebnis ebenbürtig ist die Erfolgsmessung mithilfe eines Qualifizierungscontrollings, welches ein effizientes und effektives personalwirtschaftliches Instrument verkörpert.

Tabelle 27: Rangreihe ökonomische/soziale Effekte und Nachhaltigkeit Personalerhaltung

Messkriterien	**Instrumente**	**Rangreihe Win-win-Situation (max. 8)**	**Rangreihe Nachhaltigkeit (max. 12)**	**Priorisierung nach Durchschnitt**
Arbeitsumgebung	Physikalische und physische Merkmale, Homeoffice	8	12	**10**
Betriebliches Gesundheitsmanagement Werteorientierte Führung	Führungs- und Planungsinstrumente	8	10	**9**
Leistungsfähigkeit	Arbeitsbewältigungsindex	8	9	**8,5**
Leistungsbereitschaft/ Motivationsrisiko	Personalrisikomanagement	8	9	**8,5**
Arbeitsaufgabe	Handlungsspielraum, Vielseitigkeit, alternsgerechte Gestaltung	8	9	**8,5**
Lebens-/Berufsphasen	Balance zwischen beiden Phasen	8	8	**8**
Betriebliches Gesundheitsmanagement Arbeitsschutz/Prävention	Arbeitsschutzgesetz	6	10	**8**
Betriebliches Gesundheitsmanagement Individuelles Gesundheitsmanagement	Fehlzeitenstrukturanalyse Check-up-Gespräch	7	7	**7**
Arbeitsbedingungen	Lebensphasenorientierte Anreiz- und Arbeitskonzepte	7	7	**7**
Arbeitsklima	Altersgemischte Teams Diskriminierungsfreie Arbeitsatmosphäre	7	7	**7**
Betriebliches Gesundheitsmanagement Betriebsärztlicher Dienst/Sozialberatung	Arbeitssicherheitsgesetz	5	7	**6**
Green Human Resources Management	Unternehmensstrategie	3	4	**3,5**

Die Implementierung einer nachhaltigen Personalerhaltung ist differenzierter zu betrachten, da die Gestaltung der Prozesse teilweise gesetzlichen Vorschriften unterliegt, welche die Priorisierung im betrieblichen Alltag bestimmen. Dazu gehören beispielsweise der Arbeitsschutz oder der Betriebsärztliche Dienst. Davon unabhängig hat diese Studie gezeigt, dass die Orientierung an den Lebens- und Berufsphasen sehr hohe ökonomische und soziale Effekte erzielen könnte. Vor diesem Hintergrund kann die Festlegung einer Rangfolge von Messkriterien der Personalerhaltung nicht davon losgelöst erfolgen. Daher bedarf es zunächst einer unternehmerischen Grundsatzentscheidung, die Personalerhaltungsmaßnahmen an den Lebens- und Berufsphasen auszurichten, um darauf aufbauend die jeweiligen Prozesse nachhaltig zu gestalten. Die Reihenfolge kann sich dabei an der Priorisierung im Durchschnitt dieser Studie orientieren.

Die Führungskultur ist zwar auf Platz zwei der Priorisierungsliste, nimmt jedoch in dieser Studie eine Sonderrolle im Rahmen der Personalerhaltung ein. Die Implementierung einer werteorientierten Führung kann das Personalmanagement in der Praxis nicht ohne Zustimmung der Unternehmensleitung umsetzen. Hierzu bedarf es einer strategischen Entscheidung, welche das gesamte Management betrifft und dieses zur Umsetzung auffordert. Vor diesem Hintergrund ist die Wichtigkeit der Führungsaufgabe in dieser Untersuchung herausgestellt worden, jedoch ist sie im Rahmen des operativen nachhaltigen Personalmanagements nur mit strategischen Entscheidungen der Unternehmensleitung umzusetzen.

Tabelle 28: Rangreihe ökonomische/soziale Effekte und Nachhaltigkeit Personalfluktuation

Messkriterien	Instrumente	Rangreihe Win-win-Situation (max. 8)	Rangreihe Nachhaltigkeit (max. 12)	Priorisierung nach Durchschnitt
Planung und Umsetzung betriebliche Personalfreistellung	Trennungsmanagement - Qualifizierung Führungskräfte - Betriebliche Unterstützung der Gekündigten - Umgang mit verbleibenden Mitarbeitenden	8	8	**8**

Tabelle 28 Fortsetzung

Messkriterien	Instrumente	Rangreihe Win-win-Situation (max. 8)	Rangreihe Nachhaltigkeit (max. 12)	Priorisierung nach Durchschnitt
Handlungskompetenzen	Personalplanung Personalrisikomanagement Wissensmanagement	5	5	**5**
Planung von Kapazitätsschwankungen	Personalrisikomanagement Wissensmanagement	3	4	**3,5**

Die Prozesse der Personalfluktuation können in zwei Anlässe geteilt werden. Betriebliche Personalfreistellungsmaßnahmen sind personalwirtschaftliche Sonderfälle, die eines professionellen Trennungsmanagements bedürfen, um den Nachhaltigkeitsfaktoren gerecht zu werden. Im operativen Personalmanagement erscheinen hingegen die Handlungskompetenzen als solche und der Umgang mit ungewollten Kapazitätsschwankungen als hauptsächliche Messkriterien für eine nachhaltige Personalfluktuation, welche mit den Instrumenten Personalplanung, Personalrisikomanagement und Wissensmanagement nachhaltig gestaltet werden könnte.

Die Zusammenfassung und die mögliche Priorisierung zur Umsetzung eines operativen nachhaltigen Personalmanagements haben exemplarisch gezeigt, dass sich viele Synergieeffekte ergeben könnten, wenn die Instrumente Altersstrukturanalyse, Personalplanung oder Personalrisikomanagement konsequent in Bezug auf die Nachhaltigkeit angewendet werden. Ist diese Basis implementiert, könnten darauf aufbauend die Maßnahmen der Personalprozesse implementiert werden. Durch dieses Vorgehen wäre ein operatives nachhaltiges Personalmanagement sukzessive entwickelbar. Für die operativen Gestaltungsmöglichkeiten dieser Studie ist das Human Resources Management nicht von Unternehmensstrategien abhängig, sondern vom grundsätzlichen Commitment, die Personalprozesse nachhaltig gestalten zu „wollen“. Ein nHRM profitiert dabei von einem konsequenten und transparenten Handeln, welches zum Querdenken einlädt und Fragen nach dem „Was, Warum und Wie“ beantwortet. Dabei sollten Personalmanager:innen sich nicht von der Komplexität dieses Themas abschrecken lassen, sondern selbstbewusst

Maßnahmen, welche der Nachhaltigkeit dienen, im operativen Personalalltag umsetzen und Erfolge „feiern“.

„Was wir heute tun, entscheidet darüber, wie die Welt morgen aussieht.“ (Marie von Ebner-Eschenbach)

Literaturverzeichnis

Alewell, D., Hauff, S. & Pull, K. (2013). Trennungsmanagement. Stand der Forschung und aktuelle empirische Befunde. In Stock-Homburg, R. (Hrsg.), *Handbuch Strategisches Personalmanagement* (2., überarbeitete und erweiterte Auflage; S. 245–264), Wiesbaden: Springer.

Althauser, U., Schmitz, M. & Venema, C. (2008). *Demografie-Engpass Personal.* Köln: Luchterhand.

Andrzejewski, L. (2014). Trennungs-Kultur und Mitarbeiterbindung als zukunftssichernder Teil der Organisations- und Personalentwicklung. In Rosenstiel, L. von, Regnet, E. & Domsch, M. E. (Hrsg.), *Führung von Mitarbeitern. Handbuch für erfolgreiches Personalmanagement* (7., überarbeitete Auflage; S. 686–704), Stuttgart: Schäffer-Poeschel.

Arbeitsschutzgesetz (ArbSchG). Bundesamt der Justiz und für Verbraucherschutz. Verfügbar unter: https://www.gesetze-im-internet.de/arbschg/__1.html#Seitenanfang (01.03.2021).

Arbeitssicherheitsgesetz (ASiG). Bundesamt der Justiz und für Verbraucherschutz. Verfügbar unter: https://www.gesetze-im-internet.de/asig/index.html (02.03.2021).

Ascheron, C. (2007). Konvergentes Denken: Fluide und kristalline Intelligenz. *BIOspektrum*, 13 (07), S. 807–808. Verfügbar unter: https://www.biospektrum.de/system/files/magazine_article/2007/11/files/84141/84141.pdfhttps://www.biospektrum.de/blatt/d_bs_pdf&_id=932067 (12.07.2021).

Badura, B., Walter, U. & Hehlmann, T. (2010). *Betriebliche Gesundheitspolitik. Der Weg zur gesunden Organisation* (2. Auflage). Heidelberg: Springer.

Bartscher, T., Stöckl, J. & Träger, T. (2012). *Personalmanagement. Grundlagen, Handlungsfelder, Praxis.* Hallbergmoos: Pearson.

Becker, M., Ehlbeck, I. & Prümper, J. (2009). Freundlichkeit und Respekt als Motor der Arbeitsfähigkeit – eine empirische Studie. In Giesert, M. (Hrsg.), *Führung und Gesundheit – Gesundheitsgipfel an der Zugspitze* (S. 62–74), Hamburg: VSA.

Bernecker, C. (2018). *Onboarding: Schlüsselelemente des Employer Branding.* Köln: YouMagnus AG. Verfügbar unter: https://www.youmagnus.de/onboarding/ (04.07.2019).

Bienefeld, N., Grote, G., Stoller, I., Wäfler, T., Wörter, M. & Arvanitis, S. (2018). *Digitalisierung in der Schweizer Wirtschaft: Ergebnisse der Umfrage 2016, Teil 2: Ziele, berufliche Kompetenzen und Arbeitsorganisation.* Zürich: KOF

Konjunkturforschungsstelle, ETH Zürich. Verfügbar unter: https://ethz.ch/content/dam/ethz/special-interest/dual/kof-dam/documents/Publications/No_99_Digitalisierung_2018_01.pdf (03.02.2021).

Bilder, F. & Strauß, A. (2019). *Weiterbildungsverhalten in Deutschland. Ergebnisse des Adult Education Survey – AES – Trendbericht. Bundesministerium für Bildung und Forschung (BMBF).* Verfügbar unter: https://www.bmbf.de/upload_filestore/pub/Weiterbildungsverhalten_in_Deutschland_2018.pdf (15.05.2021).

Blickle, G. (2004). Ethik am Arbeitsplatz. In Schuler, H. (Hrsg.), *Organisationspsychologie – Grundlagen und Personalpsychologie* (S. 181–236), Göttingen: Hogrefe Verlag.

BMFSFJ – Bundesministerium für Familie, Senioren, Frauen und Jugend (2021). *Ausbildung 50+ bei der ING-DiBa.* Verfügbar unter: https://www.perspektive-wiedereinstieg.de/Inhalte/DE/Wiedereinstieg/Wiedereinstieg_konkret/Qualifizierung/ausbildung_50_plus_bei_der_ing-diba.html (03.02.2021).

BMWi – Bundesministerium für Wirtschaft und Energie (2017). *Nachhaltigkeitsstrategie des Bundesministeriums für Wirtschaft und Energie auf Grundlage der Deutschen Nachhaltigkeitsstrategie.* Verfügbar unter: https://www.bmwi.de/Redaktion/DE/Publikationen/Wirtschaft/nachhaltigkeitsstrategie-des-bmwi.pdf?__blob=publicationFile&v=6 (02.09.2020).

Bossler, M., Gürtzgen, N., Kubis, A. & Moczall, A. (2018). So wenige Arbeitslose pro offene Stelle wie nie in den vergangenen 25 Jahren. In Institut für Arbeitsmarkt- und Berufsforschung (IAB) der Bundesagentur für Arbeit (Hrsg.), *IAB-Kurzbericht Nr. 23, 9.10.2018*. Verfügbar unter: http://doku.iab.de/kurzber/2018/kb2318.pdf (09.11.2020).

Brinkmann, R. (2014). *Angewandte Gesundheitspsychologie.* Hallbergmoos: Pearson.

Bruch, H., Kunze, F. & Böhm, S. (2010). *Generationen erfolgreich führen*. Wiesbaden: Gabler.

Buck, H., Kistler, E. & Medius, H.G. (2002). *Demografischer Wandel in der Arbeitswelt: Chancen für eine innovative Arbeitsgestaltung.* Stuttgart: Fraunhofer IRB. Verfügbar unter: https://www.ssoar.info/ssoar/bitstream/handle/document/23618/ssoar-2002-buck_et_al-demographischer_wandel_in_der_arbeitswelt.pdf?sequence=1&isAllowed=y&lnkname=ssoar-2002-buck_et_al-demographischer_wandel_in_der_arbeitswelt.pdf (24.01.2021).

Bughin, J., Hazan, E., Lund, S., Dahlström, P., Wiesinger, A. & Subramaniam, A. (2018). *Skill Shift. Automation And The Future Of The Workforce.*

McKinsey Global Institute. Verfügbar unter: https://www.mckinsey.com/~/media/McKinsey/Industries/Public%20and%20Social%20Sector/Our%20Insights/Skill%20shift%20Automation%20and%20the%20future%20of%20the%20workforce/MGI-Skill-Shift-Automation-and-future-of-the-workforce-May-2018.pdf (03.02.2021).

Bundesagentur für Arbeit (2021). Arbeitslosenquoten – Zeitreihe (Monats- und Jahreszahlen). Deutschland. In Bundesagentur für Arbeit (Hrsg.), *Juli 2021 – Deutschland, Länder und Kreise*. ZIP-Datei, Nürnberg. Verfügbar unter: https://statistik.arbeitsagentur.de/Statistikdaten/Detail/Aktuell/iiia4/gemeinde-arbeitslose-quoten/arbeitslose-quoten-dlk-0-zip.zip?__blob=publicationFile&v=1 (30.08.2021).

Criscuolo, C., Nicoletti, G., Gal, P. & Leidecker, T. (2020). *Productivity gains from teleworking in the post COVID-19 era: How can public policies make it happen?* Paris: OECD. Verfügbar unter: https://read.oecd-ilibrary.org/view/?ref=135_135250-u15liwp4jd&title=Productivity-gains-from-teleworking-in-the-post-COVID-19-era (02.09.2020).

Crößmann, A., Mischke, J. & Hoffmann, J. (2018). *Arbeitsmarkt auf einen Blick. Deutschland und Europa*. Wiesbaden: Statistisches Bundesamt (Destatis). Verfügbar unter: https://www.destatis.de/DE/Themen/Arbeit/Arbeitsmarkt/Erwerbstaetigkeit/Publikationen/Downloads-Erwerbstaetigkeit/broeschuere-arbeitsmark-blick-0010022189004.pdf;jsessionid=F88E18D35089600554463B00DBA75222.live741?__blob=publicationFile (13.05.2021).

Dahik, A., Lovich, D., Kreafle, C., Bailey, A., Kilmann, J., Kennedy, D., Roongta, P., Schuller, F., Tomlin, L. & Wenstrup, J. (2020). *What 12,000 Employees Have to Say About the Future of Remote Work. Boston Consulting Group*. Verfügbar unter: https://www.bcg.com/publications/2020/valuable-productivity-gains-covid-19 (02.09.2020).

DAK-Gesundheit (2020a). *Digitalisierung und Homeoffice in der Corona-Krise. Sonderanalyse zur Situation in der Arbeitswelt vor und während der Pandemie*. Verfügbar unter: https://www.dak.de/dak/bundesthemen/sonderanalyse-2295276.html#/ (01.09.2020).

DAK-Gesundheit (2020b). *Psychische Erkrankungen: Höchststand bei Ausfalltagen*. Pressemitteilung. Verfügbar unter: https://www.dak.de/dak/bundesthemen/krankenstand-2226280.html#/ (27.08.2020).

Deller, J., Kern, S., Hausmann, E. & Diederichs, Y. (2008). *Personalmanagement im demografischen Wandel. Ein Handbuch für den Veränderungsprozess*. Heidelberg: Springer Medizin.

Dewar, J. (2021). *10 Employee Onboarding Statistics You Must Know in 2021.* Verfügbar unter: https://www.saplinghr.com/10-employee-onboarding-statistics-you-must-know-in-2021#:~:text=According%20to%20Digitate%2C%20employees%20who%20had%20a%20negative,effectively%20double%20your%20cost%20and%20time%20to%20hire (11.06.2021).

Donnellan, C. (2015). The Baltes' model of successful aging and its consideration for Aging Life Care/geriatric care management. *Journal of Aging Life Care*, Fall 2015. Verfügbar unter: https://www.aginglifecarejournal.org/the-baltes-model-of-successful-aging-and-its-considerations-for-aging-life-care-geriatric-care-management/ (12.03.2021).

Drumm, H. J. (2008). *Personalwirtschaft* (6. Auflage). Heidelberg: Springer.

Dyk, S. van (2015). *Soziologie des Alters.* Bielefeld: Transcript.

Ehnert, I. (2009). *Sustainable Human Resource Management. A Conceptual and Exploratory Analysis from a Paradox Perspective.* Heidelberg: Springer.

Englert, M. (2019). Road to Excellence: Potenzial des Sustainable Management im 21. Jahrhundert. In Englert, M. & Ternès, A. (Hrsg.), *Nachhaltiges Management. Nachhaltigkeit als exzellenten Managementansatz entwickeln* (S. 3–22), Berlin: Springer Gabler.

Enkhsaikhan, M. (2020). *Homeoffice – Vertraut mir mein Chef? Aktuelle Umfrage! Transparent beraten, von Buddenbrock-Partner.* Verfügbar unter: https://www.transparent-beraten.de/2020/06/15/42679/home-office-vertraut-mir-mein-chef-aktuelle-umfrage/ (02.09.2020).

Euchner, G., Fricke, B. & Knodel, A. (2016). *Termination Management 4.0. Topics, trends, best practice. Kienbaum Study 2016.* Verfügbar unter: https://cdn-assets.kienbaum.com/downloads/Termination-Management-4.0_Kienbaum-Study_2016.pdf?mtime=20161212094827 (30.03.2021).

Feinstein, I. & Zbinden-Laros, F. (2020). *Corona als Katalysator der Transformation. IPSOS White Paper.* Verfügbar unter: https://www.ipsos.com/sites/default/files/ct/news/documents/2020-06/ipsos_whitepaper_corona_als_katalysator_2020.pdf (02.09.2020).

Flade, P., Asplund, J. & Elliot, G. (2015). *Employees Who Use Their Strengths Outperform Those Who Don't. Gallup 08.10.2015.* Verfügbar unter: https://www.gallup.com/workplace/236561/employees-strengths-outperform-don.aspx (01.02.2021).

Franzius, C. (2015). Das Recht auf informationelle Selbstbestimmung. *Zeitschrift für das Juristische Studium*, 3/2015, 259–270. Verfügbar unter: http://www.zjs-online.com/dat/artikel/2015_3_906.pdf (03.07.2019).

Gallup (2017). *State of the American Workplace.* Verfügbar unter: https://www.gallup.com/workplace/238085/state-american-workplace-report-2017.aspx?thank-you-report-form=1Đ (11.06.2021).

Gmür, M. & Thommen, J.-P. (2019). *Human Resource Management. Strategien und Instrumente für Führungskräfte und das Personalmanagement in 14 Bausteinen* (5., überarbeitete und erweiterte Auflage). Zürich: Versus.

Goecke, H., Puls, T. & Wendt, J. (2020). *Vollbremsung: Die Folgen von Corona für den Straßenverkehr.* IW-Kurzbericht 60/2020. Köln: Institut der Deutschen Wirtschaft. Verfügbar unter: https://www.iwkoeln.de/fileadmin/user_upload/Studien/Kurzberichte/PDF/2020/IW-Kurzbericht_2020_Corona_Stra%C3%9Fenverkehr.pdf (07.09.2020).

Gould, R., Polvinen, A. & Seitsamo, J. (2008). Work Ability in Different Population Groups. In Gould, R., Ilmarinen, J., Järvisalo, J. & Koskinen, S. (Hrsg.), *Age and gender* (S. 35–38), Helsinki: Finnish Centre for Pensions, The Social Insurance Institution, National Public Health Institute, Finnish Institute of Occupational Health.

Hammermann, A., Stettes, O. (2014). *Lebensphasenorientierte Personalpolitik. Theoretische Konzepte und empirische Evidenz. Studie.* Köln: Institut der Deutschen Wirtschaft. Verfügbar unter: https://www.bmwi.de/Redaktion/DE/Publikationen/Studien/lebensphasenorientierte-personalpolitik.pdf?__blob=publicationFile&v=3 (16.03.2021).

Harter, J. (2020). *Employee Engagement Continues Historic Rise Amid Coronavirus. Gallup Study.* Verfügbar unter: https://www.gallup.com/workplace/311561/employee-engagement-continues-historic-rise-amid-coronavirus.aspx?version=print (26.02.2021).

Hasebrook, J. P. (2016). *Zukunft ohne Personal – Personal ohne Zukunft? Ergebnisse der 4. zeb.HR-Studie.* Münster: zeb. Verfügbar unter: https://www.researchgate.net/publication/303406283_Zukunft_ohne_Personal_ -_Personal_ohne_Zukunft_zebHR-Studie_20152016?enrichId=rgreq-183b97c40a9320749ef15b1f89d6e205-XXX&enrichSource=Y292ZXJQYWdlOzMwMzQwNjI4MztBUzozNjQ1ODExNjA1MzgxMTVAMTQ2MzkzNDMzMDgxMQ%3D%3D&el=1_x_2&_esc=publicationCoverPdf (11.11.2020).

Hasler Roumois, U. (2013). *Studienbuch Wissensmanagement. Grundlagen der Wissensarbeit in Wirtschafts-, Non-Profit- und Public-Organisationen* (3. Auflage). Zürich: Orell Füssli.

Hasselhorn, H. M. & Freude, G. (2007). *Der Work Ability Index – ein Leitfaden.* Bundesanstalt für Arbeitsschutz und Arbeitsmedizin. Sonderschrift S. 87. Verfügbar unter: https://www.baua.de/DE/Angebote/Publikationen/Schriftenreihe/Sonderschriften/S87.pdf?__blob=publicationFile&v=2 (01.03.2021).

Hermann, A., Pela, P. & Stanski, C. (2018). *Startklar für den ersten Job. StepStone Karriere Insights.* Verfügbar unter: https://www.stepstone.de/ueber-stepstone/wp-content/uploads/2018/06/StepStone_Startklar-fuer-den-ersten-Job_Karriere-Insights.pdf (15.03.2021).

Hinding, B., Albrecht, M., Soares, Y. B. & Kastner, M. (2021). *Der Berufs-Lebensbaum als Methode zur Identifizierung von Handlungsfeldern einer lebensphasenorientierten Personalpolitik.* Mannheim, Heidelberg: Mannheimer Institut für Public Health, Sozial- und Präventivmedizin, Medizinische Fakultät Mannheim, Universität Heidelberg. Verfügbar unter: http://miph.umm.uni-heidelberg.de/innogeso/index_htm_files/Berufslebensbaum_final.pdf (04.03.2021).

Hoebel, C. (2020). *Green HRM: Das neue Umweltbewusstsein in Personalabteilungen.* Berlin: Dear Employee GmbH. Verfügbar unter: https://www.dearemployee.de/green-hrm-das-steckt-hinter-dem-neuen-umweltbewusstsein-in-personalabteilunge/ (17.03.2021).

Hofmann, J., Piele, A. & Piele, C. (2020). *Arbeiten in der Corona-Pandemie – Auf dem Weg zum New Normal.* Studie des Fraunhofer IAO in Kooperation mit der Deutschen Gesellschaft für Personalführung DGFP e.V. Verfügbar unter: http://publica.fraunhofer.de/eprints/urn_nbn_de_0011-n-5934454.pdf (01.09.2020).

Ilmarinen, J. (2006). *Towards a longer Worklife. Ageing and the quality of worklife in the European Union.* Helsinki: Finnish Institute of Occupational Health, Ministry of Social Affairs and Health.

Ilmarinen, J. (2019). From Work Ability Research to Implementation. *International Journal of Environmental Research and Public Health,* 16 (16), 2882. Verfügbar unter: https://www.mdpi.com/1660-4601/16/16/2882/htm (03.11.2020).

Ilmarinen, J. & Tempel, J. (2002). *Arbeitsfähigkeit 2010. Was können wir tun, damit Sie gesund bleiben?* Hamburg: VSA.

Ilmarinen, J., Gould, R., Järvikoski, A. & Järvisalo, J. (2008). Diversity of Work Ability. In Gould, R., Ilmarinen, J., Järvisalo, J. & Koskinen, S. (Hrsg.), *Dimensions of Work Ability. Results of the Health 2000 Survey* (S. 13–24), Helsinki: Finnish Centre for Pensions, The Social Insurance Institution, National Public Health Institute, Finnish Institute of Occupational Health.

INQA-WAI-Netzwerk (2017). *Work Ability Index – WAI.* Mainz: Institut für Arbeitsfähigkeit GmbH. Verfügbar unter: https://www.wainetzwerk.de/de/work-ability-index-wai-579.html (12.07.2021).

Institut der deutschen Wirtschaft (2018). *Fluktuationsquote: Starke Wirtschaft führt zu mehr Jobwechseln.* Verfügbar unter: https://www.iwd.de/artikel/fluktuation-starke-wirtschaft-fuehrt-zu-mehr-jobwechseln-401583/ (26.02.2021).

Jackson, S., Renwick, D.W.S., Jabbour, C. J. C. & Muller-Carmen, M. (2011). State-of-the-Art and Future Directions for Green Human Resource Management: Introduction to the Special Issue. *Zeitschrift für Personalforschung*, 25 (2), 99–116.

Jensen, A. (2018). Interview mit Juhani Ilmarinen: „Entscheidend ist eine gleichberechtigte Kommunikation". *Magazin Mitbestimmung*, 08/2018. Verfügbar unter: https://www.boeckler.de/de/magazin-mitbestimmung-2744-juhani-ilmarinen-entscheidend-ist-eine-gleichberechtigte-kommunikation-5823.htm (03.11.2020).

Kanning, U.P. (2016). Über die Sichtung von Bewerbungsunterlagen in der Praxis der Personalauswahl. *Zeitschrift für Arbeits- und Organisationspsychologie*, 60 (1), 18–32.

Kanning, U. P. (2017). Fairness und Akzeptanz von Personalauswahlmethoden. In Krause, D. E. (Hrsg.), *Personalauswahl – Die wichtigsten diagnostischen Verfahren für das Human Resources Management* (S. 271–299), Wiesbaden: Springer Gabler.

KIM – Kooperationsinitiative Maschinenbau (2021). *Wir über uns.* Verfügbar unter: https://www.kim-braunschweig.de/ueber-uns/ (08.02.2021).

Kirchgeorg, M., Pfeil, S., Georgi, T., Horndasch, S. & Wisbauer, S. (2018). *Trendmonitor Weiterbildung, Ausgabe 2018.* Essen: Stifterverband für die Deutsche Wissenschaft e.V. Verfügbar unter: https://www.stifterverband.org/trendmonitor-weiterbildung-2018 (12.07.2021).

Kirschten, U. (2010). Wissensmanagement im demografischen Wandel – Herausforderung und Bedeutung für das Personalmanagement. In Preißing, D. (2010), *Erfolgreiches Personalmanagement im demografischen Wandel* (S. 227–278), München: Oldenbourg.

Klein, D. (2009). *Wie viele Bäume braucht es, um eine Tonne CO_2 zu binden? Expertenantwort von Dr. Daniel Klein (Wald-Zentrum Universität Münster).* Verfügbar unter: https://www.co2online.de/service/klima-orakel/beitrag/wie-viele-baeume-braucht-es-um-eine-tonne-co2-zu-binden-10658/#:~:text=Wie%20viele%20B%C3%A4ume%20braucht%20es,%20um%20eine%20Tonne,ersten%20Jahren%20nach%20Pflanzung%20eher%20geringe%20Biomassevorr%C3%A4te%20anlegen (11.02.2021).

Knieps, F. & Pfaff, H. (2020). *BKK Gesundheitsreport 2020. Mobilität – Arbeit – Gesundheit.* Berlin: MWV Medizinisch Wissenschaftliche

Verlagsgesellschaft. Verfügbar unter: https://www.bkk-dachverband.de/fileadmin/Artikelsystem/Publikationen/2020/Gesundheitsreport_2020/BKK_Gesundheitsreport_2020_web.pdf (06.04.2021).

Kobi, J. M. (2012). *Personalrisikomanagement. Strategien zur Steigerung des People Value* (3. Auflage). Wiesbaden: Springer Gabler.

Köchling, A. (2005). Demografieorientierte Analyse und Planung. In Bundesministerium für Bildung und Forschung (BMBF) Referat Publikationen; Internetredaktion (Hrsg.), *Demografischer Wandel – (k)ein Problem! Werkzeuge für betriebliche Personalarbeit* (S. 8–11). Berlin: Bundesministerium für Bildung und Forschung. Verfügbar unter: http://doku.iab.de/externe/2005/k050701a06.pdf (12.07.2021).

Koelwel, D. (2011). *Recruiting 2020 – ethische Kriterien werden wichtiger.* München: Xethix GbR. Verfügbar unter: http://xethix.com/recruiting-2020-ethische-kriterien-werden-wichtiger/ (04.07.2019).

Koschik, A., Obmann, C. & Scheppe, M. (2020). Tipps für Manager und Mitarbeiter: Plötzlich Heimarbeit – So gelingt Neulingen das Arbeiten im Homeoffice. *Handelsblatt* (vom 19.03.2020). Verfügbar unter: https://www.handelsblatt.com/unternehmen/beruf-und-buero/buero-special/tipps-fuer-manager-und-mitarbeiter-ploetzlich-heimarbeit-so-gelingt-neulingen-das-arbeiten-im-homeoffice/25658476-all.html (02.09.2020).

Krekel, C., Ward, G. & De Neve, J. E. (2019). *Employee Wellbeing, Productivity, and Firm Performance.* Saïd Business School Research Papers. Oxford: University of Oxford. Verfügbar unter: https://wayback.archive-it.org/org-467/20200807133711/https://eureka.sbs.ox.ac.uk/7348/1/2019-04.pdf (02.02.2021).

Lechner, D. & Philipp, T. (2007). *Herausforderungen für die Stahlstiftung.* Linz: Stahlstiftung. Verfügbar unter: https://www.researchgate.net/publication/233814853_Herausforderungen_fur_die_Stahlstiftung/link/09e4150bd2d2f2aaa7000000/download (17.02.2021).

Lesch, H., Schäfer, H. & Schmidt, J. (2011). *Arbeitszufriedenheit in Deutschland.* Köln: Institut der Deutschen Wirtschaft. Verfügbar unter: https://www.iwkoeln.de/fileadmin/user_upload/Studien/IW-Analysen/PDF/Bd._70_Arbeitszufriedenheit_in_D.pdf (16.11.2020).

Malwitz-Schütte, M. (2006). Lebenslanges Lernen (auch) im Alter? Selbstgesteuertes Lernen, Medienkompetenz und Zugang zu Informations- und Kommunikationstechnologien älterer Erwachsener im Kontext wissenschaftlicher Weiterbildung. *Bildungsforschung*, 3 (2), 1–25. Verfügbar unter: https://www.pedocs.de/volltexte/2014/4635/pdf/bf_2006_2_Malwitz_Schuette_Lebenslanges_Lernen.pdf (17.02.2021).

Marschall, J., Hildebrandt, S. & Nolting, H.-D. (2019). *DAK-Gesundheitsreport 2019*. Hamburg: DAK-Gesundheit. Verfügbar unter: https://www.dak.de/dak/download/dak-gesundheitsreport-2019-sucht-pdf-2073718.pdf (27.08.2020).

Marschall, J., Hildebrandt, S., Kleinlerchner, K.-M. & Nolting, H.-D. (2020). *DAK-Gesundheitsreport 2020*. Hamburg: DAK-Gesundheit. Verfügbar unter: https://www.dak.de/dak/gesundheit/gesundheitsreport-2020-stress-in-der-modernen-arbeitswelt-2365966.html#/ (13.05.2021).

Meißner, U. E. (2005). *Die „Droge" Arbeit. Unternehmen als „Dealer" und Risikoträger, personalwirtschaftliche Risiken der Arbeitssucht*. Frankfurt a. M.: Peter Lang.

Meißner, U. E. (2017). *Unternehmensrisiko Arbeitssucht. Managementherausforderungen und Aktionsleitfaden für die Praxis*. Frankfurt a. M.: Peter Lang.

Meißner, U. E. (2021). Menschenorientiertes betriebliches Handeln im Einklang mit ökonomischer Wirtschaftlichkeit: Der langfristige Nutzen eines nachhaltigen Human Resources Managements. In Schmiderer, C. & Weber, P. J. (Hrsg.), *„Money, money, money". Zur Ökonomisierung der Gesellschaft*. Theorie-Praxis-Dialog des Fachbereichs onlineplus der Hochschule Fresenius, Band 02 (S. 137–160), München: Kopaed.

Mohr, M. (2019). *Arbeitsmotivation in Österreich nach Altersgruppen 2019*. Verfügbar unter: https://de.statista.com/statistik/daten/studie/1006285/umfrage/arbeitsmotivation-in-oesterreich-nach-altersgruppen/ (16.11.2020).

Mühlenbrock, I. (2017). *Alterns- und altersgerechte Arbeitsgestaltung. Grundlagen und Handlungsfelder für die Praxis* (2., durchgesehene Auflage). Dortmund: Bundesanstalt für Arbeitsschutz und Arbeitsmedizin (BAuA). Verfügbar unter: https://www.baua.de/DE/Angebote/Publikationen/Praxis/Arbeitsgestaltung.pdf?__blob=publicationFile&v=8 (17.02.2021).

Muster, V. & Schrader, U. (2011). Green Work-Life Balance: A New Perspective for Green HRM. *Zeitschrift für Personalforschung*, 25 (2), 140–156.

Nieder, P. (1999). Fehlzeiten- und Fluktuationsrisiken: Erfassung, Bewertung, Abbau. In Ackermann, K.-F. (Hrsg.), *Risikomanagement im Personalbereich. Reaktionen auf die Anforderungen des KonTraG* (S. 133–152), Wiesbaden: Gabler.

Nink, M. (2018). *Engagement Index Deutschland 2018. Pressegespräch 29. August 2018*. Berlin: Gallup GmbH. Verfügbar unter: https://www.das-felix-prinzip.com/Gallup%20Engagement%20Index%202018.pdf (26.02.2021).

Odgers Berndtson Germany (2020). *Manager-Barometer. Sonderbefragung „Corona". Befragung des Odgers Berndtson Executive Panels in Deutschland,*

Österreich und der Schweiz. Verfügbar unter: https://www.odgersberndtson.com/media/9459/sonderausgabe-managerbarometer-corona.pdf (01.09.2020).

Olfert, K. (2019). *Personalwirtschaft* (17. Auflage). Herne: Kiehl.

Petry, T. (2016). *Digital Leadership. Erfolgreiches Führen in Zeiten der Digital Economy*. Freiburg: Haufe-Lexware.

Poeteus (2021). „In allen Dingen hängt der Erfolg von den Vorbereitungen ab" – Konfuzius. Verfügbar unter: http://www.poeteus.de/zitat/In-allen-Dingen-h%C3%A4ngt-der-Erfolg-von-den-Vorbereitungen-ab/298 (01.02.2021).

Preißing, D. (2010). *Erfolgreiches Personalmanagement im demografischen Wandel*. München: Oldenbourg.

Prümper, J. & Richenhagen, G. (2011). Von der Arbeitsfähigkeit zum Haus der Arbeitsfähigkeit. Der Work Ability Index und seine Anwendung. In Seyfried, B. (Hrsg.), *Ältere Beschäftigte: Zu jung, um alt zu sein. Konzepte – Forschungsergebnisse – Instrumente* (S. 135–146), Bielefeld: Bertelsmann.

Rennert, D., Kliner, K. & Richter, M. (2020). Arbeitsunfähigkeit. In Knieps, F. & Pfaff, H. (Hrsg.), *Mobilität. Arbeit. Gesundheit. Zahlen, Daten, Fakten mit Gastbeiträgen aus Wissenschaft, Politik und Praxis*. BKK Gesundheitsreport 2020 (S. 75–164), Berlin: Medizinisch Wissenschaftliche Verlagsgesellschaft. Verfügbar unter: https://www.bkk-dachverband.de/publikationen/bkk-gesundheitsreport/bkk-gesundheitsreport-2020 (12.07.2021).

Richter, M., König, C., Koppermann, C. & Schilling, M. (2016). Displaying Fairness While Delivering Bad News: Testing the Effectiveness of Organizational Bad News Training in the Layoff Context. In: *Journal of Applied Psychology*, 101 (6), 779–792. Verfügbar unter: https://www.researchgate.net/publication/289460746_Displaying_Fairness_While_Delivering_Bad_News_Testing_the_Effectiveness_of_Organizational_Bad_News_Training_in_the_Layoff_Context/link/568ceb2108ae71d5cd067ce8/download (29.03.2021).

Rimser, M. (2014). *Generation Resource Management. Nachhaltige HR-Konzepte im demografischen Wandel*. Wiesbaden: Springer Gabler.

Samtleben, C., Schäper, C. & Wrohlich, K. (2019). *Elterngeld und Elterngeld Plus: Nutzung durch Väter gestiegen, Aufteilung zwischen Müttern und Vätern aber noch sehr ungleich. DIW Wochenbericht*, 35/2019, 608–613. Verfügbar unter: https://www.diw.de/documents/publikationen/73/diw_01.c.673394.de/19-35.pdf (21.09.2020).

Schaper, N. (2019). Arbeitsgestaltung in Produktion und Verwaltung. In Nerdinger, F. W., Blickle, G., & Schaper, N. (Hrsg.), *Arbeits- und Organisationspsychologie* (S. 411–434), Berlin: Springer.

Schröder, M. (2018). „Generationenunterschiede? Bilden wir uns ein!“. Marburg: Philipps-Universität. Verfügbar unter: https://www.uni-marburg.de/de/aktuelles/news/2018/generationsunterschiede-bilden-wir-uns-ein (11.11.2020).

Seitz, C. (2008). Gut gemischt – Alt und Jung erfolgreich? In Deller, J., Kern, S., Hausmann, E. & Diederichs, Y. (Hrsg.), *Personalmanagement im demografischen Wandel. Ein Handbuch für den Veränderungsprozess* (S. 185–188), Heidelberg: Springer Medizin.

Simmel, M. & Graßl., W. (2020). *Betriebliches Gesundheitsmanagement mit System. Ein Praxisleitfaden für mittelständische Unternehmen*. Wiesbaden: Springer.

Statista Research Department (2015). *Anteil der Erwerbstätigen in Deutschland, die bei ihrer Arbeit hoch motiviert sind nach Altersklassen*. Verfügbar unter: https://de.statista.com/statistik/daten/studie/517911/umfrage/motivation-bei-der-arbeit-in-deutschland-nach-alter/#professional (16.11.2020).

Statistisches Bundesamt (2019). *Bevölkerung im Wandel. Annahmen und Ergebnisse der 14. koordinierten Bevölkerungsvorausberechnung*. Verfügbar unter: https://www.destatis.de/DE/Presse/Pressekonferenzen/2019/Bevoelkerung/pressebroschuere-bevoelkerung.pdf?__blob=publicationFile (09.11.2020).

Statistisches Bundesamt (2021). *Personen in Elternzeit*. Verfügbar unter: https://www.destatis.de/DE/Themen/Arbeit/Arbeitsmarkt/Qualitaet-Arbeit/Dimension-3/elternzeit.html (13.05.2021).

Stein, V. (2012). Green HRM: Ein Feld für die Career Service-Arbeit? *Arbeitspapiere zu Personalmanagement und Organisation*, Nr. 003-2012. Verfügbar unter: https://www.wiwi.uni-siegen.de/pmg/veroeffentlichungen/dokumente/ap_003_green_hrm.pdf (17.03.2021).

Stock-Homburg, R. (2019). *Personalmanagement – Theorien, Konzepte, Instrumente* (4. Auflage). Wiesbaden: Springer Gabler.

Tempel, J. (2016). Interview mit Jürgen Tempel: Nachgefragt: Drei Fragen an Arbeitsmediziner Dr. Tempel. *Standortinfo – Newsletter der Barmer GEK Hessen*, 1/2016. Verfügbar unter: https://www.barmer.de/blob/46328/3f13520bbf8852f5405b17f03bc0cbfb/data/2016-1-pdf.pdf (03.11.2020).

Tempel, J. & Ilmarinen, J. (2013). *Arbeitsleben 2025. Das Haus der Arbeitsfähigkeit im Unternehmen ausbauen*. Hamburg: VSA.

Thorberg, H. (2020). Führen aus dem Homeoffice. Wer Vertrauen ausstrahlt, wird mit Vertrauen belohnt. *manager-magazin* (vom 02.04.2020). Verfügbar unter: https://www.manager-magazin.de/unternehmen/artikel/coronavirus-fuehren-aus-dem-homeoffice-vertrauen-wird-belohnt-a-1305915.html (02.09.2020).

Uhle, T. & Treier, M. (2019). *Betriebliches Gesundheitsmanagement. Gesundheitsförderung in der Arbeitswelt – Mitarbeiter einbinden, Prozesse gestalten, Erfolge messen* (4. Auflage). Wiesbaden: Springer.

Von Rundstedt (2018). *Dicke Luft im Büro: Ist ein gutes Arbeitsklima Chefsache?* Pressemitteilung. Verfügbar unter: https://newsroom.rundstedt.de/pressemitteilungen/talents-trends-dicke-luft-im-buero-ist-ein-gutes-arbeitsklima-chefsache/ (17.03.2021).

Von Rundstedt (2020). *Entlassungen im Unternehmen – Das trifft Mitarbeiter am härtesten.* Pressemitteilung. Verfügbar unter: https://newsroom.rundstedt.de/pressemitteilungen/talents-trends-entlassungen-im-unternehmen/ (07.04.2021).

Voßemer, J., Gebel, M., Nizalova, O. & Nikolaieva, O. (2018). The effect of an early-career involuntary job loss on later life health in Europe. *Advances in Life Course Research*, 35, 69–76. Verfügbar unter: https://www.sciencedirect.com/science/article/pii/S1040260818300029 (30.03.2021).

Walton, S., O'Kane, P. & Ruwhiu, D. (2020). *Study investigates New Zealanders' attitudes towards working from home.* Otago, New Zealand: University of Otago. Verfügbar unter: https://www.otago.ac.nz/news/news/otago737417.html (02.09.2020).

Wegge, J., Schmidt, K. H., Piecha, A., Ellwart, T., Jungmann, F. & Liebermann, S. C. (2012). Führung im demografischen Wandel. *Report Psychologie*, 37 (9), 344–354.

Willke, H. (2009). Der MikroArtikel als Instrument des Wissensmanagements. In Rietmann, S. & Hensen, G. (Hrsg.), *Werkstattbuch Familienzentrum. Methoden für die erfolgreiche Praxis* (S. 97–108), Wiesbaden: VS Verlag für Sozialwissenschaften.

Wittig-Goetz, U. (2018). *Arbeitsgestaltung nach DIN EN ISO 9241-2: Normen als Gestaltungsleitlinien.* Verfügbar unter: https://www.ergo-online.de/arbeitsschutz/gesetze-und-regelwerke/arbeitsgestaltung-nach-din-en-iso-9241-2/normen-als-gestaltungsleitlinien/ (16.03.2021).

Wucknitz, U. D. (2005). *Personal-Rating und Personal-Risikomanagement.* Stuttgart: Schäffer-Poeschel.

WWF Deutschland (2021). *Aus Wäldern wird Papier.* Verfügbar unter: https://www.wwf.de/themen-projekte/waelder/papierverbrauch/zahlen-und-fakten/ (08.02.2021).

Zaniboni, S., Truxillo, D. M., Fraccaroli, F., McCune, E. & Bertolino, M. (2014). Who benefits from more tasks? Older versus younger workers. *Journal of Managerial Psychology*, 29 (5), 508–523.

Zaugg, R. J. (2009). *Nachhaltiges Personalmanagement. Eine neue Perspektive und empirische Exploration des Human Resource Management.* Wiesbaden: Gabler.

Zaugg, R. J., Blum, A. & Thom, N. (2001). *Nachhaltiges Personalmanagement. Spitzengruppenbefragung in europäischen Unternehmungen und Institutionen.* Bern: Institut für Organisation und Personal der Universität Bern. Verfügbar unter: https://www.empiricon.ch/assets/Publikationen/Personalmanagement/03.4-DE-nachhaltiges-personalmanagement-2001.pdf (29.09.2020).

Abbildungsverzeichnis

Tabellenverzeichnis

Index

www.ingramcontent.com/pod-product-compliance
Ingram Content Group UK Ltd.
Pitfield, Milton Keynes, MK11 3LW, UK
UKHW021129041026
8980IPUK00034B/1413

9 783631 867280